企業法研究の序曲 VIII

企業法学論集第8号

筑波大学大学院ビジネス科学研究科企業法学専攻【編】

同友館

『企業法研究の序曲Ⅷ』の刊行によせて

　筑波大学大学院ビジネス科学研究科企業法学専攻は，1989年4月に社会人を対象として専ら夜間に開講する我が国初の大学院として設置された経営・政策科学研究科経営システム科学専攻に続き，1990年4月に博士前期課程（修士課程）として設置されました。以来，社会人としての豊富な経験や高い問題意識を基に，既存の法律学研究を超えた新しい法律学研究を開拓する場を指向した画期的な大学院として，数多くの人材を輩出してきました。その後，1996年4月に博士後期課程（博士課程）である企業科学専攻企業法コースを設置し，大学院改組再編に伴い，2001年4月から大学院ビジネス科学研究科の各専攻・コースとなって現在に至っています。都内中心部（筑波大学東京キャンパス）に位置し，向学心と志に満ちた多士済々の社会人学生が勉学・研究に日々没頭するとともに，専門職業人の人的ネットワーク形成のハブ（hub）としても活気あふれています。

　おりしも，再度の大学院改組改編に伴い，設置から30年を迎える本年2020年4月から，人文社会ビジネス科学学術院ビジネス科学研究群法学学位プログラム博士前期課程（修士課程）（企業科学専攻企業法コースは博士後期課程（博士課程））として新たな歴史を刻むこととなります。

　社会人大学院がこの国に現れて30年余りが過ぎ，今日広く世の中に定着したことは喜ばしい限りですが，即効性のある知識を短期間で得られることに，その魅力や意義があるかのような誤解が生じがちに思われ，知識の獲得とともに知の再生産を自ら行える術，いわば「知を紡ぎ出す知」の獲得こそが大学院で学ぶ最大の醍醐味であることが，昨今忘れられがちと思われます。本専攻の修了生には，その術を見事に体得され，優れた論文という新たなる知を生み出される方が毎年数多くおられるため，2013年から同友館のご協力を得て，書籍として公刊しております。本年も，2018年度修了生4名の方の論文を，ここに刊行する次第です。いずれの論文にも，30年前の本専攻設立時のスピリットが脈々と活きていることを見出していただけるものと存じます。併せて，本書がこれからの法学学位プログラムに関心をもたれる方にとっての入学の契機ともなれば幸いです。

2020年2月

企業法学専攻長　平嶋　竜太

［目　次］

◎ICOと金融商品取引法に関する一考察
　―有価証券の定義にかかる議論を通じて―　　　　　　大江　彰

序章

第1節　はじめに　*10*
　1．企業の資金調達の多様化　*10*
　2．イニシャル・コイン・オファリング（ICO）　*12*
第2節　問題の所在　*13*
第3節　研究の進め方　*14*

第1章　アメリカ合衆国におけるICOの法規制

第1節　1933年証券法における証券定義　*14*
　1．証券定義　*14*
　2．Howey事件　*16*
第2節　トークンの証券該当性　*17*
　1．Howey TestとICO　*17*
　2．Risk Capital TestとICO　*23*
　3．その他の判定基準とICO　*27*
第3節　ICOに関する事件　*28*
　1．The Dao事件　*28*
　2．REcoin事件　*33*
第4節　小括　*39*

第2章　フランス共和国におけるICOの法規制

第1節　フランス通貨金融法典における証券定義　*41*
第2節　ICOに関する法律の成立　*42*
　1．ICO規制にかかる討議文書　*42*

　　2．UNICORNにおける調査　*43*

　　3．ICOトークンの分類　*45*

　　4．法的分析で考慮されるべき要素　*47*

　　5．ホワイトペーパーに関する回答　*47*

　　6．Pacte法案第26条　*49*

　第3節　小括　*51*

第3章　日本におけるICOの法規制

　第1節　金融商品取引法における有価証券　*52*

　　1．有価証券の定義　*52*

　　2．定義の構造　*55*

　第2節　法の解釈とICO規制　*57*

　第3節　金融商品取引法とICO　*58*

　　1．ICOは金商法で規制されるか　*58*

　　2．我が国の金融規制当局における議論　*60*

　　3．ICOトークンは集団投資スキーム持分といえるか　*61*

　第4節　その他の法律とICO　*66*

　　1．資金決済に関する法律　*66*

　　2．特定商取引に関する法律　*67*

　　3．不当景品類及び不当表示防止法　*68*

　　4．消費者契約法　*69*

　　5．出資の受入れ，預り金及び金利等の取締りに関する法律　*70*

　　6．特定商品等の預託等取引契約に関する法律　*71*

　第5節　小括　*72*

終章

　第1節　ICO規制の方向性　*74*

　　1．証券規制の下でのICO　*74*

　　2．金商法とICO規制　*76*

　　3．我が国におけるICO規制のあるべき姿　*78*

　第2節　結語　*78*

　　1．現代社会における証券規制法のあり方　*78*

　　2．結びに代えて―今後の課題―　*79*

◎親族が事業から受ける対価の課税に関する一考察
　―生計要件の変更と合理性判断導入の観点から―　　　　進藤　弘

はじめに　*83*

第1章　所得税法56条の立法目的と適用問題

第1節　所得税法56条の立法目的　*85*
　第1款　裁判例における所得税法56条の立法目的　*85*
　第2款　所得税法56条の立法目的の検討　*89*
第2節　所得税法56条の適用問題　*91*
　第1款　所得税法56条の目的と射程の不整合　*91*
第3節　小括　*93*

第2章　所得税法56条の立法背景と意義

第1節　立法背景　*94*
　第1款　シャウプ勧告と昭和25年の所得税法改正　*94*
　第2款　個人単位課税と累進税率　*95*
第2節　所得税法56条の意義　*101*
　第1款　所得税法56条と税負担配分機能　*101*
第3節　小括　*105*

第3章　所得税法56条の課税要件に係る解釈問題

第1節　所得税法56条の射程に関する議論　*105*
第2節　従事要件の解釈問題　*107*
　第1款　従事要件を巡る裁判例と制約的解釈　*107*
第3節　生計要件の解釈問題　*110*
　第1款　現行法の解釈における「生計を一にする」ことの意義　*110*
　第2款　所得税法56条の射程問題と生計要件　*113*
第4節　小括　*114*

第4章　生計要件変更の立法論

第1節　「稼得生計」を基準とした新たな生計要件の提案　*115*

　　第1款　現行の生計要件の問題点　*115*

　　第2款　生計要件変更の必要性　*116*

　第2節　「稼得生計」要件の妥当性　*121*

　　第1款　所得税法56条の立法目的と射程の整合　*121*

　　第2款　射程の適正化以外の妥当性　*123*

　第3節　「稼得生計」要件の親族組合への適用　*126*

　　第1款　親族組合の所得計算と「稼得生計」要件　*126*

　第4節　小括　*129*

第5章　取引合理性判断導入の立法論

　第1節　適正対価の算定の必要性と限界　*130*

　　第1款　取引合理性判断の必要性　*130*

　　第2款　取引合理性判断の限界　*131*

　第2節　適正対価の算定に拠る経費性判断　*134*

　　第1款　所得税法57条に拠る適正対価の算定　*135*

　　第2款　所得税法56条の新たな課税要件に拠る適正対価の算定　*137*

　第3節　適正対価の算定に拠る経費性判断の妥当性　*138*

　　第1款　租税回避防止という目的との関係　*138*

　　第2款　簡便な税務処理の実現という目的との関係　*139*

　第4節　立証責任の配分　*141*

　第5節　小括　*142*

第6章　総括　*143*

おわりに　*146*

参考文献一覧　*147*

◎合同会社における社員の死亡と定款の定め　　　　永渕　圭一

第1章　はじめに

　第1節　問題の所在　*152*
　　第1款　合同会社制度導入の経緯と設立件数　*152*
　　第2款　合同会社の特徴　*153*
　　第3款　問題の背景　*155*
　第2節　本稿の目的と検討方法　*156*

第2章　合同会社における社員の死亡

　第1節　会社持分の相続性　*157*
　　第1款　株式会社における株主の死亡　*157*
　　第2款　持分会社における社員の死亡　*159*
　　　1．平成17年改正前商法の規定　*159*
　　　2．現在の会社法の規定　*160*
　　　3．清算持分会社における社員の死亡の場合について　*161*
　　　4．定款自治について　*164*
　第2節　社員の退社　*165*
　　第1款　退社の意義　*165*
　　第2款　社員の死亡による法定退社　*166*
　　第3款　退社に伴う持分の払戻し　*168*
　　　1．持分の意義　*168*
　　　2．持分の計算　*169*
　　　3．債権者保護手続　*170*
　　　4．持分払戻額と会社財産の状況との関係　*171*
　　　5．債権者が異議を述べたとき　*172*
　　　6．払戻しを受けた社員の責任　*172*
　　　7．持分の払戻しによる合同会社の事業への影響　*173*
　第3節　合同会社における1人のみの社員の死亡　*173*
　　第1款　法定解散事由　*174*
　　第2款　清算持分会社の清算人　*174*
　　第3款　清算結了　*176*

　　第4款　会社の継続　*181*

　第4節　会社法608条1項の定款の定め　*182*

　　第1款　持分を承継する旨の定款の定め方　*182*

　　　1．相続人が当然に死亡社員の持分を承継する定款の定め　*183*

　　　2．相続人が希望する場合に死亡社員の持分を承継する
　　　　定款の定め　*184*

　　　3．他の社員が同意したときに相続人が死亡社員の持分を承継する
　　　　定款の定め　*187*

　　　4．定款の規定時期と規定の明示　*189*

　　第2款　業務執行権・代表権の承継　*189*

　　第3款　持分の承継に関する効力　*191*

　　　1．相続人が社員となる時期　*191*

　　　2．相続人の範囲について　*191*

　　　3．持分の共有　*192*

　　　4．遺産の分割　*193*

　　　5．登記実務について　*194*

第3章　おわりに―法定解散問題への対応策―

　第1節　解釈・立法論からの対応策　*197*

　　1．他に社員がいない場合における死亡社員の持分承継　*197*

　　2．社員が欠けた場合における持分会社の継続　*198*

　第2節　実務面からの対応策　*199*

　第3節　結びに代えて　*200*

参考文献　*202*

◎現代における寡婦（夫）控除制度の存在意義　　久岡　靖恵

はじめに

1．問題の所在　*205*
2．本稿の構成　*206*
3．結論　*208*

第1章　寡婦（夫）控除の意義と概要

第1節　現行規定の確認　*208*
第2節　所得控除の意義　*209*
　1．所得控除の意義　*209*
　2．所得控除における所得制限の導入　*210*
第3節　寡婦（夫）控除の意義　*212*
　1．特別人的控除における追加的費用　*212*
　2．扶養要件と所得要件　*213*
第4節　現行の寡婦（夫）控除による適用範囲　*214*

第2章　寡婦（夫）控除の沿革

第1節　寡婦（夫）控除の沿革　*216*
第2節　寡婦控除制度の創設（昭和26年）　*217*
第3節　基礎控除額以下の所得を有する子への適用拡大（昭和40年）　*218*
第4節　税額控除から所得控除への変更（昭和42年）　*219*
第5節　扶養親族を有しない死別の寡婦への適用拡大（昭和47年）　*219*
第6節　寡夫控除の創設（昭和56年）　*221*
第7節　租税特別措置として特定の寡婦8万円加算（平成元年）　*222*

第3章　未婚ひとり親世帯への適用

第1節　未婚ひとり親世帯と寡婦（夫）控除　*223*
第2節　未婚ひとり親世帯の経済状況　*224*
第3節　未婚ひとり親世帯への適用を巡るこれまでの議論　*226*

第4章　男女間格差を巡る問題

第1節　寡婦（夫）控除における男女間格差　*228*
第2節　裁判例の検討　*229*

　　1．福岡地裁平成5年10月28日判決　*229*

　　2．福岡地裁平成6年12月26日判決　*230*

　　3．裁判例の検討　*231*

　第3節　母子・父子世帯の現状　*233*

　　1．母子・父子世帯の経済状況　*233*

　　2．父子世帯の現状　*234*

　第4節　社会保障各法における男女間格差是正の経緯との比較　*235*

　　1．児童扶養手当法の改正　*235*

　　2．国民年金法の改正　*236*

　　3．小括　*237*

　第5節　男女間格差の是正に向けて　*237*

第5章　適用範囲の妥当性

　第1節　扶養親族を有しない死別の寡婦への適用　*239*

　　1．適用対象拡大の経緯　*239*

　　2．離別の寡婦，婚姻歴のない独身者との公平性　*240*

　　3．死別の高齢者寡婦への適用　*241*

　第2節　高所得寡婦への適用　*243*

　第3節　子以外の扶養親族を有する寡婦への適用　*246*

　第4節　成人した子を有する寡婦（夫）への適用　*248*

第6章　寡婦（夫）控除制度のあり方

　第1節　寡婦（夫）控除を廃止すべきという議論に対して　*251*

　　1．特別人的控除に関する議論　*251*

　　2．社会保障制度と特別人的控除　*251*

　　3．ひとり親世帯への経済支援　*252*

　第2節　寡婦（夫）控除はどうあるべきか　*253*

　第3節　控除方式のあり方　*255*

　　1．所得控除と税額控除　*255*

　　2．給付付き税額控除の導入　*256*

おわりに　*257*

別表　*260*

参考文献　*275*

ICOと金融商品取引法に関する一考察
—有価証券の定義にかかる議論を通じて—

大江　彰

序章

第1節　はじめに

1．企業の資金調達の多様化

　1602年，オランダ連邦議会の決議によって，世界で最初の株式会社とされるオランダ東インド会社（Vereenighde Oost Indische Compagne）が誕生した。オランダ東インド会社は，国家から東インド地域での独占的な貿易権のほか，植民地における立法権や裁判権，さらには他国との条約締結から戦争の遂行まで認められており，その業容は，現代の株式会社の印象とはかけ離れたものであったが，貿易及び植民地から徴収された税金による利益は，株主への配当金として還元され，年間約20％から50％の配当が支払われたという[1]。

　株式は投資者に返済義務がないのが特徴の1つといえるが，元々は一定期間やプロジェクト毎に，例えば一航海を基準に清算されて，投資者にその資金が損益とともに償還されていた。但し，短い期間や単発のプロジェクトではそれ程大きな利益を得ることは難しいことから，その期間が徐々に長くなり，所謂，現在の金融商品としての"株式"が形成されてきたと言われている[2]。事業者による資金調達で，古くから最も一般的なのは資金の貸借，つまり融資であろう。最古の金銭貸借契約は，メソポタミアのシッパールで発見された紀元前1823年の粘土板から確認されている[3]。さらに，現在，会計上は融資と同様に負債という位置付けで

1　一般社団法人日本船主協会「オランダ東インド会社は世界で最初の株式会社」（https://www.jsanet.or.jp/seminar/text/seminar_299.html，2018年12月15日最終閲覧）。
2　板谷敏彦『金融の世界史』5頁（新潮社，2013）。
3　板谷・前掲注(1)25頁。

ある債券については，その歴史としては，株式から発生したものと言われている。株式ほど大きな利益は要らないが，投資した資金を返済する約束をしてほしいというのが債券というわけだ[4]。長い金融の歴史の中で，金融商品の取引所は，オランダ東インド会社が誕生した15世紀に始まったと言われているが，証券市場が大きくなったのは鉄道事業をはじめとする大規模な資金調達が必要となった産業革命が起こる18世紀，そしてそれが現在のように一般化したのは，近代戦争によってさらに多数の投資者を求めた20世紀に入ってからと言われている。

そして，近年では，自らがトークン[5]を発行して資金を集めるイニシャル・コイン・オファリング（Initial Coin Offering）と呼ばれる資金調達が新興企業を中心に広まりつつある。トークン発行者は，このIT技術を活用した仕組みにより，伝統的な資金調達手段と比較して，時間的，金銭的コストをかけずに多くの資金を集められ，また，その購入者は，「Bitcoin」等仮想通貨[6]のような将来の値上りやそのトークンを保有することによって得られる利得を目的に，インターネットを通じて手軽に購入することができる。最初のICOは2013年頃に実施されたとされ，実際にICOという言葉が世の中に浸透し，本格的に社会で認知をされてきたのは2016年以降であるが，最近になって始まったこの資金調達手法は，その市場の規模及び成長の早さ[7]から，新たな調達手段として無視できない存在となりつつある。

4　板谷・前掲注(1) 6頁。

5　トークンとは，情報の文字列を暗号化したものである。トークンと仮想通貨は同義で使用されることも多いが，本稿においては仮想通貨については資金決済法の定義に合わせ，トークンは仮想通貨を含む大きな概念として定義することとする。また，世界的な流れの中で，我が国においてもその呼称が暗号資産に変更されることが濃厚であるが，本項においては，2018年12月現在の同法の文言に従い，「仮想通貨」と呼ぶこととする。

6　我が国において，仮想通貨という言葉が一般的に認知され始めたきっかけは，2015年における，当時世界最大規模で法定通貨と仮想通貨の交換事業を営んでいたMTGOX（マウントゴックス）の破綻であった。この事件は，仮想通貨とその代表格の「Bitcoin」の世間的認知度をあげることに繋がった。その後，仮想通貨はFinTechの代表格として注目を集めることとなり，2016年の資金決済法改正において，仮想通貨が決済手段として定義された。仮想通貨は，発行者が存在しないものと，特定の企業や団体が発行するものがあり，それぞれ非中央集権的，中央集権的と区別されることもある。

7　PWCの調査において，2017年における世界のICO件数は552件で資金調達額は約70億ドルであり，2018年前半で申請されたICOの件数は537件で資金調達額は137億ドルを超えており，さらに平均的な調達額も1,280万ドルから2,550万ドルと2倍の水準となっている。

2．イニシャル・コイン・オファリング（ICO）

　イニシャル・コイン・オファリング（Initial Coin Offering）は通常 ICO の略称で呼ばれ，広義[8]ではトークンを発行して資金調達を行うことやそれによって発行されたトークンそのものを指す場合が多い[9]。ICO とは，企業又はあるプロジェクトの発起人がトークンを発行し，第三者にそれを販売することによって，発行者が資金を調達することができる仕組みである。購入者は，発行者が作成するホワイトペーパー[10]を基に購入を検討する。また，その購入に際しては，法定通貨のほか仮想通貨が決済手段として用いられる場合も多く，その場合，「Bitcoin」[11]や「Ethereum」[12]といった既に仮想通貨交換業者で広く取り扱われている仮想通貨が指定される[13]ことが殆どであり，ICO 実施者は集めた仮想通貨を仮想通貨交換業者や仮想通貨取引所を通じて，法定通貨に換金することで事業資金を得ることができる[14]。また，ICO は，事業又はプロジェクト開始前のスタートアップ企業

（PwC Strategy & Report「ICOs: Fluch oder（Geld-）segen?」（https://www.pwc.ch/de/press-room/press-releases/pwc_mm_icoreport_de.pdf?utm_source=PwC%20CH%20Social%20Media，2018年10月31日最終閲覧））

8　狭義では，トークンが仮想通貨交換業者の運営する取引所又は交換所での取り扱いを始めることやその際にトークンを発行することを指し，交換所での取り扱いが始まる前のトークンの販売はプレセールやトークンセールと呼ばれることもある。本稿においては，ICO を「トークンを発行することによる資金調達行為」として定義する。

9　実際にはトークンを無償で配るようなプロジェクトもあるが，本稿においては，トークン購入に際し，購入者はその対価として金銭的な拠出を行っているものを前提とする。

10　ホワイトペーパーはトークン発行者が任意で作成・公表する募集要項である。それには，発行されるトークンの内容やそれにより調達した資金の使途，事業計画などが記載されることが多く，購入者にとっては金融商品における目論見書や証券会社が作成する販売用資料に近い位置付けとなるが，その記載内容は法律等で定められているわけではないことから，発行されるトークンによって大きく異なる。

11　「Bitcoin」はサトシナカモトと名乗る人物によって投稿された論文に基づき，2009年頃から運用が開始された分散台帳技術を用いた仮想通貨。単位は「BTC」。

12　「Ethereum」は開発の為のプラットフォームであり，自動執行契約（スマートコントラクト）が可能である。「Bitcoin」と比べると，ブロック作成が約12秒と非常に高速度での処理が可能という特徴がある（「Bitcoin」は約10分）。通貨は「Ether」，通貨単位は「ETH」。

13　仮想通貨を決済手段として利用することは，外国の購入者においても手数料が高く手続きが煩雑な法定通貨での国際送金を発生させず，また実質的に自国の法定通貨が何であるかを問わずに，発行・購入ができるといった点で発行者，購入者ともにメリットがある。

14　集めた仮想通貨を法定換金せずにそれ自体を事業資金として使用するケースもあると考えられるが，現実的にそれが利用できる場所は限られていることを勘案すると限定的な事例と考

によるベンチャーキャピタルからの資金調達の代わりのような位置付けで行われるものが多いが，最近では，上場企業グループが仮想通貨取引所の設立を目的に発行するものや，国家プロジェクトとして行われる[15]ものまで幅広くこの新しい金融手法の可能性について期待をしていることが窺える。

ICOによって発行されるトークン（以下，「ICOトークン」という）の持つ性質は多種多様であり，それを分類しようとしたときには様々な切り口があると考えられるが，本稿では3つに大別することとする。1つ目は，トークン購入者が定期的又はある一定条件の約束の下で金銭その他の経済的効用の分配を受け取ることを期待して参加するICOである。トークン保有者は，そのトークンの購入と引き換えに金銭的な分配が受けられる，又は転売によってその利益をトークン保有者に期待させるものであり，所謂，伝統的な金融商品を購入するのと同じ期待を持って参加するICOである。2つ目は，金銭的な利益の分配はないものの，将来の転売による利益獲得を期待して参加するICOである。3つ目は，トークン保有者が持つ権利が非金銭的な効用であるものである。具体的には，ある商品の購入権やイベント参加権といったトークン保有者のみが保有することができる非金銭的な諸権利等の獲得を目的に参加するICOである。

第2節　問題の所在

ICOトークンについては，民法上や会計処理上，その位置付けの整理はこれからという状況にあり，勿論，金融商品取引法（以下，「金商法」という）には有価証券として明示的に列挙されてもいないが，事実として，ICOトークンへの資金流入は進んでいる。また，トークン購入者は発行者が公表するホワイトペーパーを基に購入の判断を行うが，発行時の開示ならびに発行後の継続開示について，現状は，発行者毎の判断で行われており，殆どの場合，発行時のホワイトペーパー以外の情報開示は行われていない。

金商法の目的の1つは，自己責任原則の下で投資者を保護することにある。ICOトークンの購入者の多くが，購入したトークンからの利益分配やそれ自体の

えられる。

15　2018年に，ベネズエラは国家プロジェクトとして石油を裏付けとしたトークン「ペトロ（petro）」を発行することを公表した（http://petro.gob.ve/pdf/en/Whitepaper_Petro_en.pdf）。

転売による金銭的な利潤の獲得を目的としており，投機的な動機を有していることは事実として否定できない。また，法規制の対象となっている有価証券においては，発行者の開示と投資者の投資判断における自己責任は密接な関係にある中，ICOについては取り巻く金融システムや制度は殆ど整っていない。従って，ICOにおけるトークン発行者や販売業者の義務，及び購入者の保護について議論を進めるために，先ずは現状の金商法において，ICOを，その規制対象としてどこまで捕捉することができるのかという点について考察する必要がある。

第3節　研究の進め方

　先ず，ICOに関する規制について，我が国に比べて先行している諸外国においていかなる規制方法を採っているのか，既存の証券法の特徴を踏まえて考察を行う。具体的には，ICOが活発に行われており，既存の証券規制の中で対応を進めているアメリカ合衆国について，1933年証券法（Securities Act of 1933）の証券の定義及びそれを踏まえたICO規制について考察を行う。また，既存の法規制の中で対応を進めているアメリカ合衆国に対し，ICO規制を立法という形で対応することとしたフランス共和国について，有価証券を規定している通貨金融法典（Code Monétaire et Financier）の特徴を踏まえ，立法という手段に至った背景を基に考察を行う。

　そして，我が国においては金商法の下で規制されるICOについて，現行の有価証券の定義の特徴を踏まえ，その法解釈とともに整理を行い，諸外国における金融・証券法の特徴と我が国の金商法を比較することで，その問題点について論じる。さらに，金商法以外でICO規制に近い関係があると考えられる法律について若干の考察を行い，金商法との補完関係を整理することで，我が国のICO規制についての問題提起を行う。

第1章　アメリカ合衆国におけるICOの法規制

第1節　1933年証券法における証券定義

1．証券定義

　アメリカ合衆国の証券法である1933年証券法（Securities Act of 1933）では，

第2条において，証券（Security）が定義されており，ノートや株式（stock），自己株式（treasury stock），担保付社債（bond），無担保社債（debenture），投資契約（investment contract）などが例示列挙されているが，それらの有する権利については定義規定が置かれていない[16]。さらに，証券という言葉について「一般に投機又は投資のために取引される証書と言われているものを含む」と定義しており，また，「利益分配契約における権利又は参加を表示する証書」，「投資契約」，「一般に『証券』と言われているすべての権利又は証書」のような説明的な文言によっており，より伸縮性のあるものを「証券」に含めている[17]。

　第2条で着目すべきは，「文脈からみて他の意義に解されない限り」という柱書と「投資契約」の2つの文言である。先ず，「文脈からみて他の意義に解されない限り」といった留保が付されていることは，1933年証券法における「証券」が，形式的な外観よりも経済的実体を重要視している根拠の1つになることを意味する。それは，その対象が形式上，同法第2条で列挙された証券をうたっていたとしても，その経済的実体が他の意義に解される場合には同法上の証券には該当しない可能性があるからである。一方で，名目上は証券とされていないものの，その実体が同法上の証券と同じ意義に解される場合に，同法における証券に該当するといったことを同文言から解することは難しい。

　そこで，「投資契約」が果たして何を指すのかということに対して焦点が当てられる。諸権利についての定義が定められていない中で，列挙されたその他の証券に関してはその名前で実物が存在するのに対し，「投資契約」とは行為を表す言葉である。つまり，同法における証券の定義は，株式等の伝統的な有価証券を表す条項と，「投資契約」という一般に証券と同じ性質を持つものを包括的に捉えることができる権利を表す一般条項によって，構成されているといえる[18]。

　従って，或る行為が同法の規制対象となるかどうかは，それに伴う権利が投資契約に該当するかどうかによって判断されることから，立法以後，投資契約とは

16　1934年証券取引所法の第3条にも証券の定義が定められている。1933年証券法とは言葉遣いはやや異なっているものの，両法において同一の方法で解釈されている。（M・I・スタインバーグ著（小川宏幸訳）『アメリカ証券法』15頁（レクシスネクシス・ジャパン，2010））

17　ルイ・ロス（日本証券経済研究所証券取引法研究会訳）『現代証券取引法』200頁（商事法研究会，1989）。

18　黒沼悦郎『アメリカ証券取引法〔第2版〕』233頁（弘文堂，2006）。

何かが判例において争われてきた。

２．Howey事件[19]

アメリカ合衆国において最初に投資契約について争われ，その後の証券定義の範囲に重要な判断基準を示したのが，証券法違反として証券取引委員会（以下，「SEC」という）がW. J. Howey 社（以下，「Howey 社」という）に対し訴訟を提起したHowey事件である。

(1)　事件の概要

Howey社はフロリダ州に広大な柑橘農園を所有しており，その一部をエーカー単位で販売し，販売価格全額が支払われた際には当該区画の権利証を交付していた。Howey社は自身の関連会社とその区画購入者との間で，管理会社がその区画を借り，果実の収穫及び販売を行うといった業務委託契約を結んでいた。なお，Howey社は当該地域において自社が保有するリゾートホテルを通じて区画の販売を行っており，購入者の殆どは，フロリダ州の住民でもなければ，また，購入した区画を自らで管理する技術や設備を有する農業従事者でもなかった。SECはHowey 社に対し，有価証券発行届出書の届出が無く，また届出書提出義務の免除対象でもない証券の勧誘又は販売が証券法第５条(a)に違反するとして，郵便又は州際通商の手段を用いることを禁じる差止命令を求めて訴訟を提起した。フロリダ州南部地区合衆国地方裁判所はSECの請求を棄却し，第５巡回区合衆国控訴裁判所は地方裁判所の判断を維持したが，連邦最高裁は上告申立てを受理した。

(2)　判旨及びその意義

連邦最高裁は，本訴訟の主要な争点はHowey社が土地を販売する契約が証券法第２条(a)(1)に定める「投資契約」を構成するか否かであるとした。そして，「投資契約」の定義は1933年証券法に明記されていないものの，各州の不正証券取引取締法において，資金を調達し，当該資金を利用して収入や利益を得ようとする契約や仕組みを広く捉える用語として用いられてきたことを指摘し，立法時に議会はコモン・ローの下で従前から適用されてきたこの語の意義を認識した上で，

19　Securities and Exchange Commission v. W. J. Howey Co., 328 U.S. 293 (1946). なお，事件の概要については，ロス・前掲注(17)198頁を参考にした。

法令に記載したものであると述べた。また，証券法における「投資契約」に該当するか否かは，もっぱら第三者の努力に依拠した（With the profit to be generated by a third party），共同事業からの（In a common enterprise），収益を期待して行われる（With an expectation of profit），資金による投資（It must be an investment of money）を指すという審査基準を設定[20]し，Howey 社の契約はこの基準により判断するところの投資契約に該当するとして，1933年証券法第5条に違反すると結論付けた。

　本判決が定立した投資契約の判断基準は，以後，Howey Test と呼ばれ，現在に至るまで多くの証券定義の判断の基準とされている[21]が，加えて，この事件で着目すべきは，投資契約の判断は，それが証券としての形式的に株式や証券とうたわれている必要はなく，そのものの経済的な実体を基に判断が行われるといった点にあるといえる[22]。

第2節　トークンの証券該当性

1. Howey Test と ICO

　ICOにより発行されるトークン自体の法的な位置付けについては，アメリカ合衆国においても日本同様に定かではない。それはICOで発行されるデジタル資産としてのトークンが，それ自体に概念的な要素が含まれており，統一的な見解を明確に定めにくいためであり，言い換えると，トークン自体の経済的な性質が多種多様であり，現実的に“ICOで発行されるトークン”といった切り口では整理がつきにくいためと考えられる。当然ながら，1933年証券法においてもICOを直

20　Howey Test の要件は，資本又は金銭の投資を除いた3要件で議論される場合もあるが，それは実質的に金銭による投資を前提にしているためであり，要件として不要とした判例は見当たらない。

21　Howey Test の基となる判断が行われた事件として，Joiner 事件（Securities and Exchange Commission v. C. M. Joiner Leasing Corporation, 320 U.S. 344（1943））がある。被告は，自分がリースした土地を狭い区間で分けてリース権を再販売し，その資金をその土地での石油井戸の発掘に充てるといった事業を行った。一審と二審は土地の売りつけと判断したのに対し，連邦最高裁は販売文書における石油井戸採掘の記載から発生する購入判断の経済的インセンティブと購入者が実際に採掘を行わず第三者の努力による金銭の投資であると言及し投資契約と判断した。

22　Forman 事件（United Housing Foundation v. Forman, 421 U.S. 837（1975））において，連邦最高裁は共同アパートの住人によって購入された共同住宅プロジェクトに対する株式は証券に当たらないと判示した。

接指す条文は見当たらない。

　ただし，特定のICOで発行される又は発行されたトークンについて，それが1933年証券法における規制対象となるか否かという点に関しては，トークン自体の正体を明らかにする，又は定めることをせずとも包括条項の中で捉えられるか，あるいは，ICOを実施したトークン発行者と購入者の間で投資契約が存在するか否かということを判別すれば足りる。従って，対象となるトークンが，Howey Testの全ての項目を満たす場合，実際にはこれらを１つでも否定できない場合には，それが1933年証券法における証券に該当し規制対象として取り扱われることになると考えられる[23]。以下では，ICOについて，Howey Testを実施する際の論点及びその解釈について考察を進める。

(1) **資金による投資であること**

　ICOにおけるトークンの購入は法定通貨又は仮想通貨で行われる[24]。法定通貨での購入については，当然に金銭での投資に当たると解釈できるが，仮想通貨での投資が資金に当たるかは一考の余地がある。この点について，SECは決済手段が仮想通貨である場合においても，金銭による投資と解釈されるとの見解を表明している[25]。実際，ICOトークン購入の決済手段として「Bitcoin」等の仮想通貨が指定された場合でも，購入希望者はそのICOトークンを購入するために，指定された仮想通貨を法定通貨によって購入することが殆どであり，購入者としては食堂で食券を購入するかのように，仮想通貨によるトークンの購入は仮想通貨による権利の一時的な変換に過ぎず，現実的にはトークンを法定通貨によって購入することと同視できる。このことから，仮想通貨での購入であったとしても，実質的に法定通貨での購入と同視されるものについては資金での投資とみなされる可能

23　2018年６月，SECのJ・Clayton委員長は，CNBCのインタビューでHowey Testの内容に触れながら「トークンを販売し，集めた資金でプロジェクトを進め，利益を投資家に還元するといったスキームの仮想通貨は証券に該当する」との考えを示した。CNBC, SEC Chief says Agency won't Change Securities Laws to Cater to Cryptocurrencies, (https://www.cnbc.com/2018/06/06/sec-chairman-clayton-says-agency-wont-change-definition-of-a-security.html, 2018年9月28日最終閲覧)

24　ICOにおけるトークンの決済手段としては，仮想通貨（具体的には「Bitcoin」やEther）が指定されることが多い。その背景として，相応の参加者が存在する市場があること，及び法定通貨に比べて自国や国際間での規制が強くないことから，調達が容易であることが挙げられる。

25　CNBC, *supra* note (23).

性が高い。また，Uselton 事件[26]においても，必ずしも資金は法定通貨である必要はないことが判例として示されている。

　では，トークンがマイニングにより得られたものであった場合はどうであろうか。購入者自身が仮想通貨のマイニングの報酬として得た仮想通貨であれば，仮想通貨を法定通貨で購入はしていない。つまり，ICO の発起人がトークン購入の決済手段として，マイニングで得られた仮想通貨のみを指定した場合となるが，結論としては，金銭での投資と解されると考えられる。それは，購入者にとって，その仮想通貨はマイニングという役務の対価として得たものであり，その仮想通貨に現金と同様に価値の交換手段の機能を期待していると考えられるからである。

(2) 主に発起人又は第三者の努力によること

　基本的な考え方として，発行したトークンの対価として集められた資金が投資される事業又はプロジェクトにおいて[27]，その運営が主として[28]プロジェクトの発起人又は第三者によって行われ，トークンの購入者が事業に関与しているかどうかが，本項の判断の基準となる。つまり，トークン購入者が，経営を含む当該事業運営に関与しない場合には投資契約に該当すると判断される可能性が高い。この場合，一部の投資者のみが関わっていることは問題ではなく，第三者の努力によることを否定するためには，全員が関与していること，又は全員が関与する権利を持っていることが必要となる。

　ICO の場合，トークン保有者に付与される権利によっては投資者の事業性関与が認められる場合もある[29]と考えられるが，第三者の努力という点については，

26　第 10 巡回控訴裁判所の Kane 裁判官は判旨の中で出資は必ずしも法定通貨である必要はないとし，信託ノートによる出資を投資契約として判断した。（Uselton v. Comm. Lovelace Motor Freight, Inc., 940 F.2d 564,574（10th Cir.1991））

27　Howey Test においては，投資対象となる事業がその募集における広告内に記載されているものと同じである必要には言及されていない。従って，ICO においても，発行時に作成され公表されたホワイトペーパーに記載されたものであるかという点は特段問題とはならないと考えられる。それにより，ホワイトペーパーにおける資金使途の記載が明確でない場合であっても，実際にその資金が何に投資されたかという部分が論点となる。

28　元々は「もっぱら」であったが，収益獲得のための努力を少しでも投資者が担っていることで投資契約の証券性が否定されることを防ぐために，Koscot 事件（Securities and Exchange Commission v. Koscot Interplanetary, Inc., 497 F. 2d 473（5th Cir. 1974））以降，多くの判決は「主として」といった緩やかに解釈する方向に変わった。

29　例えば，会員制の送金プラットフォームなどが挙げられる。トークンの購入代金がプラッ

投資者の関与がなければ事業が成り立たないか否かということが基準となるため，ICOの場合，主として第三者の努力によるものという点は多くの場合に当てはまると考えられる[30]。

　ただし，この点については，トークンの発行時期についても考慮を及ぼす必要がある。例えば，トークンエコノミー（トークンが法定通貨のような役割を果たす経済システム）には，トークン保有者が参加するためのインターフェースを持つアプリケーションなど，その技術的なネットワークが構築されている必要があるが，トークン購入者全員がそのネットワーク構築へ関与すること，具体的にはそれに関わる企画や設計といった役務提供や技術提供などが行われている場合を除いては，ネットワーク構築前に当該事業に参加することは不可能であることから，専ら第三者である発起人に依存するかたちとなる。一方，ネットワーク構築後に実施されるICOについては，そのネットワークの性質によってはトークン購入者も事業参加者と認められる場合もあると考えられる。ただし，構築後のトークン発行が初回であれば問題にはならないが，ネットワーク構築前にもトークンを発行している場合には，その発行時期の違う2つのトークンの経済的性質が同じではないことを明らかにする必要がある。

(3) 投資が収益の期待により行われること

　Howey Testにおいては収益期待を満たす類型として，「最初の投資が発展した結果として資本が増加すること」，及び「投資家のファンドを利用した結果で生じた利益を預かること」とされており，また，利益には，配当その他定期的な支払いと投資の増加した価値を含むとされている[31]。これらに照らした場合，トークンが明らかに事業における会計上の資本調達である場合を除いては資本の増加という要件は満たしにくいと考えられるものの，発行時点のホワイトペーパーにおいて，トークン発行者が保有者に対して金銭又は金銭同等物での利得を受ける権利を約束している場合には，トークン保有者は収益を得る期待を持つこととなり，本項に該当する可能性が高いと考えられる。

トフォーム構築に使用され，且つトークン購入者のみが送金のプレイヤーとなる場合，当該プラットフォームは購入者が送金事業に関与していると解される可能性もある。

30　第三者の努力については，投資から得られる利益が投資家のコントロールの大部分又は完全に外れているかどうかという観点で考えることができる。

31　スタインバーグ・前掲注(16)24頁。

　例えば，投資対象となるプロジェクトが取引を円滑にするために設計された新しいブロックチェーンエコシステムの構築である場合，この事業の投資家が技術に精通し，エコシステム自体の使用に関心を示している必要がある。従って，技術を実用としない人は「主に利益のために投資している」と判断される[32]。さらに，トークン保有者自身の資金拠出により得られる利得がイベントの参加権や商品の購入権などの所謂ユーティリティトークンの場合は，金銭的利益を目的としている訳ではないため，収益への期待とは認められないと解するのが妥当であろう[33]。さらに「購入者が手に入れた利益を使用又は消費する意欲によって主に動機付けられている場合には，証券諸法は一般的に適用されない」[34]ことから，トークン保有者が非保有者よりも安価に購入ができるといった金銭的なメリットを享受していたとしても本要件は当てはまらないと考えられる。

　では，収益分配を約束していないものの，トークンの価値の将来値上がりを期待させる場合はどうであろうか。一概には，分配が行われているわけではないことから，収益の期待と整理することはできない。但し，将来的に流通市場への上場可能性を想像させる場合，実際には流通市場への上場可能性を否定していない場合を除き，収益の期待を否定することは難しいと考えられる。それは，購入者が将来の売却益を期待して購入することに加え，トークンの将来の値上がりはその希少性のみならず，そのトークン支払いによって集められた資金が投資された事業又はプロジェクトの発展により市場価値が生成され，さらにその市場価値には投資が発展した結果の価値が含まれており，上場は分配された利益の換金手段を提供するものと位置付けられることから，その可能性を示唆していることは実質的に利益分配を受けることを期待させると考えられるからである。

32　Laura Gritz ,*Teaching a New Dog Old Tricks: Why the Howey Test Is Still the SEC's Best Friend When Examining Initial Coin Offerings*, 19 North Carolina Journal of Law & Technology 193, 219-220（2018）.

33　購入者が手に入れた利益を，主に使用又は消費する意欲によって動機付けられている場合には対象外とされる。例えば，保有者がある商品を購入する際に割引を受けられる場合，実質的に収益を得ているとも考えられるが，より安価に購入ができるという動機と解釈される（スタインバーグ・前掲注(16)24頁）。

34　スタインバーグ・前掲注(16)24頁。

(4) 共同事業性が認められること

　共同事業性については，前提としてICOにより調達された資金が何かしらの事業に関与していることが必要となる。すなわち，トークンと引き換えに購入者が拠出した資金が事業又はプロジェクトの成功に結びついている必要がある。そして，投資者間の共同性である水平的共同事業性があるか，又は投資者と事業の発起人との共同性である垂直的共同事業性があるか[35]という点を確認することになるが，ICOにおいては共同事業性が論点にはなりづらいと考えられる。なぜならば，ICOトークンの購入者は，自身が拠出した資金が，1つのホワイトペーパーで説明された事業又はプロジェクトに投資されることを前提に同じICOトークンを購入する，つまり，同じICOトークンを購入した投資者間で拠出した資金プールが作られ，同じ事業又はプロジェクトに充てられることにより水平的共同事業性が成り立つからである。

　では，垂直的共同事業性，すなわち発起人との共同性についてはどうであろうか。発起人の利益と投資者の利益に直接の関係性が必要[36]という考え方もあるものの，発起人の運営する事業への投資の対価としてトークンを取得する時点で共同性は認められる。しかしながら，トークン保有者が得られる利得，特にそれが配当といった金銭の分配である場合には，その事業運営者である発起人の利益が連動していないものについては，垂直的共同事業性については必ずしも満たさないと判断される可能性もあるが，基本的には発起人の努力と投資者の利益に関係性があることを要求されているに過ぎず，多くの場合に垂直的共同事業性も認められると考えられる。

　何れにせよ，ICOにおいてはその調達手段としての特徴から水平的共同事業性を満たしやすい一方で，それが満たされず，またトークン保有者の利得が金銭的

35　共同事業性については，資金がプールの状態で集められ，投資者間の共同間関係性がある水平的共同事業性と，投資者と事業の発起人との共同関係性がある垂直的共同事業性がある。多くの判例は，水平的な共同を求めており，また水平的共同事業性が認められればHowey Testを満たすとされているが，垂直的共同事業性の要件については裁判所によって意見の相違が見られる。それは，投資家と発起人の結びつきが，投資を受けているだけで成立するといった広範囲な定義と，発起人の事業の成功と失敗が投資者のそれと直接の関係があることが必要という，より制限的な定義を適用するとした意見である。(スタインバーグ・前掲注(16)26頁)

36　発起人の報酬が事業の状態と連動している場合であり，発起人の報酬が業績に連動（例えば，成功報酬など）していることを指している。

な収益分配でない場合には，垂直的共同事業性が否定される可能性も否定できない。

2．Risk Capital Test[37]とICO

　アメリカ合衆国においてある権利の証券該当性を判断する基準は，Howey Testと並んで使用されるものとしてRisk Capital Testが挙げられる。Risk Capital Testは，資金の募集にかかる「被勧誘者が事業に出資すること」，拠出された「出資が事業のリスクに晒されること」，「出資は被勧誘者が出資を超えるリターンを実現するという理解に結びつく表示によって勧誘されたものであること」，「被勧誘者が事業に対する実務上又は経営上の支配権を行使するものではないこと」といった4つの判断基準により実施され，連邦裁判所での一般的な適用はないものの，Howey Testでは投資契約と判断されないものについて，州法（青空法）により，Howey Testの代替として，多くの州で判例法や制定法に採用されている[38]。従って，仮にHowey Testにより連邦法上の投資契約に当たらないと判断された場合においても，Risk Capital Testによって州の証券法規上での証券該当性を認定される可能性がある[39]。

　Risk Capital Testの特徴として，基本的な概念はHowey Testに近いものの，Howey Testで求められている共同事業性については特に言及していないことが挙げられる。これは連邦裁判所において，共同事業性の要件を巡る判断が分かれて[40]おり，その点でHowey Testの使い勝手が良くないためである。つまり，同テ

37　Risk Capital Test は Silver Hills Country Club 事件（Silver Hills Country Club v. Sobieski, 55 Cal.2d 811（S.F. 1961））において，カリフォルニア州最高裁判所のTraynor判事が執筆した意見において，Risk Capitalの勧誘及びそれが事業のリスクに晒されることが，証券と単なる権利の売り付けとの違いであると述べたことで，その後，Risk Capital Testが認知されることとなった。
38　そもそも1933年証券法の証券定義（第2条1号）は，その制定の際に「すでに或る程度裁判所の解釈が発展していた初期の州の青空法の定義から借りてきたものである」（ロス・前掲注（17）172頁）。
39　King判決（King v. Pope 91 S.W. 3d 314（Tenn 2002））によれば「州法と連邦法は異なる目的に資するために採択された」としており，その意味は明らかにはなっていないものの，Risk Capital Testの内容からは，州法はより投資者保護を主眼においていることが多いと推察される。
40　三浦康平「証券定義の争われ方」駒沢大学法学部研究紀要75号33頁（2017）。加えて，同稿において，三浦康平准教授は過去の判例を踏まえて「連邦最高裁判所はこの要件を直接判断することについて消極的であるようにみえる」と指摘している。

ストはHowey Testよりも証券該当性を認定しやすく，投資者は証券法規上の保護を受け易いといえる[41]。

　アメリカ合衆国において，ICOトークン発行者の行為が連邦レベルでは規制対象に当たらないと判断される場合においても，州レベルでの規制対象となる可能性があることを踏まえ，ICOについてRisk Capital Testを実施する際の論点及びその解釈について考察を行う。

(1)　事業への出資であること

　ICOにおいては，基本的な考えとして，投資者はホワイトペーパーに記載された事業又はプロジェクトについて，その内容への興味や成功可能性を材料としてトークン購入を検討する。その内容には当然に，ICOを実施する目的や資金使途，募集金額などが含まれることから，トークンの対価として拠出された資金は何かしらの事業に投資されることになる。従って，本要件は殆どのICOに当てはまると考えられる。

　では，ホワイトペーパーに事業内容や資金使途が明記されていない場合はどうだろうか。結論としては，トークン購入者は，トークンを販売した以上はその対価が何かしらの事業に投資されるといった期待を持つと解釈するべきであろう。募集に際し，トークン購入者は通常，その事業又はプロジェクトへの興味や成功への期待をもって投資をすると考えると，明確に記載がなかったとしてもそれを期待させるような表現が全くない場合以外に，被勧誘者が事業への投資ではない旨を正確に認識して投資をすることは考えにくい。ただし，事業に投資がなされない旨が明確に記載してあった場合においては，当該要件を満たさない場合も出てくる可能性は否定できない。しかしながら，何にも投資されない，つまり何にも使われないことを確約することは，発起人にとって資金調達を行う意味をなさないことを踏まえると，多くのICO案件において，当該要件は当然に該当すると捉えるのが自然と考える。

41　「危険資本の基準はそもそも内容が一義的に確立していることすら疑わしく，ましてその有効性やHowey判決との関係などには不明な点が少なく無い」（小塚荘一郎「フランチャイズ契約論（４）」法学協会雑誌114巻９号1003頁（注）７（1997））といった指摘もあるものの，本稿では現実的に州裁判所においてはRisk Capital Testが証券該当性の判断で使用されている事実を認めて考察を行うこととする。

(2)　被勧誘者の出資が事業のリスクに晒されること[42]

　トークン購入者の資金が事業又はプロジェクトに出資されることを前提とした場合，購入者により拠出された資金の財産的価値が事業の成功又は失敗と連動しているかどうかということが要件となるが，言い換えると，事業又はプロジェクトの経済的リスクとトークンの価値が連動しているかということになると考えられる。多くの場合，発行されたトークンの価値は集められた資金が投資される事業又はプロジェクトの成功と連動すると考えられる。従って，ICOにより発行されたトークンの経済的価値の変動がその投資対象である事業又はプロジェクトから完全に切り離されていることが明らかである場合を除き，本要件に該当すると考えられる。ここでいう経済的価値の変動が投資対象である事業又はプロジェクトから完全に切り離されているとは，トークンを購入した段階でトークンの経済的価値が確定する場合と，その段階で確定はしないもののその価値と事業又はプロジェクト成功や失敗に全くの関係がない場合が想定される。

　前者については，トークン購入の段階で予め取り決めた額での払戻しを約束している場合であり，取り決めの額がトークンの購入代金と同じである場合[43]を除いては，多くの場合，出資金がリスクに晒されていると捉えられる。なぜならば，受け取る価格がトークンの購入代金よりも多い場合には，発起人は事業投資以外で返還のための資金を調達する必要があるし，返還金が少ない場合には，投資者にとっては金銭以外のメリット[44]を差額分で購入している場合ということとなるからである。

　また，後者については，事業又はプロジェクトが消滅したとしても，トークン

42　本要件は，Risk Capital Test において最も大きな意味を持つと考えられる。それは，このテストにおける前提として，投資者の資金がリスクに晒されているかということがなければ，証券法規上の投資者の保護は必要とはならないからである。

43　トークンは預金証書の代替である場合，受け取る価格がトークンの購入代金と同じであり，且つ全くの元本毀損のリスクがないといえる。Marine Bank 事件（Marine Bank v. Weaver, 455 U.S. 551（1982））において，連邦法によって，別途，投資者の保護が図られている預金証書については証券の概念から除外されるとした。但し，トークン購入者と発起人の間に預金契約が認められる場合には銀行法等の規制対象となる可能性には留意しなければならない。

44　トークンがイベント参加権や物品等の購入権などのユーティリティコインである場合が想定されるが，購入時点でその価格が決まるのであれば，トークンの価格と返還金の差額で購入すれば良いため，現実的には想定しづらい。また，メリットがない又は返還金額が０の場合には，トークンの購入は発起人への寄付金であると考えられ，トークンは寄付金の領収書でしかない。

の価値がなくならないことが必要となる。それが実現する場合として，当該トークンが「Bitcoin」のような中央集権ではない仮想通貨となる場合が考えられる。ただし，事業又はプロジェクトの初期に発行されたものは，直ちに特定の事業又はプロジェクトのリスクを受けず運用されるとは想定しにくく，本要件に該当する可能性が高くなると考えられる。

(3) 被勧誘者の出資を超えるリターンを実現するという理解に結びつく表示によって勧誘された出資であること

　トークン購入者は，当然にして何かしらの目的を持ってトークンを購入する。本要件については，募集の際，具体的にはホワイトペーパーを含むその他の勧誘資料，及び勧誘行為において，出資額を超えるリターンを期待させる表示又は勧誘行為があったということになる。従って，配当その他利益の分配がある場合は当然であるが，トークンの交換所への上場可能性や発起人がある一定の価格で買い取るような表示もこれに該当すると考えられる。ただし，Howey Testとは異なり，被勧誘者のリターンは非金銭的な利益を含む[45]ことから，仮に利益分配が仮想通貨その他のトークンで支払われる場合についても本要件は適用されうると解釈される。従って，トークン保有者が施設の利用権や商品の購入権といったユーティリティトークンについても本要件に該当する可能性があると考えられる。

(4) 事業に対して実務上又は経営上の支配権を行使するものではないこと

　本要件は実質的にHowey Testおける「発起人又は第三者の努力」によるものと同じものと考えられる。また，本要件に該当するかどうかについても，投資者の事業への関与の度合いが論点となるが，その場合においても，Howey Testと同様に軽微な関与では認められない。

　ただし，本要件においては，事業において重要な意思決定等に関わっている又は事業の主要な業務を担っているかという点が基準となる。従って，トークン購入者の事業又はプロジェクトへの関与の度合いが問題となるが，Howey Testが事業の成功に投資者の努力が関係しているか，つまり自身が投資した資金の増減に投資者自身の努力が関係しているかという点に着目しているのに対し，本要件では，リスク・リターンと投資者の努力の関係性というよりは，投資する事業又

45　スタインバーグ・前掲注(16)33頁。

はプロジェクトへの支配，つまり投資した事業の経営に投資者が関わっていない
かを問題としているように考えられる。従って，Howey Testに比べて本要件の
方が若干緩くなっているように感じられるが，それはRisk Capital Testにおいて
は，発起人が投資者にリスク資産の勧誘をしているかという点が主眼に置かれて
いることによる相違であると推測される。

　このことから，ICOにおいても極少数且つ特定の投資家を対象とした募集でな
い限りは，本要件を満たすことは難しいと考えられる。

3．その他の判定基準とICO

(1)　商業／投資テスト

　商業／投資テストは1933年証券法上の投資契約と並んで議論となる「ノート」
についての判断を前提としたものであり，「連邦証券取引法の基本目的は投資家
を保護することにあり，通常の商取引を規制することでないという考え方を基礎
とし」[46]ている。従って，判断の対象が投資取引なのか一般的な商取引であるか
の事実関係を詳細にして個別に検討する必要がある。検討すべき要素としては，
「調達された資金使途は事業用の財産の購入か又は投資目的か」，「担保のある
ノートであるかどうか」[47]，「返済は債務者の既存財産でなく債務者の収入に依存
するか」，「取引が債権者と債務者のどちらから生じるか」という点がある[48]。

　しかしながら，ICOに対してこのテストを行おうとすると，テスト自体に曖昧
な部分があり非常に使いづらい。具体的には，当該トークンがどのように使われ
るかという点については，一部の場合を除いて事業で使用する目的とは考えにく
く[49]，また発起人が募集時点で購入者の意図を完全に把握することは不可能であ
る。また，当然にしてICOが債務者を起点に行われることは極々稀であり，加え
て拠出金の返済を前提にしたテストであることから，適応するICOの対象範囲は
限定的であり，一般に当該テストで証券該当性を判断することはあまり適切とは

46　Ｄ・Ｓ・カージャラ『セミナー・アメリカ証券法』61頁（商事法務研究会，1991）。
47　何故担保の有無が論点となるかというと，担保により投資金が全額保全されているのであ
れば保護の必要のない取引であると考えられるためである。
48　カージャラ・前掲注(46)61頁。
49　トークン購入が事業に必要な財産の購入として，例えば，他者が発行したトークンを購入
者が持つネットワークにおける決済手段として使おうとした場合などが考えられる。

いえない。ただし，投資契約には該当しないと判断された場合においても，ノートと判断される可能性を残すという意味では適応可能性の余地はあるともいえる。

(2) 類似性基準

　類似性基準は，1933年証券法の最初に記載のある「他に解すべき事情がない限り」という文言に意味を持たせるものとして分析されるアプローチである。要は，条文において列挙されたノートや株式は基本的に全て証券に該当するものの，他に解する必要がある事情が存在する場合には除外されるというものである。言い換えると，証券該当性を否認するためには除外されているものとの類似性を有していることを説明する必要がある[50]。ここで重要なのは，類似性の判断は，有価証券の形式的な部分ではなく，経済的実質を基準としてなされている点である。つまり，包括条項である投資契約以外に個別列挙されているものについても，その経済的実質によって判断されなければならない[51]。

　ICOを議論する際に，その多様性が問題となり整理がつきにくいとの意見が散見される。しかしながら，トークンのような電子媒体は新しい技術かもしれないが，経済実体については，既存の概念又はその複数の組合せと整理することができるものが大宗であり，そう真新しいものがあるようには思えない。その意味では，ICOの手法によっては，類似性基準が証券該当性を判断するのに適切である場合も多くあると考えられる。

第3節　ICOに関する事件

1．The Dao事件[52]

(1) 事件の概要

　2016年4月，ドイツのスタートアップであるSlock.it UG（以下，Slock社という）

50　Reves事件（Reves v. Ernst & Young, 494, U.S. 56（1990））において，最高裁は，Exchange Bank事件（Exchange National Bank v. Touche Ross & Co., 554 F. 2d 1126（2nd Cir. 1976））において証券と判断されたノートを例にして，証券に該当しない説明として証券ではないと判断されるノートとの類似性を証明する必要を述べた。

51　神田秀樹ほか「有価証券の範囲」金融商品取引法研究会研究記録第25号4頁〔藤田友敬発言〕（2010）。

52　本事件及びSECによる調査の内容については，SECの調査報告書（Report of Investigation Pursuant to Section 21(a) of the Securities Exchange Act of 1934: The DAO, SEC, Release No. 34-81207, July 25, 2017）を参考にした。

は，自律分散型の投資ファンドを構築することを目的に，The DAO（Decentralized Autonomous Organization）を設立した。一般的に投資ファンドはアセットマネジメントを担う特定の運営者が存在する中央集権型の仕組みであり，運営者が投資家から資金を集め，運営者が投資先を決定し，運営者が投資家たちへ利益を配分する仕組みであるのに対し，The Daoには，投資家から資金を集めたり，その資金の投資先を選定したりするような運営者は存在しない。投資家はDAOトークンを購入することで，このファンドに参加することができる仕組み[53]となっており，投資家がDAOトークンの対価として支払った資金[54]は仮想通貨であるEtherの形でThe DAOにプールされ，DAOトークンの保有者たちの投票によって決定された事業やプロジェクトに対し一定額投資された後，DAOトークンの保有者は投資対象となった事業又はプロジェクトの成果に応じて利益が還元される仕組みであった。さらに，DAOトークンにはそれを売却することが可能なプラットフォームが存在しており，DAOトークン自体を換金することも可能であった。

　2016年6月，The DAOはシステムの脆弱性を突かれてサイバー攻撃を受け，それによりプールされていたEtherのうち，約360万ETHが流出するという事件が起きた。最終的には，Slock社の共同創業者らが，流出したEtherをDAOトークン保有者に回復させたため，DAOトークン保有者の損失発生は回避することができた[55]。

　米国証券取引委員会は，Slock 社らにつき，本件において証券規制違反があったかどうかの調査を行い，2017年7月に発表した調査結果の中でDAOトークン

53　DAOトークン購入者は，出資割合に応じて新規プロジェクトへの出資やトークン保有者へ分配を決定する権利と持分に対する一種の所有権が付与された。調達額は2016年4月から5月にかけて，総額約1,200万ETH（当時のレートで約1.5億米ドル相当）にも及んだ。

54　The DAO は「Bitcoin」と並んで主要な仮想通貨であるEtherを対価としてトークンを投資家に発行する仕組みであった。従って，The DAO は Ether で資金プールされていた。

55　The DAO トークンを Ether に変える仕組みとして，以下の手順が必要であった。
1.　資金（Ether）を依頼者である自身のアドレスXに動かすという提案をThe DAO に提出
2.　依頼者のアドレスXとは別のアドレスYに提案した分の資金（Ether）が移動
3.　アドレスYから28日後からアドレスXに資金（Ether）を移動することで引き出すことができる

これにより，サイバー攻撃の実施者は自身のアドレスに送ったものの，28日間は動かすことができなかったため，その間に「Ethereum」を書き換え（ハードフォークをし）て流出が無かったことにした。

が1933年証券法及び1934年証券取引所法における証券に該当するとの見解を示す[56]とともに，同バーチャル組織によるデジタル資産の販売は連邦証券法の対象となることを発表し，ICOの市場参加者に警告を行った。

(2) SECの見解

SECの調査は，1933年証券法及び1934年証券取引所法における投資契約に該当するかどうかという観点で行われ，その判断はHowey Testを基準に行われた。

「資金による投資であること」（Investment in The DAO Invested Money）について，SECはUselton事件の判断によると必ずしも資金（Money）はCash（現金）である必要はないとされているとし，本件において購入者は仮想通貨であるEtherを拠出し，その対価としてトークンを受け取ることはHowey Testにおける資金の出資に該当すると判断した。

次に，投資が「収益の期待」（With a Reasonable Expectation of Profits）により行われたかという点については，先ずDAOトークンの購入者は，The DAOのアドレスにEtherを送った際に，その事業を通じて利益を得ると合理的に期待していたと考えられ，また，Slock社とその共同創業者によって配布された販促資料によれば，The DAOは集められた資金をプロジェクトに出資することを目的とした営利事業体であるとされており，利益への期待を有していたと推察されるとした。

また，「共同事業性の有無」[57]については，DAOトークン購入者から集めた仮想通貨Etherは一旦プールされ，The DAOがプロジェクトに出資するために利用された。投資対象となるプロジェクトは，コントラクターによりDAOトークン保有者に提案され，そのプロジェクトがキュレーターにより投資候補となるプロジェクトを示すホワイトリストに登録された場合には，DAOトークン保有者は，The DAOがそのプロジェクトに出資すべきかどうかについて投票で決めることができ，各プロジェクトの契約条件によって，DAOトークン保有者はプロジェ

---

56 The DAOは法人格を持たない組織ではあるが，証券発行に関する免除要件が適用されない限り，本来，証券の募集・売出しにおいては登録が必要であるものの，本件では登録がなく，1933年証券法5条違反とした。なお，SECは本事件についてSlock社に対しては警告のみを行い，罰則の適用を求める行動はしないとした。

57 SEC報告書（前掲注(52)）においては，共同事業性としては整理せず「収益への期待」に関する説明の一部として記載されている。

クトの潜在的な利益を分かち合う立場にあったとした。

　最後に「主に第三者又は発起人の努力」(Derived from the Managerial Efforts of Others) についてである。先ず，SECは事実上の発起人であるSlock社とその共同設立者とThe DAOの取り組みについて整理を行い，それを踏まえ，The DAOの投資家であるDAOトークン購入者の利益においてDAOトークン購入者以外の努力，具体的にはThe DAOのキュレーターによる努力[58]は不可欠であること，及びDAOトークン購入者は実際に投資を行うプロジェクトの投票権を保有していたものの，投票の対象はキュレーターに提案された案件のみであることと，DAOトークン保有者は広く分散しており，他の保有者とコミュニケーションをとることは限界があったことから，DAOトークン保有者が実質的に意味のある形で事業に参加することは困難なスキーム[59]であると判断した。

　以上を踏まえ，The DAOは1933年証券法及び1934年証券取引所法における「投資契約」に当たることから，DAOトークンを両法上の証券であると位置付けた上で，認可を受けないICOにおける調達は証券取引法の規制対象となるとした[60]。

⑶　**考察**

　本事件においてHowey Testを実施する際，最も論点となるのは「主に第三者又は発起人の努力」に当てはまるかどうかという点であると考えられる。The DAOは自律分散型組織をうたっているとおり，特定の誰かがファンドを直接運

58　キュレーターの役割は以下のとおり。
　1.　コントラクターを吟味する。
　2.　投票のための提案書を提出するか，また，提出時期を決定する。
　3.　投票のために提出された提案の順序と頻度を決定する。
　4.　特定の提案に対する投票の成立に必要な定足数を半分にするか否かを決定する。
59　実際に，DAOトークン保有者はプロジェクトの投票については，オンラインフォーラム上で十分な情報が提供されており，DAOトークン保有者同士のコミュニケーションも可能な仕組みであったが，それはプールされた後のことであり，実際にその資金プールへ投資を行う段階ではDAOトークン保有者やそれを検討している者とコミュニケーションをとる仕組みはなかった。
60　さらに，2018年6月，SECのJ・Clayton委員長は，「トランザクションに通貨として使われる「Bitcoin」などの仮想通貨は，従来の取引における米ドルやユーロ，日本円といった通貨の代わりをするものであり，証券ではない」と断言し，SECの規制範疇にないことを明らかにしたうえで，ICOの資金調達において発行されるトークンは証券に分類され，通常の証券同様にSECの管轄下に入るということを明言した（CNBC, *supra* note (23)）。

営してはおらず，また投資候補のプロジェクトに対し実際に投資を行うかどうかについてはDAOトークン保有者が投票権を持っているという状況から，DAOトークン保有者はThe DAOの運営に関する重要な決定をする立場にないとはいえず，他者の努力により利益を得ているとは言い切れない可能性があったからである。

　SECは，Slock社とその共同創業者及びキュレーターが担っていた役割[61]と，実際にDAOトークン保有者が意味のある参加ができない状態であることを理由に，The DAOの投資家は，Slock社とその共同創業者及びキュレーターがThe DAOの発売後に重要な経営努力を提供すると合理的に期待しており，彼らの専門知識に頼らざるを得なかったとし，このプロジェクトの成功は「主に第三者又は発起人の努力」によるものと判断した。しかし，Slock社とその共同創業者及びキュレーターが担っていた役割を「主に第三者又は発起人の努力」の判断根拠とするのは直ちには賛成しかねる。

　なぜならば，Slock社がThe Daoの発起人であることは明らかであるが，彼らが担っていたことは，プロジェクト運営の事務局の役割に過ぎないと捉えることはできるし，何よりどのような基準によってプロジェクト成功への重要な関与というのかが曖昧である中，The DAOプロジェクトにおいて最も重要な投資の意思決定はDAOトークン保有者がその投票権を持っており，キュレーターの役割はそのサポートに過ぎないという見方もできるからである。ただし，The DAOにおいては，トークン保有者が投票権を行使可能な選択はキュレーターから提案されたプロジェクトに限られていたこと，またキュレーターはその投資決定に際する投票の充足要件を50％まで減らすことができたこと等，DAOトークン保有者とキュレーターは対等又はDAOトークン保有者の依頼に基づく行為とは言い難く，実際に投資が行われるかどうか，つまり事業の重大な意思決定は実質的にキュレーターに大きく拠っていたといえなくもない。

　さらに，DAOトークン保有者が広く分散していた点に触れたことにも重要な意味がある。「共同事業性の有無」は，資金プールが構築されていれば水平的共

61　Slock社とその共同創業者は，The DAOを立ち上げ，DAOトークンを発行するため，DAOエンティティーのビジョン等を記載したホワイトペーパーを掲載したウェブサイトを立ち上げ，DAOトークン保有者に投票や投資に関する情報を提供するためのオンラインフォーラムを管理していた。さらに彼らは，「Ethereum」やThe DAOが運営するブロックチェーンプロトコルの専門家として，彼らの専門知識と資格に基づきキュレーターを選任したと投資家に伝えていた。

同事業性が認められるが,「主に第三者の努力による」かどうかは,投資者が現実的に事業運営に意味のある関与が可能であるかという視点に加え,資金プールへの拠出段階で投資家同士がコミュニケーションをとれる状況である必要を,SECは指摘した[62]のである。この点については,確かにこれから一緒に事業の重大な役割を担っていこうとしている者同士が何のコミュニケーションもとらないことは通常考えにくい。さらに,投資時点で投資家同士のコミュニケーションがとれない場合には,投資の意思決定において,発起人を含む第三者の存在が拠り所となると考えられることから当然といえる。

　つまり,SECはこの事件を通じ,「主に発起人又は第三者の努力による」という点については,実際の事業運営のみならず,投資時点においてもトークン購入者が,そのプロジェクトに意味のある関与が可能であることが必要であり,言い換えると,広域に渡り多数の参加者を募集するICOについてはトークン保有者の事業への関与を認めにくいという考えであることを,ICOに取り組む事業者に警告をしたといえる。

２．REcoin事件[63]

(1)　事件の概要

　2017年7月頃,REcoin Group Foundation LLC（以下,REcoinという）創設者

62　Howey事件において,購入者がフロリダ州の非居住者であったことも理由として述べられており,この中には物理的に果樹園の運営に関与可能であったかということの他に,投資者全員の関与には各々のコミュニケーションがとれる必要があり,「主に発起人又は第三者の努力による」ということを否定するには,事業運営における投資者同士の共同事業性が必要であるといえる。

63　United Sates of America v. Zaslavskiy Maksim, No.17-cr-647（E.D.N.Y., filed Sep-11th 2018）また,SECの見解及び事件の内容,被告の反論については以下を参考にした。

・SEC「SECURITIES AND EXCHANGE COMMISSION, : Plaintiff, - against - RECOIN GROUP FOUNDATION, LLC, DRC : WORLD INC. a/k/a DIAMOND RESERVE CLUB, : and MAKSIM ZASLAVSKIY, : Defendants.」（https://www.sec.gov/litigation/complaints/2017/comp-pr2017-185.pdf, 2018年10月22日最終閲覧）

・SEC「SEC Exposes Two Initial Coin Offerings Purportedly Backed by Real Estate and Diamonds」2017年9月29日（https://www.sec.gov/news/press-release/2017-185-0, 2018年10月22日最終閲覧）

・SEC「Securities and Exchange Commission v. REcoin Group Foundation, et al., Civil Action No. 17-cv-05725（E.D.N.Y., filed Sep. 29th, 2017）」（https://www.sec.gov/litigation/litreleases/2018/

兼CEOのMaksim Zaslavskiy（以下，Zaslavskiy氏という）は，REcoinに代わってICOを行い，RE coinトークンの発行を行った。同氏はREcoinトークンを先進国の不動産投資[64]を裏付けとした仮想通貨と説明しており，ホワイトペーパーもまた，REcoinを価値ある成長をもたらすユニークな投資機会とうたい，約1,000人がICOに参加しREcoinトークンを購入した。

　SECは，REcoinのICOに関して，投資家に誤解を招く内容を含み，幾つかの重大な虚偽があると警告をした[65]。SECが最初にREcoinに関してZaslavskiy氏に連絡を取った直後に，彼はダイヤモンドへの投資を行う新しいベンチャーであるダイヤモンド・リザーブ・クラブ（以下，「DRC」という）の設立を発表し，その後，DRCは，トークン化されたデジタルコミュニティのメンバーシップを募集するIMO（Initial Membership Offering）の開始を発表した。2017年9月11日，Zaslavskiy氏は，REcoinの提供は政府の干渉により停止しているとして，REcoinトークンの購入者に対して払い戻しを行い，又はREcoinトークンを割引価格でDRCが発行するトークンであるダイヤモンドコインと交換した。DRCのホワイトペーパーではダイヤモンドコインは，米国の安全な場所に保管され，その価値を保証された物理的なダイヤモンドによってヘッジされていると説明されていた。REcoinトークンのときと同様に，Zaslavskiy氏はダイヤモンドコインにおいても高い成長を見込んでいることに加え，仮想通貨取引所での取り扱いに向けた交渉が進行中であり，ダイヤモンドコインはDRC以外の場所でも取引可能とな

---

lr24081.htm，2018年10月22日最終閲覧）
・United Sates of America v. Zaslavskiy Maksim, No.17-cr-647（E.D.N.Y., filed Oct-21st 2017）
・United Sates of America v. Zaslavskiy Maksim, No.17-mj-934（E.D.N.Y., filed Oct-27th 2017）
・United Sates of America v. Zaslavskiy Maksim, No.17-cr-647（E.D.N.Y., filed Nov-21st 2017）
・United Sates of America v. Zaslavskiy Maksim, No.17-cr-647（E.D.N.Y., filed Feb-27th 2018）
・DOJ「Brooklyn Businessman Charged with Fraud in Connection With Two Initial Coin Offerings」2017年11月1日（https://www.justice.gov/usao-edny/pr/brooklyn-businessman-charged-fraud-connection-two-initial-coin-offerings, 2018年10月22日最終閲覧）
64　ホワイトペーパーには，アメリカ合衆国，カナダ，イギリス，スイス，そして日本の不動産に投資する旨が記載されていた。
65　投資家に誤解を招く内容として，雇われたブローカー，弁護士，開発者のチームの努力が，プロジェクトの成功を保証するだろうといった表現を行っていたことや，証券法を遵守していることをうたっていたこと等がある。また，ホワイトペーパーに記載されたトークンを実際に開発し，リリースする意向があることをうたっていたが，実際には行われていなかった。

り，それにより利益を上げると述べていた。

　ダイヤモンドコインのIMO実施直後の2017年9月29日，SECは，REcoinトークンとダイヤモンドコインが有価証券であったにもかかわらず未登録であったことと，トークンの販売に関連して，一連の誤解を招くような説明をしていたことにより証券法違反の容疑で業務停止を求める訴訟を起こし[66]，さらに2017年11月21日，米国司法省（以下，「DOJ」という）はSECの主張と実質的に同じ行為でZaslavskiy氏を起訴した。これに対し，Zaslavskiy氏は，REcoinトークン及びダイヤモンドトークンは仮想通貨であり証券法の適用はされないと主張し，2018年2月27日，提訴を却下する旨の申し立てを行った。

(2)　Zaslavskiy氏の主張及びそれに対するDOJとSECの主張

　DOJとSECは，REcoinトークンとダイヤモンドコインを証券ではなく「通貨」として再編成しようとするZaslavskiy氏による試みは成り立たず，2つのトークンは両方とも「プロトタイプの投資契約」であるとし，さらに，名称は新しいものではあるが従来の詐欺行為であると主張した。そして，Zaslavskiy氏の主張に対してDOJとSECは，有価証券法が暗号通貨[67]に適用されるかどうかという点，REcoinとダイヤモンドコインの販売がHowey Testの下で投資契約を構成するかどうかという点，さらに仮想通貨やトークンセールといった曖昧なものに証券法が無効といえるかという3点について検討することを求めた。

　第1の争点は，暗号通貨が証券法の適用外であるかどうかということである。Zaslavskiy氏は，REcoinトークンとダイヤモンドコインは両方とも暗号通貨であることから，1934年証券取引所法の範囲から除外されており，REcoinトークンとダイヤモンドトークンともに証券法の適用外であると主張した。それに対してSECとDOJは，Zaslavskiy氏の仮想通貨だから証券法の適用外であるという理屈は，資産区分の拡大解釈であると主張した。DOJは，REcoinとDiamondのトークンがどのような価値を持っていたとしても，そもそもトークンがまだ開発されておらず，さらにトークンは「Bitcoin」のような現金の代わりとなるものではなく，将来的に価値が増す可能性を持ったもの，つまり投資機会として市場に出たとし

ても，それらが通貨であるというZaslavskiy氏の意見には根拠がないと主張した。さらに，SECも，Zaslavskiy氏が両トークンを暗号通貨として合法的に使われることを意図していたとしても，REcoinトークンもダイヤモンドコインも投資者が資金を拠出した時点でそれが通貨として使用可能な状態となっていない事から，暗号通貨と銘打ったとしても実際には暗号通貨とはいえないと主張した。

第2の争点は，Howey Testの下でREcoinトークンとダイヤモンドコインは証券と判断されるかどうかという点である。Zaslavskiy氏は，先ず，DOJがHowey Testによって，本来は規制権限を持たないものにまで権限を持つことを裁判所に認めさせようとしていると主張した上で，REcoinトークンとダイヤモンドコインのトークンオファリングは，Howey Testの要件を満たさないため，投資契約には当てはまらないと主張した。Zaslavskiy氏によれば，REcoinトークンやダイヤモンドコインの購入者は通貨を他の通貨に交換しているに過ぎず，Howey Testの金銭の投資を満たさないこと，資産はプールされておらず水平的共同事業性がなく，さらにZaslavskiy氏自身の利益はトークンの価値の上昇又は下降から独立しており垂直的共同事業性も満たさないこと，加えて，REcoinやダイヤモンドコインの利益はトークン保有者のエコシステムへの関与による市場の力によって生じるものであり，他者の努力によってのみ得られるわけではない。これに対し，DOJは，まず，Howey Testを適用することについて，同テストのケースバイケースのアプローチは柔軟性があり，且つ事実に基づいた判断を行うことができることから，暗号通貨のような比較的新しい媒体を分析するときに特に適切であるとした上で，トークン購入者が両トークンの金銭的利益の期待と引き換えに対価を支払ったところで金銭による投資を満たしていると主張した。SECも1つの通貨を媒体とした他の通貨への交換は価値の交換に含まれることを強調した。そして，共同事業性の要件について，DOJは，トークン購入者からの資産の全てが一旦プールされ，投資と利益をトークン毎に配分する水平的な共通性が存在するとし，SECも各投資家の財産は全体の収益性に依存していると主張し，また，両機関ともZaslavskiy氏の手数料は最終的に投資の実績とトークンに結びついており，トークンの価値を利用するものと指摘した。利潤の期待に係る要件については，両機関ともにトークン購入者に対する広告がZaslavskiy氏及び経営陣の努力による収益期待を裏付けていると反論した。第三者の努力の要件について

は，DOJはブロックチェーンエコシステムを成功させるには，経営者ではなくトークン保有者の努力が必要であるという点には根拠がないとしてZaslavskiy 氏の主張を否定し，SECも，投資家の努力が企業の利益向上を助けることはあるが，それ自体が主に第三者の努力によるとするHowey Testの要件を否定するものではないと主張した。

　第 3 の争点は，暗号通貨について証券法が適用されるべきかどうかという点である。Zaslavskiy 氏は，DOJが証券取引法によって暗号通貨を規制しようとしていることについて，特定のICOにHowey Testを用いて判断することは，刑事責任に関して，その場限りの決定が違法として手続きされることであるとして，その是非を指摘した。これに対して，DOJとSECは，投資契約の定義には長年かけた有効性の実証と柔軟性があることを強調した上で，DOJはZaslavskiy 氏自身が証券法の潜在的影響を理解している証拠として，Zaslavskiy 氏がREcoinトークン販売に関する法律を「完全に遵守している」という表現をしていること，SECの本件に対する最初の働き掛けの直後にIMOに戦略を切り替えたことを指摘した。

(3)　Memorandum & Order

　2018年 9 月11日，ニューヨーク東部地区連邦地方裁判所のDearie 判事は，Zaslavskiy氏の申立てを却下し，本事件は裁判に進むこととなった。

　この背景として，Dearie 判事は，REcoinとDRCによって販売されたトークンが投資契約といえるかを分析した。先ず，金は金銭の唯一の形態ではなく，投資は財貨やサービス，その他の価値交換の形をとる可能性があると主張した。次に，REcoinとDRCは共に，個々の投資家の財産が資金プールによって他の投資家の財産に結びついており，通常，個々の利益と全体の利益がプロラタで分配されることとなっていることにより共同事業性が認められるとした。そして，投資家が自らの努力から利益を得ることを期待していたのではなく，Zaslavskiy 氏及びその共同事業者によって提供されるものと期待していたこと，彼らがREcoinを価値ある成長と潜在的な高い収益力を持つというユニークな「投資機会」として説明していたこと，及びZaslavskiy 氏が，ベンチャー企業の育成，資金の投資，利益の創出には及びZaslavskiy 氏と彼の協力者の専門知識を利用すると述べていたことといった事実から，裁判に進んだ場合にその陪審員らはこれらを証券法における有価証券である「投資契約」とみなすと結論付けるだろうとコメントした。

　さらに，トークンは通貨であり証券の定義から除外すべきであるという Zaslavskiy 氏の主張に対して，Dearie 判事は，通貨に何らかのラベルを付けるのみでは，実際にそれを意味するものとはならないとし，経済的な実体により「投資契約」かどうかを判断する必要があるとした。

(4)　考察

　ICOの証券法の適用について，その判断にHowey Testを適用することはSECの考えとしては表明されていたものの，実際に同様の考えが裁判所の意見として述べられたことにこの事件の意義がある。さらに着目すべきは，従来，ICOのトークンにHowey Testを適用する際に議論があった幾つかの部分についても裁判所としての具体的な意見が表明されたことである。

　先ず，暗号通貨による出資が資金の出資に該当するかという点である。これまでもしばしばHowey Testが実施される際に，直接金銭による拠出を行わない場合は出資が資金の出資に該当するか否かが争点となってきたが，暗号通貨においてもその出資が資金の出資に該当することは否定されないとしたことは，たとえ，暗号通貨が多種多様であり，その性質も一意に定義づけることが難しいものであっても，そのこと自体は問題にはならず，投資者にとって実質的に資金を拠出しているかどうかといった経済実体を基に判断することが改めて示されている。

　次に，対象となるトークンが仮想通貨として発行されたかどうかは特段問題にならないという点である。「Bitcoin」をはじめ仮想通貨は証券ではないという見方は有力[68]であり，Zaslavskiy 氏も仮想通貨として使用されることを目的として発行された両トークンは証券法上の証券には当たらないと主張していたが，仮にそうであったとしても，本件によれば，実際にはHowey Testによって判定されることとなる。

　そして，トークンの発行時期，即ち，投資を募る際にトークンが既に発行されているかどうかという点である。本件によれば，第三者の努力及び共同事業性の要件については，トークンエコノミーが完成する前であれば，一時的にでも資金

68　2018年6月，SECのJ・Clayton委員長は，CNBCのインタビューで「仮想通貨はソブリン通貨の代わりとなるものであり，これらは証券ではない」との考えを示した（CNBC, *supra* note (23)）。

プールが作られること，且つトークン購入者が資金を拠出した時点においては，将来的にトークン保有者による事業への参加があった場合においても，その時点においては発起人及び協力者の努力が必要不可欠であると考えられることになる。

　これらの視点から，資金による拠出はその形を問われないこと，また事業開始以前のICOにおいては，共同事業性及び主に第三者の努力によるという点を否定することは難しいことを踏まえると，ICOにおいては明確に購入者が金銭的な利益を目的としていないことが明確でない場合を除いて，Howey Testによって投資契約の要件を満たし，証券法の適用がなされる可能性が高いと考えられる。

第4節　小括

　アメリカ合衆国において証券の定義は，連邦証券法の制定以後，継続的に争われてきており，その都度使われてきたHowey Testは，ある権利が包括条項と解釈されている投資契約に該当するかを判断するための成熟したテストであるといえる。連邦証券法にはICOやトークン自体を直接規定する条文が見当たらない中においては，個別のICO案件が証券規制の対象となるかどうかを判定する際に，まず，Howey Testによって検討することが最適であると考えられる。その理由は以下の2点である。

　第1の理由は，ICOの特徴として，その性質が多種多様であるからである。REcoin事件において，Zaslavskiy氏はICOがケースバイケースで判定されることについても異を唱えたが，多種多様であるが故に，個別の経済実体に沿って判定されるHowey Testは非常に理に適った方法といえるだろう。

　第2の理由は，ICOは主にインターネットを使って広域に渡って行われることから，連邦法の規制対象となり易いと考えられるからである。そして，REcoin事件からも分かるとおり，殆どのICOは，Howey Testの要件を否定することは難しく，投資契約として，連邦証券法の規制を受けると考えられるためである[69]。従って，当然にして，発行者は目論見書の作成が必要となり，発行開示，継続開示のいずれにおいても，通常の証券と同様の対応が求められることとなる。加え

69　2018年6月，SECのJ・Clayton委員長は，CNBCのインタビューで「アメリカ合衆国で行われている全てのICOは有価証券として構成されている」との考えを示した（CNBC, *supra* note (23)）。

て，The DAO事件は自律分散型をうたった"fund of funds"であると捉えられるが，投資契約かどうかを判断するタイミングは，拠出された資金が最終的にそのファンドから投資された時点ではなく，投資者がそのファンドに資金を拠出する時点であるということも重要な視点であるといえる。一方でHowey Testの要件を満たさなかった場合においても，それは連邦法における投資契約に該当していないということに過ぎず，完全に証券規制の対象外であるかどうかは，商業／投資テストや類似性基準による連邦法上のノートではないこと，又はRisk Capital Testの要件にも当てはまらず青空法においても規制の対象とはならないことを証明する必要がある。

ただし，Howey TestやRisk Capital Testに該当するからといって，その対象が投資契約であるとは一概には言い切れない。例えば，アメリカ合衆国でのフランチャイズ契約においては，主要な業務についてはフランチャイザーその他の経営者が担っており，投資者の実際の事業への関与が殆どない場合を除き，それがいずれかのテストの要件に該当するものであっても，投資契約には該当しないと判断されている[70]。従って，証券法規制に該当しないかどうかとの点については，Howey Testは発行者の予見可能性という観点では非常に有用な基準であり，一義的にはこの要件を満たすかどうかを検討することが合理的と考えられるとはいえ，検討の原点はあくまで経済実体が投資取引なのかどうかであることと理解するのが妥当であろう。言い換えると，連邦証券法における証券の定義とは，株や債券といった金融商品そのものではなく，証券法の中で規制する取引を定めているともいえるだろう。

---

[70] 小塚壮一郎教授は判例（Nash &Associates, Inc. v. Lum's of Ohio, Inc., 484 F. 2d 392（6th Cir.1973）等）を元に「フランチャイズ・システムは一面では共同事業の仕組みであり，」「『共同事業の機会の市場』でフランチャイザーとフランチャイジーが，ビジネスフォーマットと対価を交換する取引であ」り，「その限りではフランチャイジーを純然たる投資かと見ることもでき」るものの，もう１つの側面として「流通組織としての実質に裏づけられて」おり，「時とともに絶えず変化する取引環境の中で機動的かつ柔軟な対応を取ろうとするならば，フランチャイザーとフランチャイジーの権利と義務を予め完全に確定してしまうのは得策ではな」く，「この点を強調すると，将来の収益いかんはフランチャイザーのみに依存しているとは言い切れず，Howey判決の基準」のもっぱらの第三者の努力によるという要件が「満たされていないということになろう」と述べている。（小塚・前掲注(41)114頁）。

第2章　フランス共和国におけるICOの法規制

第1節　フランス通貨金融法典における証券定義

　フランス共和国の通貨金融法典においてその対象範囲とする金融商品（instruments financiers）の定義は，第 L211-1 条に定められており，資本証券や債券，金融先物商品について記載があるが，その特徴としては，アメリカ合衆国における1933年証券法における投資契約に相当する規定はなく，「集合投資組織の持分又は株券」とのみ規定されており，同法第 L214条で集団投資組織の内容が別途列挙[71]されていることにある。つまり，アメリカ合衆国の1933年証券法におけるノートや投資契約のように，その解釈に議論が発生するようなものはなく，条文の中でその対象が明確に定義されている。

　先ず，第L211-1 条は「金融商品は金融証券及び金融契約である。（Les instruments financiers sont les titres financiers et les contrats financiers.）」と定めた上で，金融商品（Les titres financiers sont）とは「株式会社が発行する資本証券（Les titres de capital émis par les sociétés par actions)」，「債券（Les titres de créance）」，「集合投資組織の持分又は株式（Les parts ou actions d'organismes de placement collectif)」としている。そして，金融契約については「"先物金融商品"（Les contrats financiers, également dénommés "instruments financiers à terme", sont les contrats à terme qui figurent sur une liste fixée par décret.）」とした上で，「コマーシャルペーパー及び現金証書は金融商品ではない（Les effets de commerce et les bons de caisse ne sont pas des instruments financiers.）」と定められている。

　「資本証券」については，第 L212条においてその内容が定められているが，金銭出資株式や優先株等について，商法典第 L228条[72]に定義を参照するかたちと

71　第L214条において，集合投資組織とは有価証券集合投資機構，債権共同基金，不動産投資民事会社，森林貯蓄会社と定義されている。

72　例えば，商法典L228-7条では金銭出資株式及び現物出資株式について「金銭出資株式は，その額が現金において又は相殺により払い込まれる株式，発行に引き続き準備金，利益金又は額面超過額の資本組入れがなされる株式並びに一部が準備金，利益金又は発行差額の組入れ及び一部が現金における払込みからその額が生ずる株式からなる。後の二の場合は，引受けの際全体として払い込まれなければならない。その他すべての株式は，現物出資株式である。」としている。

なっている。このことから、「資本証券」、所謂、株式についての要件は厳格に定められていると解される。債券については、第L213-5条において「債券は、同一の発行において、同一券面額に対して同じ債務権を付与する有価証券である。」と規定されており、一見、同一の経済的性質を持つものを包括しているように思われるが、同6条以降でその発行に関する規定[73]が定められており、資本証券と同様、その発行について厳格に規定されている。また、「集団投資組織の持ち分又は株券」といった、所謂、集団投資スキームについての定めに関しても、第L214条でその形態については個別に定められている[74]。

このように、通貨金融法典においては、第L211条において金融商品について定め、その具体的な内容に関しては商法典やその後の条文に各々を個別具体的に列挙していることが特徴[75]であり、アメリカ合衆国の1933年証券法第2条における「投資契約」のように包括的に金融商品を括ることができるような条項は見当たらない。

第2節　ICOに関する法律の成立[76]

1. ICO規制にかかる討議文書

2017年10月、フランス共和国の金融市場庁（以下、「AMF」という）は、仮想通貨に関する法制度が存在しない状況に対処することを目的としたプロジェクト

73　第L213-7条において「経済的利益団体は、フランス商法典第L251-7条に定められた条件の下で債券を発行することができる。」とされている。また、フランス商法典第L251-7条においては「経済的利益団体は、それ自体が本書（商法典）で規定された条件を満たす会社のみで構成されている場合には、企業が発行する一般的な条件のもとで債券を発行することができる」と定められている。

74　但し、同法典においては金銭による出資である必要や利益の分配の形態についての要件は見当たらない。

75　さらに同条第3項には「金融商品は、国、法人、投資共同基金又は債権共同基金以外は発行することが出来ない」と定めている。

76　本節は以下の文献を参考に纏めている。

・AMF, Discussion Paper on Initial Coin Offerings (ICOs), https://www.amf-france.org/technique/multimedia?docId=workspace://SpacesStore/a2b267b3-2d94-4c24-acad-7fe3351dfc8a_en_1.0_rendition, last visited Dec-21st 2018.

・Assemblée nationale, Croissance et transformation des entreprises, http://www.assemblee-nationale.fr/15/cri/2018-2019/20190011.asp#P1444358, last visited Dec-24st 2018.

を開始した。このプロジェクトは，UNICORN（Universal Node to ICO's Research & Network）と呼ばれ，今後の同国内でのICO規制の在り方等についてパブリックコメント手続きを実施するため，ICOへの規制に関する討議文書を公表した。

　討議文書の中では，その規制の在り方として3つの案が示された。第1案は「現在の証券の発行や募集に関する規制は変えずに，ICOの実施者が取りうる最善の施策を進めていく」，第2案は「有価証券の公開に関する規定をICOでも扱えるよう拡張する」，第3案は「ICOを証券の公募として扱うために既存の条文における対象範囲を拡大する」として，更に2つに分かれて，1つ目は「さらにフランス国内でのICOについてはAMFの事前承認を義務付ける」というものと，2つ目は「AMFの承認は発行者の任意とし，承認を受けないICOを禁止はしないものの，その旨を明示することを義務付ける」というものであった。

2．UNICORNにおける調査
(1)　ICOで発行されたトークンの特性

　AMFの調査では，ICOによる資金調達を検討している企業は高度な分散台帳技術の分野で活動するほか，不動産，ホテル予約，投資アルゴリズムによる財務管理，オンラインオークション，クラウドコンピューティング，自動車保険，再生可能エネルギーなど，さまざまな分野で活動を展開しており，これらのプロジェクトの殆どは，発行されたトークンが一般的に取引の手段として使われることに加え，そのセクター向けの市場プラットフォームを作り出すことを目指していることが分かった。

　また，同調査では，ICOの下で発行されたトークンの特性がプロジェクト毎に大きく異なることが明らかにされた。具体的には，ICOの発起人が提供する技術又はサービスの使用権を所有者に与える所謂「ユーティリティトークン」において，発起人にとって販売対象となるのは，両方のビジネス・プロジェクトの資金提供者のみならず，サービスを使用したい顧客も購入対象者であり，発行されるトークンはプロジェクトの中で決済手段として機能することが意図されているものや，株式のように所有者に配当を受けるといった財産的な権利やプロジェクトにおける議決権を付与するようなトークンもあった。

(2) AMFによるICOの法的分析に関する回答者の意見

　パブリックコメントの回答者は，電子商取引関連や金融業界の専門家（監査会社等），銀行及び機関投資家，研究者など，法人と個人合わせて82名にのぼった。

　回答者の多くは，トークンの法的性質の問題に単一の回答を行うことの難しさを示すAMFの分析に同意しており，ICOの多様性からケースバイケースのアプローチに従う必要があることを強調した。また，トークンに係る法制度は付与された権利の性質の役割によると考えられる点について，証券トークンとユーティリティトークン[77]との間の根本的な違いを強調する回答もあった。トークンが対象とする法制度は，利用者が利用可能な権利と救済の法的性質について，購入者に完全に知らされるように，ホワイトペーパーに明記されるべきであるとの回答をした者もいた。また，一部では，トークンに適用される法制度の分析はICOの発行者が責任を持ってすべきであると強調する回答があった一方で，米国のSECで使用されているHowey Testと同様に，金融証券のトークンを評価する基準を明確にするようAMFに要請するとの回答もあった。他には，欧州レベルでのコンバージェンスを確実にするために，目論見書及びMiFID（金融商品市場指令）で取り上げることができる金融商品として，トークンの適格性を評価する際の基準に関するガイドラインをESMA（欧州証券市場監督局）が公表することを希望すると回答したものもあった。大部分の回答者は，ICOにおける最も深刻な懸念事項は購入者の保護であるものの，現在の規制においてICOは適応外であることを問題視しており，特定の法的枠組みの確立を要望した[78]。

　また，AMFが全てのICOに対して一般管轄権を持つべきであるとの回答もあった。具体的には，ICOを実施する際にそれをAMFに事前申告することを発行者に義務付け，AMFはICOの法的な資格について調査を行うことを可能とし，公序良俗に反することを目的としていた場合にはトークンの合法化を要求したり，ICOを禁止することができたりするようにするというものである。また，AMFにICOモニタリング機関を設置し，そこで観察されたケースに照らしてICOに適用され

77　トークン保有者があるサービスにアクセスする権利を持つトークンをユーティリティトークンと呼び，有価証券と類似した経済効果を持つ証券（セキュリティ）トークンとは区別する場合が多い。

78　その一方で正式な法律を作ってしまうことがトークン市場の発展を妨げる可能性があることを理由に，当面はICOのための臨時の法制度を作るべきではないといった回答もあった。

る法的枠組みを構築することが望ましいとの見もあった。さらに，一部の回答者からは，トークンには通貨の特性を持つ可能性を有するものがあることを理由に，仮想通貨を法的に定義する必要性を強調し，暗号通貨を自由に使うことができるよう刑法の規定を改正すべきとの回答があった。

3．ICOトークンの分類

(1)　ICOと資本証券

協議文書でAMFは，ICOトークンが有価証券としての性質を有すると認められない限り，原則としてフランス共和国内において規制の対象にすべきではないとの考えを示したが，AMFが受け取った回答は本質的にこの分析を支持しており，ICOトークンには資本としての法的資格が適用されないと考えている回答者が殆どであった。

大半の回答者は，普通株式保有者が持つ，議決権，配当の権利，清算時の財産分配などの古典的属性が1つでも失われると，資本としての資格を保持することはできないことから，現在のICOで発行された殆どのトークンは株式としての性質はないとし，さらに，株式に対する規制がトークンの性質及び特性に適合していないとの考えを述べていた。また，トークンは持分証券に関連する全ての権利を提供するものではないことから，それを保有していても，清算時の分配を受ける権利も，株主総会で決議案の登録を求める権利も，投票や総会への出席を求める権利も持たないことを理由に，どのような場合でもトークンは株式としての性質を得ることができないとの考えを示したものもあった[79]。法学研究者も，法律で認められていない企業が発行した有価証券が，定義上，金融安全保障の資格を逃れることはできないと結論付けるべきではないと指摘しており，さらに，法律事務所を含む一部の法律実務家は，発行された有価証券が全て同じ権利を付与するものと同一である場合には同一の規制が保持されるべきであるとの意見を示している。

79　発行会社の資本に関する権利をトークンに付与することは，正式に禁止することが望ましいと述べており，さらに，法的な性格を持たない団体などが，法律によって許可されていない有価証券を発行することにより，これらの有価証券はどの規制からもすり抜けてしまう懸念があると回答した。

UNICORNで行われた観察によれば，実際には希であるが，トークンの中には，優先株式又は株式に通常配分されたものと同様の政治的又は財産的権利を与えるものがあった。この点で，トークンの法的性質は純粋に形式的に判別することができず，その清算時における権利や議決権などの株式の古典的な機能の欠如それ自体は，必ずしも株式資本の資格を除外することはできず，トークンの全ての特性を具体的にケースバイケースで分析することが望ましいと結論付けられた。

(2) ICO及び負債証券

回答者の大部分は，当該証券が負債ではない債務を組み込んでいる場合，通貨金融法典第L213-1条の「譲渡可能債券証書は，発行者の意思において発行され，規制された市場において又は場外において取引可能であり，期限付債券に係るそれぞれの権利を表彰する証券」における債券の分類は適用されないと考えていた。それは，負債証券はそれ自体が金融商品であり借入金の存在を暗示する金融証券のサブカテゴリであること，債務は名目価値，利子，返済といった3つの概念を使用していること，負債証券は主に信用及び返済の考え方に基づいており，そこから財産的性質及び返済期限が導出されるものといったことを踏まえると，殆どのトークンはその性質を満たさないためである[80]。

協議文書では，AMFは，AMFが認識しているICOにおいて，法的条件に基づく債務義務の概念が該当するようなトークンは現れていないと考えており，また，AMFが受け取った回答も概ねこの分析を支持している。回答の中には，金額の合計を表す債権がないことが債務の適格化の障害とならないことを示したものもあるものの，AMFの協議及び予備的分析の中で受け取った全ての回答を考慮すると，AMFが認識していたトークンが債務義務という概念に該当する可能性は低いと思われる。

(3) ICOと集団投資スキーム持分

AMFは，集団投資スキーム持分の特徴を示すトークンは既存の規制の対象となるべきであると分析していた。

---

80 しかし，回答の中には，合計金額を表す債権を組み込んでいなくても，トークンは債務証券とみなすことができると考えているものもあった。法律は，請求の権利が金銭的目的を持っていなければならず，また，金銭的・金融的規範及び商法における債権の概念の定義がない場合には非常に幅広い市民権を適用するべき，と考えられる。また，特定の負債証券は現物での返済の可能性がある点も指摘とされている。

　これに対して，回答者の意見は，AMFによるICOの特性と集合的投資適格性の不適合性の分析結果と一致しており，回答の中には，ICOの枠組みの中で調達された資金をプールとして管理する者が存在せず，この資金が特定のプロジェクトに融資することが意図されている場合に限って，そのトークンは集団投資スキームに該当しないと考えるといったものもあった。

4．法的分析で考慮されるべき要素

　回答者の大多数は，トークン保有者のプロジェクトに関与する権利の内容や得られる利益に基づいてトークンの分類を提案する必要性を強調し，トークンのタイプに基づいて法制度を特定することを可能にするという意見であったが，ある回答者は，新しいICO毎に新しい特性が出現する可能性がある中で，そのような分類を実行することは難しいとの考えを示した。

　さらにトークンの法的性質の分析に当たっては，発行会社のビジネスモデルとその財務モデル，トークンのブロックチェーン登録とセントラルデポジットの不在，金融商品との類似性を強化するという観点でのトークンの流通市場の存在，又は発行者と仲介者との間の流通市場開発に関する契約の存在，発行者が付与する権利を超えたトークンの投機的又は非投機的な性質や移転及び譲渡の条件，トークンの販売の根底にあるブロックチェーンの性質と特徴，ハードフォーク[81]の可能性といった追加要素を考慮する必要があることが示唆された[82]。

5．ホワイトペーパーに関する回答

　回答者の中には，どの機関がホワイトペーパーの規制を行うかが明確になって

81　ハードフォークは，ブロックチェーンのプロトコルに規定された検証規則を緩和することによって発生するブロックチェーンの分岐のこと。ハードフォークの際には，新しい検証規則を採用しない分岐点は新しい検証規則に則って作成されたブロック及びトランザクションを無効として却下する可能性があることから，新しい検証規則を採用する分岐点と採用しない分岐との間でブロックチェーンの最も長い有効な枝の判断に不一致が生じ，恒久的な分岐を生じる可能性がある。

82　その他，ホワイトペーパーにおける記載内容の最小限のコンセンサスとして，ICOに関連するプロジェクトとその進化，トークンによって与えられた権利，紛争の際の管轄裁判所，ICOの枠組みの中で収集された資金の経済的性質及び会計処理に関する情報を含めるべきであるという意見があった。

いないことが重要な問題点であることを指摘するものがあった。これについて，回答者の半数は，AMFがホワイトペーパーの規制を担うことが最も望ましいと回答し，またその他の回答では，AMFによるバックアップの下でそれを行う協会を設立するべきとの意見があった。ただし，回答者の意見は，ホワイトペーパーが独立した専門家によって検証されるべきかどうかという点について大きく異なっていた。

　回答者の3分の1は，ICOが多様であることからプロジェクトの質を保証することはできず，その進捗を妨げることを理由に専門家によってこの種の検証が義務化されるべきではないと考えた。実際，ICOのイニシアティブによって募集された専門家は，しばしばプロジェクトとの利害が衝突する状況にあったことが観察されていた。反対に，回答者の3分の2は，そのような確認は必須でなければならないと考えた。しかし，回答者が想定している専門家のタイプは，システム監査の専門家，会計監査の専門家，ICO分野の経済的専門知識を有する者，情報セキュリティの専門家，契約のドキュメンテーションを行うことのできる弁護士など多種多様であった。

　また，回答の中には，販売及び販売前段階における透明性確保の必要性[83]について，そのルールがプロジェクトの所有者によって維持されず守られていない場合，トークン市場の操作のリスクについてAMFに警告するものもあった。そして，大多数の回答者は，ホワイトペーパーの標準化を支持[84]した一方で，回答の一部には，仮にホワイトペーパーの標準型が定められた場合でも，その形式に則っていないICOについて，それを明示するか又は購入希望者へ警告される対象

83　具体的には，予備又は報酬として無償配布されたトークンの数と割合（さらに幾つかの回答には，当該人物のアイデンティティも潜在的な利益相反を明らかにするためにホワイトペーパーに明記すべきであると提唱し，さらに事前に販売されたトークンの数と割合，エントリーの日付と条件は詳細情報の対象とすべきといったものがあった）や，資金調達額に基づくICOで販売されるトークンの数の公表のほか，最終的な自己のトークンの発行者による買戻しや買戻しトークンの破棄は，透明性のある方法で実施される場合にのみ許可されるべきという意見，さらにはプリセールを禁止すべきという回答があった。法律事務所からは，プロジェクトの発起人が，一定期間毎（例えば四半期毎）にICO後のプロジェクト進捗状況を長期的にトークン保有者に通知する必要があるとの意見があった。

84　提供されるトークンの種類毎に，財産権や議決権，ユーザーの権利，資本株式に対する権利，サービス権などのホワイトペーパーモデルを提供するべきといった意見があり，さらにこれらの情報は，技術専門家以外の投資家に理解可能な形式で提示する必要があるという意見もあった。

とし，そのことを理由に禁止すべきではないとの意見があった。

6．Pacte法案第26条

(1)　法的措置の必要性[85]

　AMFは，現状を「金融証券の特性を満たさないトークンの問題に対する法的権限のある監督当局は存在しない」と評価した上で，「規則が存在しなければ，市場を健全に保ち，フランスの投資家を保護し，フランスの正当なプロジェクトを誘致するための優良事例を促進することは困難である」と補足した。その際，フランス共和国憲法第34条が，「法律は，財産，実権，民間及び商業上の義務の体系の基本原則を決定する。」と規定している点について触れ，「立法の介入は，この体制の広範な概要とそれを監督するAMFの能力を設定するために必要であると思われる」と述べた。

　また，理想的には「フランス共和国内で発行を目指す事業者が最小限のルールを満たすようにルールを必須化するべき」との考えを示したが，「ICOによるトークンの公募は，構造的に国境を越えており，国家監督は実施が複雑で非効率であること，及びルールが国際レベルで事実上存在しない状況において，拘束力が国レベルでしか効力のないルールの導入は，パリ市場の魅力と革新的な事業者の飛躍に大きく影響する」という理由から，国内での必須ルールの制定案は除外された。加えて，AMFによって設定されたルールにトークン発行者が従わなかったときに，その募集に警告を出すような提案もあったが，「その募集へのアクセスを制限することは現実的に困難であり，購入者にとって非効率的で混乱するリスクがある」と考えられた。

　このような議論を経て，フランスでは最終的に正当な事業者を表明する承認（visa）発行スキームを作ることが選択された。具体的には，ICOを実施したいとの意向を有する者からの申請によって，AMFの審査を通過したものに対してAMFがvisaを発行し，また，同者がvisaを発行した者をリスト化してそのウェブサイトに「ホワイトリスト」として掲載するというものである。この仕組みは，仕組みの分かり易さ，AMFの負担軽減，及びステークホルダーに対して効果的

85　AMF, Étude d'impact（18 juin 2018）のExposé des motifsより，第26条にかかる部分を要約。

な肯定的差別というメリットがあると考えられ，企業の成長・変革のための行動計画に関する法案（Projet de loi relatif à la croissance et la transformation des entreprises. 通称：Pacte 法案）の第26条「フランスにおけるトークンの公開に関する制度の制定（La création d'un régime français des offres de jetons）」として2018年10月9日に国会議会において承認された（以下，特に断らない限り，国民議会において承認された法案の条文による）[86]。

(2) 条文の概要

Pacte 法案第26条は，通貨金融法典の一部を改正する法案として提出された[87]。先ず，通貨金融法典 L552-2条において，トークンの定義を「当該資産の所有者を直接的又は間接的に識別する共用可能電子的記録装置によって発行し，登録し，保持し又は移転することができる１つ又は複数の権利をデジタル形式で表章する無形資産」と定めた。

そして，L552-3条では，「トークンの公募とは，どのような形であれ，トークンを引き受けることを公衆に対して募集することである」とした上で，L552-4条では，公募を行う者は，AMFが発行するvisaの申請を事前に行うことができるとしている。公募を行う者は，公募するトークンの内容及び発行者に関する全ての必要な情報を公衆に対して提供するため，開示文書をAMFの定める一般規則[88]に従って作成しなければならない。そして，この開示文書及び公募のための勧誘のコミュニケーションは，正確で明瞭であり，誤解を生じさせないものであること，かつ，公募に伴うリスクが理解できるものでなければならない。そのvisaはインフォメーションドキュメント[89]に添付することができるとした。さらに，

---

86 Assemblée nationale, Croissance et transformation des entreprises, http://www.assemblee-nationale.fr/15/cri/2018-2019/20190011.asp#P1444358, last visited Dec-24st 2018.

87 具体的には，通貨金融法典の第５巻「サービス提供者」第５編の標題の「様々な財産の仲介人」に「及びトークンの発行人」という文言を追加する。また，第５巻第５編に第２章「トークンの発行者」を設け，L552-1条からL552-7条までの規定を追加する。

88 Pacte法第26条により，通貨金融法典第L552-5条が新設され，予定されている募集が公募に求められる保障を含んでいるか，とりわけ，トークンの発行者が「フランスにおいて設立又は登録された法人の形態をとっているかどうか」，及び「公募の枠組みの中で集められた資産の監視と保護とを可能にする方策を講じているかどうか」をAMFは審査するとされている。

89 実際にはICOにおけるホワイトペーパーを指していると考えられるが，「インフォメーションドキュメント（le document d'information）」と表現している。

visaを発行した後，公衆に提供された内容がインフォメーションドキュメントの内容に適合しなくなったこと，又はこの開示文書に示された保障を提供していないことが判明した場合，AMFはvisaを取り消し，新規契約，発行及び広告活動を全て終了させることができるとされた（L552- 6 条）。加えて，公募に関する結果と，もし存在するのであれば，当該トークンの流通市場に関して，ICOの引受人はAMF 一般規則に定められた条件に従って通知を受けるものとされている（L552- 7 条）。

第 3 節　小括

　Pacte法案第26条の特徴は，ICOを行う者のうちAMFからのvisa取得を目指す者のみを対象としている点，つまりトークンを発行すること自体に規制をするものではない点にある。一見，歪に思えるが，購入者は当局の認可を受けたトークンか否かを認識することで，ホワイトペーパーの信頼性を検討することができ，visaを受けていないトークンを購入したことについては，それを含めて判断することができる。さらに，visaを取得してトークンを発行した者にとっては，内容が審査時のものと大きく変わってしまった場合にはvisaの取り消しのほか，通貨金融法典に定められる罰則が科せられる可能性もあることから，トークン発行者にとってもvisaの取得を目指す者については，いい加減なホワイトペーパーを作成し，その後，それを守らないといった詐欺的な行為，又は購入者が詐欺的と受け取るような行動に対して，牽制機能が働くと考えられる。一方で，このvisa取得については該当するトークンの経済的又は政治的な性質に応じて，伝統的な有価証券に沿った対応が求められる可能性が高いと考えられる。なぜならば，同じ性質であった場合に伝統的な有価証券の発行よりもICOとしてvisaを取得する方が容易であれば，従来の証券規制を否定することに繋がり，市場の健全性が疑われることとなるからである。従って，本質的にvisaの取得において発行者は，その性質に応じて伝統的な有価証券と同様の対応が求められることが想像され，つまりは公募による資金調達に敢えてトークンを発行する必要がある者が当該制度を利用するということとなろう。

　さらに注目すべきことは，通貨金融法典において，トークンの定義がその他の金融商品が定められている第 2 巻ではなく，サービス提供者が定められている第

5巻に置かれている点である。これについては，少なくとも現時点において，トークンは金融商品と同義ではないものの，AMFがvisaを発行したトークンについては，証券法の下で規制されるものとしたと解釈できる。その背景は定かではないが，言い換えれば，AMFは通貨金融法典の規制対象とするvisaを発行すると捉えることもできることから，より個別性は高いものの，我が国の金商法第2条7項における「有価証券とみなすことにより公益又は投資者の保護を確保することが必要かつ適当と認められるものとして政令で定める権利」と近い概念と捉えることができる。

　証券の定義という観点で見た場合，この仕組みには言及すべき点が2つある。第1に，ICOで発行されるトークンが有価証券に該当するかどうかという点については，その判断基準を明確にすることはせず，実質的に個別判断とすることにしたこと，第2に，通貨金融法典での規制対象をvisaが付与されたもののみとしている点である。つまり，visaの申請を行わないものについてはこれまで同様に自由に公募を行うことができることから，伝統的な金融商品とその経済的又は政治的な性質が酷似しているものについても，規制を受けないものが引き続き広く一般に存在することを許容したといえる。そして，visaを付与されたICOについて，そのICOにおけるトークン購入者は法の保護を受けることができる一方で，visaなしトークンの購入についてはAMFの関与なく，詐欺的かどうかの判断を含めて購入者自身で判断する必要があることから，トークン購入における自己責任の意味合いがより明確に設定されたともいえる。

第3章　日本におけるICOの法規制

第1節　金融商品取引法における有価証券

1．有価証券の定義

　金融商品取引法における有価証券の定義は，第2条1項によって定められ，それ以外に有価証券とみなして金商法の規定を適用する証券又は証書に表示されるべき権利以外の権利が同条2項に定められており，さらに，デリバティブ取引は同条20項に別途定められている。当然ながらいずれの内容も投資対象性があるものであるが，1項は流通性があるものを定めているのに対し，2項と20項は流通

性が必ずしもその要件とはなっていないことが特徴といえる[90]。

　金商法第 2 条 1 項は 1 号から20号において「国債証券」や「社債券」「株式又は新株予約権」といった証券及び証書について個別具体的に列挙した上で同条同項21号に政令指定条項を定めている。それらは我が国の民法及び商法（以下，私法という）上の有価証券を 1 号から16号に定め，16号以降に定められたものと同様の性質が認められる外国又は外国の者が発行する証券又は証書が17号から20号まで定められている。但し，私法上の有価証券においても手形・小切手法に基づく手形及び小切手，商法上の貨物引換証や倉荷証券等は有価証券には定められていない。その理由としては，投資対象性がこれらには認められず，金商法の規制対象とすることにより投資者保護や公益を確保する必要がないと考えられるからである[91]。

　金商法第 2 条 2 項柱書には，同条 1 項各号の有価証券のうち「有価証券表示権利について当該権利を表示する当該有価証券が発行されていない場合においても，当該権利を当該有価証券とみなし」とあり，証券又は証書が発行されていなくとも有価証券とみなす旨が定められ，同項 1 号から 6 号において「証券又は証書に表示されるべき権利[92]以外の権利であっても有価証券として法を適用する権利を列挙し」[93]，同項 7 号に政令指定条項をおいている。

　先ず，同項 1 号で「信託の受益権」[94]を定め，同項 2 号は外国の者に対するそ

90　金商法第 2 条 1 項各号には流通性の要件が直接定められていないものの，金商法第 2 条 2 項柱書により，同条 1 項で列挙された有価証券には，流通性の要件が含まれていると考えられる。さらに同条同項21号において，「前各号に掲げるもののほか，流通性その他の事情を勘案し」とあることからも流通性が同条 1 項で定める有価証券の要件であるといえる。さらにデリバティブ取引を20項に分けた理由は，「有価証券が取引対象であるのに対し，デリバティブ取引が取引類型であるという点で定義方法に差があること」，及び「ディスクロージャー制度やインサイダー取引規制がデリバティブ取引には適用されないなど，有価証券とデリバティブ取引とでは適用される規制に差があることが，考えられる」（黒沼悦郎『金融商品取引法』27頁（有斐閣，2016））。

91　松尾直彦『金融商品取引法〔第 5 版〕』56頁（商事法務，2018）。

92　「有価証券に表示されるべき権利」とは，通常ならば証券に表示されるような権利という意味である（黒沼・前掲注(90)38頁）。

93　黒沼・前掲注(90)39頁。

94　信託の受益権とは，「信託行為に基づいて受託者が受益者に対し負う債務であって信託財産に属する財産の引渡しその他の信託財産に係る給付をすべきものに係る債権及びこれを確保するためにこの法律の規定に基づいて受託者その他の者に対し一定の行為を求めることができる

れを規定した。同項3号では「合名会社若しくは合資会社の社員権（政令で定めるものに限る。）又は合同会社の社員権」とされ，持分会社の社員権が定められ，同項4号では外国法人による同項3号のそれが定められている。これらは，自らが業務執行を行わない社員を広く募集することができることから，みなし有価証券として規定されている[95]。そして，同項5号では，「民法上の組合，商法上の匿名組合，投資事業有限責任組合，有限責任事業組合，社団法人の社員権，その他の権利のうち，当該権利を有する者が出資した金銭を充てて行う事業から生ずる収益の配当・財産の分配を受ける権利」としており，一般に集団投資スキーム持分と呼ばれる権利を定めている。また，その除外要件として，出資者の全員が出資対象事業に関与する場合として政令で定めるもの，出資者がその出資又は拠出の額を超えて収益の配当又は出資対象事業に係る財産の分配を受けることがないもの，保険業を行う者が保険者となる保険契約，共済契約，不動産特定共同事業契約に基づくもの，そしてその他当該権利を有価証券とみなさなくても公益又は出資者の保護のため支障を生ずることがないと認められるものとして政令で定める権利が定められている。さらに，同項6号で外国の法令に基づく集団投資スキーム持分に類するものを掲げている。最後に同項7号においては「特定電子記録債権及び前各号に掲げるもののほか，前項に規定する有価証券及び前各号に掲げる権利と同様の経済的性質を有することその他の事情を勘案し，有価証券とみなすことにより公益又は投資者の保護を確保することが必要かつ適当と認められるものとして政令で定める権利」として，広く政令で定めることができる旨を定めている。

　そして，金商法第2条20項でデリバティブ取引を，市場デリバティブ取引，店頭デリバティブ取引，外国市場デリバティブ取引と定め，各々の内容については同条21項から23項で定められている。

　デリバティブ取引とは，金融商品や金融指標の先物取引，先渡取引，オプション取引，スワップ取引，とクレジットデリバティブをいう。金融商品は，金商法

権利」である。（信託法第2条7項）

95　合同会社の社員権は全て有価証券とされる一方で，合名会社についてはその社員の全てが株式会社か合同会社のいずれかに該当する社員権の場合，合資会社においてはその無限責任社員の全てが株式会社又は合同会社に該当する社員権の場合とされている。（金融商品取引法施行令第1条の2）

第2条24項において，「有価証券」，「預金契約に基づく債権その他の権利又は当該権利を表示する証券若しくは証書であつて政令で定めるもの」，「通貨」，「商品先物取引法第二条第一項に規定する商品のうち政令で定めるもの」，その「ほか，同一の種類のものが多数存在し，価格の変動が著しい資産のうち政令で定めるもの」，が定められている。また，「金融指標は金融商品の価格又は金融商品の利率等」，及び「気象庁その他の者が発表する気象の観測の成果に係る数値」，「その変動に影響を及ぼすことが不可能若しくは著しく困難であって，事業者の事業活動に重大な影響を与える指標又は社会経済の状況に関する統計の数値であって政令で定めるもの」，と定められている。

2．定義の構造

　我が国における有価証券の定義は，金商法第2条1項において個別具体的に列挙されている点において，アメリカ合衆国の1933年証券法及び1934年証券取引法，並びにフランス共和国の通貨金融法典と，一見，近しいようであるが，各々は次のような特徴が見られる。

　先ず，第2章第1節で述べたとおり，アメリカ合衆国においては，証券が列挙されてはいるものの，その権利について定めた条文は見当たらないことから，それらは例示列挙されたものであり，券面ではなくそれに表象される権利そのものを意味し，さらに法的形式ではなく経済的実質を重視するものと考えられている。特に「投資契約」については，判例の積み上げによって成熟したHowey Testを主な判断基準として採用し，ケースバイケースで判断される包括条項として規定に定められている。

　次に，フランス共和国では，アメリカ合衆国と対象的に，通貨金融法典において，列挙された有価証券各々の権利その他の内容が個別具体的に定められている。それは，株式や債券といったものについては勿論，集団投資についても，その投資対象に応じて集団投資組織の内容にまで細かく規定がなされている。

　両国に対し，我が国の金商法は，一律に有価証券とされるべき権利については条文で個別列挙し，その他を必要に応じて政令で指定できるようにした上で，さらに第2条2項5号及び6号によって表象される集団投資スキーム持分を包括条

項として定めているといえる[96]。そして，集団投資スキーム持分の定義を，金銭
等を出資又は拠出すること，出資又は拠出された金銭等を充てて事業が行われる
こと，出資者が出資対象事業から生ずる収益の配当やその財産の分配を受けるこ
とができることと定めており，さらに適用除外の1つに，出資者全員による出資
対象事業への関与がないこと，つまり専ら他者の努力によるものとしている点
で，アメリカ合衆国における「投資契約」を判断するHowey Testを強く意識し
た内容となっている。従って，我が国の金商法における有価証券の定義は，フラ
ンス共和国のような個別列挙型とアメリカ合衆国のような経済実体基準型のハイ
ブリッド形態であるといえる。これは，金商法が施行されるに当たり，当初は投
資サービス法の構想の下，金融商品の多様化に対応できるよう，米国のように経
済的実質で判断されるような立法が検討されていたが，旧証券取引法において形
式基準で解釈されている「有価証券」といった用語が，他の法律や制度の多くに
使われ定着化している現状を踏まえ，早期の立法や前述の「法規」としての位置
付けを勘案し，旧証券取引法を踏襲する形で形式基準で金融商品の範囲を限定列
挙した上で，集団投資スキーム持分として包括的定義が創設されていることか
ら，形式的には有価証券を維持しつつも，その概念としては，米国同様にその対
象の仕組性で判断することを一部共存させたといえる[97]。

　但し，我が国の集団投資スキームとアメリカ合衆国の「投資契約」は完全に一
致しているとは言い難い。それは，Howey Testにおいては，必ずしも出資が金
銭で行われることを要求しておらず，さらにHowey Testでは出資者は収益への
期待があれば足りるのに対し，我が国では出資者に対し収益の配当やその財産の
分配が行われることが要件となっていることから，我が国の集団投資スキーム持
分はアメリカ合衆国の「投資契約」に比べて，その該当範囲は限定されると考え

96　必要に応じて政令で指定できる旨が定められていることから，これ自体も包括的な役割を
果たすことも可能と考えられるが，実際には，2007年に金商法が施行された際に外国譲渡性預
金と学校債及び学校債のうち証券や証書が発行されないものが定められた以外，旧証券取引法
時代から，必要に応じて都度指定されたような実績はなく，実質的に機能していない。また，
予めその対象を指定する必要があることなどからも，有価証券として定めることが適当である
必要が生じた際に，対応方法について法改正をする以外の選択肢として定められているものと
解釈するのが妥当であろう。
97　松尾・前掲注(91)50頁。

られるためである。

第 2 節　法の解釈と ICO 規制

　アメリカ合衆国においては，証券について，何故，その権利を証券法に定めず
に例示列挙することで事足りるのか。その理由には，アメリカ合衆国において証
券の該当性をそれ自体の形式的な側面ではなく経済的実質で判断することが掲げ
られる。それにより，ICO 及びそれによって発行されるトークンが証券法の適用
を受けるかどうかについてはケースバイケースであり，個別に検証したときにそ
れらの経済的実質が証券に該当すると判断されるか否かで整理される。

　一方，我が国においては，経済的実質を無視するものではないが，対象が有価
証券各々の形式を満たしているかということを前提とする点で大きく異なる[98]。
通説として，金融規制法は国民一般の権利義務に関係する法規範である「法規」
に該当し，その違反に刑事罰が設けられている規定が多いことなどから，基本的
には刑法の解釈論に近い態度を取ることが適当であると考えられ，法的安定性や
予測可能性の観点から，解釈の出発点は法令の「文言」にあるべきと考えられる
からである[99]。それは，刑法の解釈において「類推解釈は禁じられるが拡張解釈
は許容される」とし，許容される拡張解釈の限界に関し，学説の多くは言葉の「可
能な意味の範囲」や「国民の予測可能性の範囲」を問題としている[100]。

　このような観点においても，「文言」についてはその言葉自体の意味の範囲に
は幅があることから，その解釈については法令の趣旨や目的などを踏まえること，つまり，投資者保護及び市場の健全性の確保という金商法第 1 条に定められ
た立法目的を踏まえることが重要といえる[101]。法の解釈については，法令の「文

98　カネボウ事件（最判平成 22 年 10 月 22 日民集 64 巻 7 号 1843 頁）において，原審が公開買付
制度の一般的趣旨を強調して旧証券取引法施行令 7 条 5 項 4 号における株式等の意味を無限定
に解釈したのに対して，最高裁はこれを破棄し，当該文言の意味を限定して解釈している。
99　松尾・前掲注(91)23 頁。
100　これに加え，前田雅英教授は，保護法益や処罰の必要性に関する考慮が必要であり，「解
釈許容範囲」＝「言葉の中心的意味からの距離」／「実質的正当性（処罰の必要性）」と述べて
いる。（前田雅英『刑法総論〔第 6 版〕』60 頁（東京大学出版，2015））。実際に，証券取引法違
反の刑事事件に関する最高裁判決は，日本商事株インサイダー事件（最判平成 11 年 2 月 16 日刑
集 53 巻 2 号 1 頁）他，前田教授の見解に近く，重要事実を限定的に解しているケースが多い。
101　松尾・前掲注(91)24 頁。

言」に形式的には該当するものの，実質的に規制の必要がないことから規制の対象としない場合（縮小解釈）や，それとは反対に，法令の文言には形式的には該当しにくいものの，実質的に規制の必要があることを理由に規制対象とする場合（拡張解釈）があるが，何れにせよ，法治国家の下では「いかに法令の趣旨・目的を踏まえても，法令の文言の枠を超える解釈をすることは，法解釈の名において実質的に立法するに等しいことから」[102]，許容されるものではない。

　つまり，金商法の条文の解釈において，その「文言」の意味を限定的に解釈することが通説とされる中で，ICOやそれによって発行されるトークンの中に経済的実質が金商法で定める有価証券と類似しているものが現実に存在していることを踏まえると，条文の中で定義されていない状況下で，それらをどこまで捕捉することができるかという点を検討する必要がある。すなわち，金商法の立法目的を踏まえると，ICO規制のための条文の拡張解釈は必ずしも否定されるものではないものの，その幅はより限定的であり，解釈の拡大のみでは十分に捕捉することができない可能性があり，これは大きな問題である。

第3節　金融商品取引法とICO

1．ICOは金商法で規制されるか

　金商法がICO及びそれによって発行されるトークンを規制しうるかと考えた場合，先ずは公益又は投資者の保護を確保することが必要と認められることが前提となる[103]。考慮すべきは，多種多様な経済的性質を有するICOトークンを一律に扱うのではなく，金商法の規制対象となるICOトークンによって国民経済の健全な発展に寄与すること又はそれ自体に投資対象性があることが必要になる[104]。言い換えれば，ICOトークンの私法上の位置付けが明確となっていない状況下では，

102　松尾・前掲注(91)24頁。

103　金商法第2条1項21号及び2項7号において，政令で定めるものの要件として，「公益又は投資者の保護を確保することが必要」であるとしており，このことから第2条1項及び2項の各号はそれを満たすものを具体的に列挙していると捉えることが妥当と考えられる。

104　金商法第1条の「目的」から考えると，第2条1項21号と2項7号における「公益」とは「国民経済の健全な発展」を指していると推測されるが，第1条では「国民経済の健全な発展」と「投資者の保護」が「及び」といった並列の関係であるのに対し，第2条では「公益」と「投資者の保護」は「又は」となっていることを勘案すると，政令で定める要件としてはどちらかが満たされれば十分と考えられる。

金商法の規制対象として該当するものと該当しないものが混在している可能性を否定できないことから，一概にそれらを一括りに判断することは適切でないと考えられる。つまり，金商法第2条1項は「有価証券」と定めるものを個別列挙している中で，ICOトークンを直接指している条項又は文言は見当たらないことから，ICOトークンを個別列挙されたものと並列に扱うためには，ICOトークンを有価証券の1つとして定めるか，同条21号により政令で定める必要がある。但し，同時に，ICOトークンの多様性を勘案すると，規制対象となるトークンについて，その権利を金商法その他の法律の何れかにおいて明確にする必要がある。では，現状の条文のまま，拡張解釈による規制対象となる余地はあるだろうか。第2条2項柱書において，有価証券表示権利は当該証券が発行されていない場合においても当該権利を有価証券とみなすとしており，例えば社債券と権利が類似しているICOトークンは，現物が発行されていない社債と何ら違いはないが，結論としてはそれを社債券として規制することは困難と考えられる。その理由は，旧証券取引法時代から，社債券とは，会社法上の「社債」を指していると解されており，その投資対象性や経済的な効果が類似しているとの点をのみもってして，ICOトークンを「社債」として扱うことは金商法における条文解釈の可能な範囲を超えているといえ，同様の有価証券表示権利を満たすと判断するためには，発行や償還，金銭債権としての要件その他の全てにおいて会社法における「社債」の要件を満たす必要がある。言い換えれば，それら要件を満たしているのであれば，それは1号で個別列挙された有価証券と同様の規制の下で取り扱われる可能性があるといえる[105]。

　このように，我が国の金商法に個別列挙された有価証券はそれ自体が個別具体的に定まっており，また拡張解釈の余地も限定的であることを踏まえると，ICOトークンが金商法における有価証券として規制対象となるか否かは，第2条2項5号及び6号が包括条項として，その捕捉する範囲が十分かとの点が鍵

105　但し，その場合にICOトークンが果たす役割を考えてみると，論点はICOトークンを有価証券として規制することが可能かどうかではなく，有価証券の発行において，ICOトークンの多くの技術であるブロックチェーンによる使用が認められるかということとなるといえる。つまり，株券は，「紙」という素材を記録媒体として発行される他に振替株式といったペーパーレスの形式があるが，それと同様に「トークン」という記録媒体を使うことが認められるかという，有価証券の該当性とは違う議論であるといえる。

になるといえる。

２．我が国の金融規制当局における議論

　金融庁は，2017年10月27日に公表した「ICO（Initial Coin Offering）について～利用者事業者にかかる注意喚起～」の中で，事業者に対して「ICOが投資としての性格を持つ場合，仮想通貨による購入であっても，実質的に法定通貨での購入と同視されるスキームについては，金融商品取引法の規制対象となると考えられ」るとの注意喚起を行った[106]。そして，金融庁の「仮想通貨交換業等に関する研究会」[107]においては，投資に関する金融規制を要するトークン表示権利の性質として，「金融商品取引法との関係では，ICOにおいて発行されるトークンの購入者が発行者からの事業収益の分配等を期待し，かつ」，「法定通貨で購入される」又は「仮想通貨で購入されるが，実質的には，法定通貨で購入されるものと同視される」場合，「当該トークンが表章するとされる権利は金融商品取引法上の集団投資スキーム持分に該当すると考えられ」るとの議論がなされた[108,109]。

　そして，規制対応の方向性として，「ICOについては，様々な問題が指摘されることが多い一方で，将来の可能性も含めた一定の評価もあることを踏まえれば，現時点で禁止すべきものと判断するのではなく，適正な自己責任を求めつつ，規制内容を明確化した上で，利用者保護や適正な取引の確保を図っていくことを

106　金融庁「ICO（Initial Coin Offering）について～利用者事業者にかかる注意喚起～」２頁（2017年10月27日）。

107　2018年３月，仮想通貨に関し，マネーロンダリング・テロ資金供与対策に関する国際的要請がなされたことや，仮想通貨交換事業者において顧客からの預かり資産が外部に流出するという事案が発生したほか，立入検査により，みなし登録業者や登録業者における内部管理態勢等の不備が把握されたこと，また，仮想通貨の価格が乱高下し，仮想通貨が決済手段ではなく投機の対象となっている中，投資者保護が不十分であるとの指摘も聞かれること等，仮想通貨交換業等をめぐる諸問題について制度的な対応を検討するため，金融庁が事務局を務め，学識経験者，金融実務家等をメンバー，仮想通貨交換業者等の業界団体，関係省庁をオブザーバーとして設置された。

108　仮想通貨交換業等に関する研究会「報告書」19頁（2018年12月21日）。

109　加えて，資金決済法との関係では，ICOにおいて発行されるトークンが，不特定の者に対して代価の弁済に使用でき，かつ，不特定の者を相手に法定通貨と相互に交換でき，又は不特定の者を相手に仮想通貨と相互に交換でき，かつ，法定通貨建てでない場合，当該トークンは資金決済法上の仮想通貨に該当すると考えられる旨が報告された（仮想通貨交換業等に関する研究会・前掲注(108)21頁）。

基本的な方向性とすべきと考えられる」とした上で，「技術上，トークンの流通を図ることが容易であるなどの特徴が認められるところであるが，同様の経済的機能やリスクを有する場合には同様の規制を適用することを基本としつつ，ICOの機能やリスクに応じた規制の対象とすることが重要と考えられる」との考えを示し，投資性を有するICOの特徴として，トークン表示権利は，トークンとともに電子的に移転するものと考えられており，事実上の流通性が高いこと，設計の自由度が高く，トークンの発行時・発行後ともに，発行者と投資家との間の情報の非対称性が大きいこと，対面によらずに，インターネットを通じて投資家を募るため，トークンの発行者や販売者による投資家へのアプローチが容易である一方，投資家が詐欺的な事案等を判別しづらいことを掲げた[110]。

加えて，現行の金商法においては，「トークン表示権利が仮想通貨で購入された場合には，必ずしも規制対象とはならない」とした上で，「購入の対価が私的な決済手段である仮想通貨であったとしても，法定通貨で購入される場合とその経済的効果に実質的な違いがあるわけではないことを踏まえれば，仮想通貨で購入される場合全般を規制対象とすることが適当と考えられ」，「また，このことは，トークン表示権利の購入に限らず，集団投資スキーム持分の購入についても，同様に妥当するものと考えられる」との考えを示した。

3. ICOトークンは集団投資スキーム持分といえるか

(1) 集団投資スキーム持分の要件

ICOトークンと集団投資スキーム持分とはどちらかが他方を包含するような関係ではなく，現実的な実態とは別に[111]，概念としては各々の集合の共通部分があ

110　こうした特徴はいずれも投資家にリスクを生じさせるものであるとし，必要と考える仕組みとして「発行者と投資家との間の情報の非対称性を解消するための，継続的な情報提供（開示）の仕組み」，「詐欺的な事案等を抑止するための，第三者が発行者の事業・財務状況についてのスクリーニングを行い得る仕組み」，「不公正な行為の抑止を含め，トークンの流通の場における公正な取引を実現するための仕組み」，「発行者と投資家との間の情報の非対称性の大きさ等に応じて，トークンの流通の範囲等に差を設ける仕組み」を示した（仮想通貨交換業等に関する研究会・前掲注(108)22頁）。

111　SECのJ・Clayton委員長は，投資契約に該当しないICOは見つからなかったと発表しており，アメリカ合衆国において確認されたICOは証券に該当し，証券法の適用を受けると考えられる（CNBC, *supra* note（23））。我が国においては定かではないが，実態的にICOが集団投資スキー

ると考えるのが妥当であろう。従って，ICOトークンのうち，どのような要件を満たせば，集団投資スキーム持分といえるかを考察する必要であり，言い換えれば，集団投資スキーム持分とは必ずしも言い切ることができないICOトークンがどのようなものかを明らかにする必要がある。

　具体的には，集団投資スキーム持分の「当該権利を有する者が出資又は拠出をした金銭（これに類するものとして政令で定めるものを含む。）を充てて行う事業から生ずる収益の配当又は当該出資対象事業に係る財産の分配を受けることができる権利（金商法第2条2項5号柱書）」という要件を満たし，且つ①出資者全員が自ら出資事業に関与していること，②出資者が出資又は拠出した金銭等の額を超えて収益の分配を受けないこと，③他の法律により出資者の保護が図られていること，④他の法律等に必要な監督制度が設けられており，公益又は出資者保護の支障を生ずることがないと認められること，という4つの除外要件に全て当てはまる場合に，そのICOトークンは集団投資スキーム持分であるといえる。これらは，投資性[112]が無く（上記の②），金商法以外の法律等によって別途必要な規制措置が行われている（上記③，④）場合を除き，要件及び上記①を満たすものと纏めることができる[113]。

(2)　金商法第2条2項5号の文言とその解釈

　先ず，着目すべきは「金銭（これに類するものとして政令で定めるものを含む。）」という文言において捕捉可能な範囲についてである。ICOトークンの取得に当たっては，法定通貨の他，「Bitcoin」をはじめとした仮想通貨で行われる場合も認められる中で，前提として，「金銭」に類するものとして政令に定められているものに，「Bitcoin」といった仮想通貨を指していると考えられるものは見当たらない[114]。従って，「金銭」という文言の範囲が仮想通貨を含むかどうかとの

ム持分の部分集合である可能性はないとは言い切れない。

112　「投資性」という文言については，仮想通貨交換業等に関する研究会でも度々使用されているが，それ自体は明確に定義されていない。本稿では金商法第2条2項5号-ロに倣い，投資性があるということを「出資者がその出資又は拠出の額を超えて収益の配当又は出資対象事業に係る財産の分配を受けること」という意味で取り扱うこととする。

113　これらの要件は本稿第1章で述べたHowey Testと酷似していることから，我が国の集団投資スキーム持分はアメリカ合衆国における「投資契約」を強く意識して設定されたことが窺える。

114　金融商品取引法施行令第1条の3（金銭に類するもの）に金商法第2条2項5号に規定する政令で定めるものとして，「有価証券」，「為替手形」，「約束手形」，「法第2条第2項第1号，

点が論点となる。ただし，我が国の法律において「金銭」の明確な定義規定はなく，多くの法律で様々な使われ方をしていることから，統一的・整合的な用語法が採られているとは言い難い。これについては，強制通用力があるもののみとして法定通貨を指すというアプローチと，「金銭」としての機能を有するものを含めた自由貨幣の存在を認めるアプローチの 2 つが存在する[115]。「金銭」を法定通貨のみと解釈するアプローチに立った場合には，ICO トークン取得の対価として仮想通貨での支払いが指定されているものは，一見，該当しないようにも思われるが，トークン購入者が ICO トークン取得のために仮想通貨を購入したことが明らかな場合は，「出資又は拠出した金銭」に該当する解釈は許容されると考えられる。それでは，仮想通貨の中にはマイニング[116]によって得られたものなど，法定通貨との交換によらずに取得されたものが存在するが，ICO トークンの対価をそれらに指定した場合はどうだろう。結論としては，購入者の仮想通貨の入手方法によって区別されることは現実的には考えにくい。というのは，ICO 実施者が ICO トークン購入の対価を購入希望者自らがマイニングした仮想通貨のみに指定したとしても，購入希望者は自身が保有する仮想通貨の管理方法によっては可能かもしれないが，ICO 実施者は拠出されたものについて，購入者がどのように取得したかを確実に把握することは難しいためである。従って，法定通貨で購入されたと同視される仮想通貨による資金の拠出を除外する仕組みが構築されない限りは，ICO 実施者は法定通貨で購入されるものと同視される仮想通貨との区別ができないことから，法定通貨で購入されるものと同視される仮想通貨での購入可能性のある ICO として取り扱われることとなろう。また，自由貨幣の存在を認めるアプローチに立った場合，仮想通貨は対象となる ICO トークンを取得するために必要な決済手段であると考えられ，さらに我が国の改正資金決済法において，仮想通貨が決済手段として定められていることを踏まえると，仮想通貨は集団投

第 2 号，第 5 号又は第 6 号に掲げる権利を有する者から出資又は拠出を受けた金銭（前 3 号に掲げるものを含む。）の全部を充てて取得した物品」（金融商品取引法第 2 条に規定する定義に関する内閣府令 5 条で「競争用馬」が指定されている。），「前各号に掲げるものに準ずるものとして内閣府令で定めるもの」としている。尚，内閣府令定められているものはない。
115　古市峰子「現金，金銭に関する法的一考察」金融研究第 14 巻 14 号 101 頁，104 頁（1995）。
116　ここでは「ブロックチェーンをはじめとする暗号化システムに参加し，仮想通貨の取引履歴の記録作業」を指す。

資スキームの出資又は拠出した「金銭」に該当すると考えるのが妥当であろう[117]。

　次に，ICOトークン購入者が享受できる権利として，その金銭を「充てて行う事業から生ずる収益の配当又は当該出資対象事業に係る財産の分配」という点について考察を行う。先ず，前提として，ICOトークン購入者が拠出した「金銭」が法定通貨であれ，仮想通貨であれ，その資金が何かしらの事業に充てられていなければならない。つまり，拠出した「金銭」が単にプールをされるのみであり何にも充てられることがない場合はこの要件に該当しないと考えられるが，それは，結果的に事業に充てられることがなかったという場合は含まず，投資者が資金の拠出又は募集の段階で何にも投資をしないことが明示的でなければならないと考えられる[118]。また，ICOトークン購入の動機として，そのトークンの保有によって得られる何かしらの利得の期待があると考えられる[119]が，それが「収益の配当」や「財産の分配」に該当し，さらにそれが「出資又は拠出した金銭等を充てて行う事業から生じる」ものである必要がある。従って，多種多様であるICOの類型のうち，拠出した現金又は仮想通貨が，事業又はプロジェクトに充てられており，定期的又は一定の条件下において配当が約束されている場合には集団投資スキーム持分に該当すると考えられる。

　ただし，これには2つの論点がある。第1は，「収益の配当」や「財産の分配」の範囲である。条文では，配当や分配は金銭でなければならないとはされていないことから，例えば現物によって配当等が行われることも許容されていると考えられる[120]。従って，法定通貨や仮想通貨及びそれと同等，又は準ずるものが分配

117　加えて，多くのICOはトークン購入の決済手段に仮想通貨を指定していても，それは流通性の高い「Bitcoin」や「Ethereum」であることが殆どであり，集めた仮想通貨を法定通貨に換金して事業又はプロジェクトに充てていることからも，トークン購入者が拠出したものが仮想通貨であっても法定通貨で実施されたものと同じ扱いをすることが妥当と考えられる。

118　また，募集に関する広告資料等において，その投資者自身が拠出した資金の資金使途が不明確である場合には，それは何かしらの事業等に充てられる可能性を否定したものではないことから，出資又は拠出した金銭が何にも充てられない事が明記されていない限りはその金銭が事業に充てられることもあると解されると考えられる。

119　そもそも，トークンの取得によって，何の利得もないことが募集の段階で明らかである場合には，その出資又は資金の拠出には投資性がないと判断される。

120　神田秀樹ほか「集団投資スキーム（ファンド）規制」金融商品取引法研究会研究記録第28号8頁〔中村聡発言〕（2009）。

される場合には，当然に該当すると考えられるが，トークン保有者の持つ権利が，「特定の商品やサービスを購入する権利」，「特定の商品やサービスを特別な価格で購入する権利」である場合，トークン保有者は「収益の配当」や「財産の分配」を受けると考えられるだろうか。「特定の商品やサービスを購入する権利」の場合，具体的には，施設や設備を利用するための会員権やイベントやコンサート等への参加権等が想定されるが，これらにはトークン取得の目的に投資性がないことから，有価証券に該当しないと考えられる[121]。「特定の商品やサービスを特別な価格で購入する権利」について，具体的にはトークンを保有していない場合に比べて安価な価格，例えば定価の1割引で特定の商品を購入できるような場合が想定される。これについては，特定の価格で購入する権利を購入しているということ，又は特定の購入の度に一定の経済的利益を得ているというような解釈をすることも可能だが，実際に商品又はサービスを受ける際に，当初，出資又は拠出した金銭等以外の支払いが発生することから，会員権の購入により会員価格で購入又はサービスを受けることができるものであり，投資性はないと解釈すべきであろう[122]。

　第2は，ICOトークン購入者は配当や財産の分配は受けられるものの，その原資が出資又は拠出した金銭等が充てられる事業から生じるものではなく，それらが完全に切り離されている場合である。例えば，ICOによって集められた資金は飲食事業に投資され，トークン保有者は年2回の配当を受け取ることができるが，配当の原資は飲食事業の成功には関係なく，発起人が別に自己資金で運用している定期預金の金利から支払われるといった場合等である。結論としては，我が国においては投資者の受ける経済的利益が投資対象の事業と紐ついていることが要件とされていることから，これらは集団投資スキーム持分には該当しないと考えられる[123]。つまり，ICOトークン購入者にとっては預金金利を受け取る権利

121　船荷証券や倉荷証券といった商品証券や手形・小切手といった貨幣証券，土地の権利証やゴルフ会員権といった投資性がない有価証券は，金商法上の有価証券の範囲には含まれていない。
122　商品やサービスの提供を受ける際に支払いが発生しない場合や当初よりその回数が決まっている場合は，それは単に商取引における前払い又は手付金の支払いであり，投資性はないと考えられる。
123　アメリカ合衆国におけるHowey Testにおいて，この点は限定されておらず，また定期預金の運用に出資者は関与しないことから「第三者の努力」を，金利の受取額が持分によって決ま

が付与されているトークンを買い取ったに過ぎず，発行者はその販売により集まった資金で全く別な事業を行ったと整理され，ICOの購入者と発行者との取引は，投資取引ではなく商取引と整理される。

最後に，「出資者全員が自ら出資事業に関与している」場合は除外されるという要件である。ICOにおいては，トークン保有者がそのトークンを使ってエコシステムを構築する，又はそれを目指して実施される場合も多い。従って，そのような場合，ICO購入者がどの程度，事業に関与しているかということが論点となる。第1章で述べたとおり，多くのICOは，事業又はプロジェクトの実現を目指すことを投資家に呼びかけ，太宗のICOはそれが開始される前に行われているのが実態であり，その場合は少なくともICOが実施された時点においては，そういったエコシステムは構築されておらず，主に発起人を含めた第三者の努力によって事業が進められることから，プロジェクト又は事業が開始される前にICOトークン保有者全ての関与が認められることは，実際に事業又はプロジェクトを推進している特定の少人数の間で行われる場合を除き，稀であると考えられる。従って，既にICOトークンを利用するようなプラットフォーム等ができ上がっている場合には，ICOトークン購入者の事業への関与が認められる場合もあると考えられる。

このように，ICOは集団投資スキーム持分との類似点も多く，一見，同様に扱うことができるように思われるが，集団投資スキーム持分の要件は限定的に定められていることから，全てのICOを網羅することができるとは言い難い。

第4節　その他の法律とICO

1．資金決済に関する法律

2017年に改正された資金決済に関する法律（以下，資金決済法という）は，その第2条5項において「物品を購入し，若しくは借り受け，又は役務の提供を受ける場合に，これらの代価の弁済のために不特定の者に対して使用することができ，かつ，不特定の者を相手方として購入及び売却を行うことができる財産的価

れば「水平的な共同事業性」を満たすことから「投資契約」に該当し，さらに，Risk Capital Test においても投資した資金がリスクに晒されていれば十分であることから証券と見做されると考えられる。

値（電子機器その他の物に電子的方法により記録されているものに限り，本邦通貨及び外国通貨並びに通貨建資産を除く。次号において同じ。）であって，電子情報処理組織を用いて移転することができるもの」，また「不特定の者を相手方として前号に掲げるものと相互に交換を行うことが出来る財産的価値であって，電子情報処理組織を用いて移転することが出来るもの」と定めており，我が国において仮想通貨の定義規定をおいている唯一の法律である。

　このことから，ICOにおいて，その発行されたものが仮想通貨と称される場合に，それらの法的な問題について資金決済法上の規制対象となるか否かが議論されることが多い。しかし，条文からも分かるとおり，同法における仮想通貨はあくまで決済手段としての定義を定めており，金商法上の有価証券のように投資性の側面によって定められているものではない。加えて，資金決済法はその第1条において「資金決済システムの安全性，効率性及び利便性の向上に資することを目的」としており，金商法とはその法目的が異なっている。従って，ICOトークンが決済手段として機能することと，それが投資対象性を持つことは次元の異なる問題であるとはいえ，決済性と投資対象性が併存することがありうることを踏まえると，金商法が目的としている投資者保護等を想定した場合に，資金決済法の規制対象となるかどうかで議論をすることは適切とは言い難い[124]。

2．特定商取引に関する法律

　ICOトークンの保有によって得られる経済的効用が，その拠出された金銭が充てられた事業から生じるものかどうかを問わず，それが商品やサービスの提供であるとみなされる場合，ICO実施者はその募集においてインターネットにより募集及び申込みを受けつけることが多いことから，ICOトークンは特定商取引に関する法律（以下，「特商法」という）第2条2項に定める「通信販売」に当たる可能性がある。この場合，ICO実施者はクーリングオフや広告規制など特商法上の規制を守る必要があるが，それはその商品やサービスをICOトークンと一緒に購入していると解される場合，それらはICOトークンの販売における一種の「お

124　仮想通貨交換業者が，ICOトークンを仮想通貨として取り扱うケースがあり，自主規制団体もそれを想定しているが，有価証券と認められるトークンを仮想通貨交換業者が金融商品取引業者の登録無しに取り扱うことは違法であると考えられる。

まけ」であり，ICOトークン購入者が購入するのはあくまでICOトークンそのものであるとする場合には，同法における規制の対象外と考えられる。ただし，その場合において，ICOトークンを購入する魅力と比較して，「おまけ」が過大な景品類の提供と解される場合には不当景品類及び不当表示防止法の規制対象となる可能性がある。

　また，ICO実施者が構築するトークン保有による権利やそのエコシステムの仕組みによっては，それが「連鎖販売取引」（特商法第33条1項）に該当する場合もありうる。例えば，発行されたICOトークンが特定のエコシステム上の決済手段として機能するか又はそれが期待される場合に，そのICOトークン保有者にマイニング権が付与されており，それがホワイトペーパーにおいて説明されていたとしよう。しかし，このマイニングシステムには一定の専門知識及びそれを行うための相応の設備が必要であったにもかかわらず，そのエコシステムの発展を期待する者がICOトークンを購入するも，トークン購入希望者がマイニングの知識や設備を持たず，同様の他者に転売することで経済的利益を得ようとするならば，これらは特商法における「連鎖販売取引」に該当する可能性があり，その場合，統括者又は販売者に該当する者はそれによって課せられる禁止事項[125]を遵守しなければならない。特に，ICOトークンがマイニングを実際に行うことができる者に渡らない限りは，ホワイトペーパーに記載されているようなエコシステムは構築されないことから，ホワイトペーパーの記載内容が特商法第36条で禁止されている誇大広告に該当する可能性があると考えられる[126]。

3．不当景品類及び不当表示防止法

　先に述べたとおり，ICO実施者が，ICOトークン購入者に対して商品やサービ

125　特商法35条1項及び2項で，統括者や勧誘者又は一般連鎖販売業者は，商品又は役務の種類など一定の事項につき広告すべきものとされ，同36条においてその際に商品の性能や品質のほか，提供される役務の内容等において，著しく事実に相違する表示をしたり，実際のものよりも著しく優良であるとしたり，有利であると人を誤認させるような表示の広告をしてはならないとされている。

126　ICOについてはディスクロージャーの制度が未発達であることから，ICO実施者が意図せず，これに該当する可能性も否めない。さらに，ICOトークンの売買において，ICO実施者が一旦販売した以降，関与しない場合においては，ICO実施者以外が当該ICOトークンを利用して，連鎖販売取引に該当する行為を行う可能性もあると考えられる。

スの提供をする場合，不当景品類及び不当表示防止法（以下，「景品表示法」という。）上の「景品規制」を受ける可能性がある。景品表示法は，「商品及び役務の取引に関連する不当な景品類及ぶ表示による顧客の誘引を防止するため，一般消費者による自主的かつ合理的な選択を阻害するおそれのある行為の制限及び禁止について定めることにより，一般消費者の利益を保護することを目的とする」法律である（景品表示法第1条）。景品は，一般的に，商品やサービスの粗品やおまけをイメージするが，景品表示法上の「景品」とは，客を誘引するための手段として（顧客誘引の効果），商品やサービスの本体取引に付随して提供する（取引の付随性），物品，金銭その他の経済上の利益（経済上の利益）という要件を満たすもののことを指す[127]。

　ICOトークン保有者が得られる商品又はサービスがこれらの要件を満たす場合，その商品又はサービスは「景品」に該当し，景品表示法の規制を受ける可能性がある。当然に，ICOトークンを購入する動機として，商品又はサービスの提供が存在し，ICO実施者がそれを誘引手段として使うことは否定できないことから，「景品」に該当するか否かは，それが商品やサービスの本体取引に付随して提供されているかどうかであるといえる。形式上は本体取引に付随しているとも考えられるが，ICOトークン購入によって得られる商品又はサービスは，景品表示法で想定されている「本体取引に付随する景品の提供」とは異なることから，「景品」には該当しないと考えられる。

　ただし，第3節で述べたように，ICOトークン購入者が期待する経済的効用が，集められた資金が充てられた事業又はプロジェクトから生じる収益から分配されるものではなく，それとは完全に切り離されている他のプロジェクト又は事業から生じるものである場合，ICOトークン購入の動機はICOトークンそのものの魅力ではないことから，景品規制に該当する場合があると考えられる。

4．消費者契約法

　ICOが個人向けに実施される場合，消費者契約法が適用される可能性がある。それは，ICO実施者が重要な事実を故意に告知しないことや，重要事実に関する

127　笠原宏『景品表示法〔第2版〕』156頁（商事法務，2010）。

虚偽の説明を行ったこと，断定的判断の提供を行うことなどによって，ICOトークン購入者が誤認又は困惑した場合などは，契約の申込み又はその承諾の意思表示を取り消すことができるとともに，ICO実施者の損害賠償の責任を免除する条項その他の消費者の利益を不当に害することとなる条項の全部又は一部が無効となるほか，被害の発生又は拡大を防止するため適格消費者団体はICO実施者に対し，差止請求ができる。

　具体的には，ICOは事業又はプロジェクトが実際に進行する前又は初期の段階で実施されることが多いことから，その時点でICOトークン購入者の判断資料であるホワイトペーパー等においては，その実現が不確実である場合も多く存在する。しかし，実現可能性が著しく乏しいにもかかわらず，その説明が十分に行われていない場合には，消費者契約法における「重要な事実をあえて告知しない」場合に該当する可能性がある。さらに，ホワイトペーパーに記載された事業内容や購入者が期待する経済的効用について，それが誇大な表現であると認められ，投資家に損害が生じた場合には，ICO実施者はこれによって生じた損害賠償義務を負う可能性もある。

5．出資の受入れ，預り金及び金利等の取締りに関する法律

　ICO実施者がwebサイトやホワイトペーパーその他の媒体によって，ICOトークン購入者に対し約束した内容によっては，出資の受入れ，預り金及び金利等の取締りに関する法律（以下，「出資法」という）の規制対象となる可能性がある。即ち，募集の際に「不特定且つ多数を対象」に「後日出資の払いもどしとして出資金の全額若しくはこれをこえる金額に相当する金銭を支払うべき旨を明示し，又は暗黙のうちに示して」いると判断される場合には，同法第1条に定める「出資の受入の制限」に該当する可能性がある[128]。

　本条の趣旨は出資者が不測の財産的損害を受けることを事前に防止することにある[129]。元本の払い戻しが保証されないことが出資金の本質であることに鑑みると，出資金全額が恰も返却される安全な利殖方法であるような誤信を招く行為は

128　但し，同法2条において定められた除外要件を満たす場合，具体的には銀行業の免許を持つ事業者については対象とはならない。
129　齊藤正和『新出資法』40頁（青林書院，2012）。

誇大広告に等しい行為に当たる。この場合，「不特定且つ多数の者」の範囲が論点となる。これについて，通説では，同法における「不特定かつ多数の者」とは一般大衆を指し，出資金受入者と親族や知己のような個人的なつながりのない，ある程度以上の複数の者を指しているとされている[130]。

　従って，インターネット上で広く募集を行うようなICOについては，「不特定且つ多数の者」に該当するものが殆どであると考えられる中では，ICO実施者はその募集に当たって，元本保証やそれを期待させるような広告や表示があった場合，出資法の規制対象となる可能性があるといえる。

6．特定商品等の預託等取引契約に関する法律

　ICO購入者が出資又は拠出した金銭の対価として得られたICOトークンの性質が，特定商品又は施設利用権[131]の所有を証明するもので，ICO購入者に対し，3か月以上の期間，それらを管理すること及びそれに対応する利益の供与又は一定の価格での買い取りを約束する場合，特定商品等の預託等取引契約に関する法律（以下，「預託法」という）の規制対象となる可能性がある。

　ICOの仕組みとして，ICO購入者が資金拠出の対価として得られるのはあくまでトークンであったとしたとしても，そのトークンの価値がダイヤモンドといった貴石や和牛といった資産が裏付けとなっている場合であって，実際に現物の引渡しがない場合には，ICOトークン保有者とICO実施者及びその共同事業者等の間で同法第2条に定められた預託等取引契約に該当する可能性がある。その場合，ICO実施者は，不当な行為の禁止として，重要事項（対象商品の価格や商品の保有状況等）について不実告知（虚偽説明）や故意の不告知，威迫困惑行為等が禁止されることは当然ながら，契約締結前に取引の概要を記載した書面の交付をすること，及び契約締結時に契約の内容を記載した書面の交付をすることが義

130　津田実「出資の受入，預り金及び金利等の取締等に関する法律」曹事6巻7号22頁（1954）。
131　特定商品として「貴石，半貴石，真珠，貴金属（金，銀，白金など），それらを用いた装飾用調度品，身辺細貨品」，「盆栽，鉢植えの草花その他の観賞用植物」，「哺乳類，鳥類（人が飼育するもの）」，「自動販売機及び自動サービス機」，「動物及び植物の加工品（一般の飲食の用に供されないものに限る。）で人が摂取するもの（医薬品を除く。）」，「家庭用治療機器」を，施設利用権として「ゴルフ場利用権」，「ヨット，モーターボート，ボートの係留施設の利用権」，「語学習得のための施設の利用権」が政令で定められている。

務づけられ，さらに，業務・財産状況を記載した書類を事務所に備え置き，預託者の求めに応じ閲覧させることが義務づけられ[132]，違反者には業務停止命令や罰則（最大で2年以下の懲役又は100万円以下の罰金）が科せられることとなる。

第5節　小括

　ICOはその投資対象性から，我が国においては金商法の下で規制することが可能か，つまり金商法条の有価証券に該当するかどうかが検討又は議論されることが多い。しかしながら，金商法で定められている有価証券は個別具体的に列挙されて定められており，条文中にICOを指すような文言は見当たらない。さらに集団投資スキーム持分についても，その要件はかなり具体的に定められており，また金商法において認められる文言の拡張解釈の範囲を踏まえても，集団投資スキーム持分に関する条文が包括条項として果たせる役割はやや限定的であると言わざるを得ず，多種多様のICO又はICOトークンの中で金商法の規制対象として捉えられるのは，投資信託の持分がトークンによって投資者に配布されるような場合など，一部の類型であると考えられる。

　ICOトークンが集団投資スキーム持分に該当するかどうかを議論する際に，特に論点となるのは「事業から生ずる収益の配当」と「当該出資対象事業に係る財産の分配」を受け取ることの権利の範囲であろう。多くのICOにおいてその参加者は，発行されたトークンが将来的に仮想通貨交換事業者に取り扱われることを期待しており，値上り時に転売によって利益を得ることを目的にしている。値上りについても株式のような企業価値の向上に起因するものではなく，そのICOが資本調達として行われる場合を除き，トークンの値上りは購入希望者の駆け引きによるプレミアムであると考えられる。このような場合，明確に仮想通貨交換所等による取扱い可能性について言及しているかどうかは関係なく，集団投資スキーム持分に該当するとは考えにくい。従って，金商法によってICOの規制を進める場合には，金商法の改正又は規制すべきICOの類型を政令で定める必要がある。

132　消費者庁「特定商品等の預託等取引契約に関する法律（預託法）の概要」(http://www.caa.go.jp/policies/policy/consumer_transaction/contract_for_deposit/pdf/schematic.pdf　2018年12月24日最終閲覧)。

　一方で，金商法によって規制されない場合でも，その他の法律が金商法を補完して機能するのであれば問題はないが，現実的には十分とはいえないと考えられる。無論，前述のとおり，特定の取引においては消費者保護を目的とした法律を中心に適用が可能であると考えられるものの，それは連鎖販売取引など，特定の類型に限られている。加えて，ICO購入者の立場で考えた場合，果たしてICOトークンを消費者として購入しているかという点についても検討すべきであろう。本来，投資性の強いICOにおいては，金商法と同様の規制が行われるべきである。それは，有価証券と同様の経済的な効果をもたらすICOトークン購入という行為に対し，投資者保護の横串を通す意味があるほか，投資者責任についても差が生じることは望ましいことではないと考えられるためである。

　金融庁が事務局を務める「仮想通貨交換業等に関する研究会」は，2018年12月に発表した報告書において，ICOにかかる情報開示について，金商法では「開示規制の対象となる有価証券が規定されており，その中でも広く流通する蓋然性が高いと考えられる有価証券（第一項有価証券）とその蓋然性が低い有価証券（第二項有価証券）とに分けられている」ことから，トークン表示権利についても，これと同様に整理することが適当と考える旨[133]を示した。また，「これまでのところ，投資対象を一定の限定された範囲の事業・資産とし，当該事業等から生じた収益を分配することを内容とするものが一般的であるが，投資対象の範囲が発行者の既存事業に及び，その収益を分配するものも想定され」，「トークン表示権利の開示内容については，既存の開示規制と同様に，その性質に応じた形で整理していくことが適当」[134]との考えを示した[135]。以上の考察からすれば，我が国にお

────────────────

133　具体的には「トークン表示権利は，事実上多数の者に流通する可能性があるため，第一項有価証券と同様に整理することが適当と考えられ」，また，「有価証券の募集に該当する場合には，有価証券届出書（発行開示）や有価証券報告書（継続開示）のような公衆縦覧型の開示規制が課されている。一方で，有価証券の公募に該当しない場合（私募の場合）には，転売制限がかかることを前提として，公衆縦覧型の開示規制の対象外となる」（仮想通貨交換業等に関する研究会・前掲注(108)23頁）という考えを示した。

134　仮想通貨交換業等に関する研究会・前掲注(108)24頁。

135　加えて，投資勧誘について，「ICOにおいては，発行者が自らトークン表示権利の取得勧誘を行ういわゆる自己募集が多いとされる。詐欺的な事案の抑止等の必要性を踏まえると，第三者による審査を経ることが最も望ましいが，集団投資スキーム持分等については，第二種金融商品取引業者としての登録を受けることを前提に自己募集が認められていることも踏まえ，トークン表示権利の自己募集についても，禁止するのではなく，適切に規制の対象としていく

いても，ICOについては金商法における有価証券として，又はそれに準ずるかたちでの規制体系が整備されていくことが期待される[136]。

終章

第1節　ICO規制の方向性

1. 証券規制の下でのICO

　本稿では，諸外国のICO規制について，既存の法律で対応するアメリカ合衆国と新たに法制度を整えたフランス共和国を取り上げたが，実際には各国の事情により異なる取り組みがなされている[137]。特にICOにおける法制度を検討する際には，規制という観点のみではなく，新しい産業の育成という観点にも議論が集まることが多い。

　フランス共和国においては，通貨金融法典に追加するかたちで法整備が行われたわけだが，詐欺的なICOが横行することを問題としつつも，ICOそれ自体の可能性についても否定せず，産業の芽を摘まないように承認（visa）スキームを構築するとともに，visaを取得しないICOを禁止とはせず，ICOトークン購入者の投資者としての責任を明確にした。ただし，第2章で述べたとおり，このスキームの実際の効果には疑問が残る。既存の証券規制の下で行われる資金の募集と経済的実質が同じなのであれば，それがICOという手法であったとしても，その規制は既存の規制と同レベルのものであるべきであり，そこに差が生じているよう

ことが考えられる。具体的には，集団投資スキーム持分等の自己募集と同様に，発行者に業登録を求め，広告・勧誘規制やトークン表示権利の内容等についての説明義務等の行為規制を課すことを通じて，一定の投資家保護を図っていくことが適当と考えられる」との考えを示した（仮想通貨交換業等に関する研究会・前掲注（108）25頁）。

136　ただし，報告書の「ICOに係る規制内容」の章が「金融規制に基づく対応のみでは限界があることも想定されることから，消費者関連機関を含む関係者には，問題事案の性質に応じて，利用者保護の観点から，適切な対応を講じていくことを期待したい。」（仮想通貨交換業等に関する研究会・前掲注（108）29頁）と締めくくられていることから，ICO規制の整備については，金商法の規制内容に準じた形ではあるものの，それ自体の改正ではなく，消費者関連法律の改正や新法の設立などの対応が行われる可能性もある。

137　アメリカ合衆国のように既存の枠組みで規制を進める国としてシンガポールやスイス，フランス共和国のように枠組みの整備を進めている国としてUAEやロシア，全面的に禁止とする中華人民共和国や韓国などがある。

であれば，従来の伝統的な資本市場を破壊しかねない。つまり，ICO発行者にとっては，トークンを発行しなければならない特段の事情がない限り，敢えてvisaの取得をするメリットはないことから，visaなしのICOが多く行われることが想定される。言い換えると，フランス共和国の法制度は，ICO購入者に対して投資者としての保護を与える制度というよりは，visaなしのICOに参加する投資者の自己責任の範囲を明確にしたものともいえる。

　一方で，アメリカ合衆国においては，既存の証券法がICO規制において十分に機能していると考えられる。それは証券の定義として定められた「投資契約」という文言と，証券の権利そのものについては条文で定義されていないという特徴により，多くのICOが「投資契約」と判断されるからである[138]。ただし，アメリカ合衆国においても，必ずしもICOを禁止するというものではない。現に，SECは，詐欺的なICOについてREcoin事件のように厳しい態度[139]をとっているものの，悪質ではないと判断されるものについてはルールに則るよう警告のみ[140]の場合もあり，あくまで金融システムの健全性維持のためという意図が窺える。

　我が国においては，金商法の有価証券定義は限定列挙の形式が取られており，またその表示権利においても明確化されているという特徴がある。同法第2条2項5項及び6項についてはアメリカ合衆国の「投資契約」が意識された，所謂，集団投資スキーム持分について定められているが，第3章で述べたとおり，その要件及び我が国における金商法の条文解釈において許容される範囲からは，それは集団投資スキーム持分に該当する特定の有価証券を予め想定して纏めているといった整理に近く，包括条項としての機能が十分に発揮できるものではないといえる。従って，多種多様なICOの中で伝統的な有価証券と同様の経済的性質を持

138　CNBC, *supra* note（23），（111）.）

139　Recoin事件において，DOJはZaslavskiy氏に対して，資産の凍結や今後いかなるデジタル証券の提供を行うことの禁止といった厳しい求刑をしている。

140　スマホ向けのレストラン評価アプリを提供するMunchee社が実施したICOについて，SECは有価証券に該当する旨の指摘をした。Munchee社はその指摘を受けて募集活動を停止し，払い込まれた資金を投資家に返還した。同社に対しSECは民事制裁金などの厳しい制裁は行わなかった。（In the Matter of MUNCHEE INC., Respondent., ADMINISTRATIVE PROCEEDING File No. 3-18304（Dec-11st 2017））このことからも，悪質な詐欺的なものではないものについては，ルールを守ることを促す態度をとっており，必ずしもICOを全般的に取締る方針ではないことが窺える。

ち，本来，金商法の規制対象とすべきICOについても，その捉えられる範囲は限定的であると言わざるを得ない。

2．金商法とICO規制

　第3章で述べたとおり，金商法の規制対象となるICOは一部の類型に止まるといえる。但し，それで十分であるかという点については直ちには賛成しかねる。なぜならば，資金調達者及び投資者の両方の目線において，その経済的な性質が伝統的な有価証券に類似している（以下，有価証券類似トークンという）にもかかわらず，株式や債券，投資信託の持分といった伝統的な有価証券ではなく，ICOという手段であるが故に規制が及ばない場合が生ずる可能性があるためである。

　勿論，ICOトークンの購入については投資者の自己責任であるとの考えもある。実際，資産運用の手段は有価証券のほかにも外貨預金や不動産など選択肢がある中で，敢えて，その法的な位置付けが明確でなく，情報開示その他の規制も整備されていないものに投資をしたことについては，それ自体が自己責任であるという考えは必ずしも否定できない。金商法は，投資者保護をその目的の1つとした法律であるが，この投資者という文言の範囲が金商法で定められた有価証券に投資を行う者であると解釈されると考えられるからである。では，金融システムへの影響を考えた場合はどうであろうか。金商法の目的として，通説は，投資者保護を図ること及び証券市場の健全性確保とその発展促進が目的であるという新二元説[141]（神田秀樹教授）であり，もしICOが金融市場の健全性に影響を及ぼす可

---

[141]　神田秀樹『会社法〔第20版〕』190頁（弘文堂，2018）。他に，金商法の目的についての学説として，投資者保護を第一に考えている投資者保護説（河本一郎教授，（鈴木武夫＝河本一郎『証券取引法〔初版〕』41頁（有斐閣，1984））や国民経済の適切な運営と投資者保護がともに達成されることであるとする二元説（神崎克郎教授（神崎克郎『証券取引法〔新版〕』33頁（青林書院，1987）），証券取引法の目的は「公正な価格形成の確保を通じた証券市場の機能の確保にあり，投資者保護は証券市場の成立条件であるとする」市場説（上村達男教授（上村達男「証券取引法の目的と体系」企業会計53巻4号(2001)135頁)），「国民経済の健全な発展」と「投資者の保護」はともに法の目的であるが，両者は異なる目的ではなく，資源の効率的な配分の達成という点で一致とする統合説（黒沼悦郎教授（黒沼・前掲注(90)17頁）がある。市場の健全性と投資者保護のいずれか又は両方かという点での違いであり，市場の健全性や投資者保護のいずれも重要としている点では共通している。

能性があるのであれば，金商法においてICOを無視することは適切とは言い難い。

　金商法において，ICO規制を進めるには3つの方法が考えられる。先ず1つ目は，対象とする有価証券類似トークン及びその表示権利を法改正により第2条に定めるか又は政令で指定することである。これは，有価証券類似トークンを金商法の下で規制とする意味で分かり易い方法である一方で，ICOやトークンについては，現在，法的な位置付けが明確ではないことから，例えば，会社法上の株式に対応する金商法上の株券のように，既に個別列挙されている有価証券と同じレベルで，その対象及び表示権利を明確に定める必要がある。ただし，そのためには多種多様であるICOを網羅的に調査し，対象とする有価証券類似トークンの類型を明らかにする必要があることに加えて，新しい類型が出てくる都度，検討をしなければならず，その網羅性や機動性の観点からは十分な効果が得られない可能性がある。それは，アメリカ合衆国においてもフランス共和国においても，ICO規制についてはケースバイケースのアプローチの枠組みで運営していることからも窺い知れる。

　2つ目は，第2条2項5号を包括条項として機能するよう改正することである。つまり，同項同号をアメリカ合衆国の証券法における「投資契約」と同じ水準に合わせることであり，言い換えると，アメリカ合衆国で判例の積み上げによって洗練されたHowey Testの内容を，より忠実に金商法に明文化することである。現状，条文において「出資又は拠出をした金銭」として定められているものは，法定通貨のほか有価証券や手形等であるが，これに加えて仮想通貨も対象とするか又はそれを含む決済手段を広く定義すべきであろう。また，表示権利を「収益の配当又は当該出資対象事業に係る財産の分配を受けることができる」もののほかに，表示権利の価値が変動する可能性及び元本割れのリスクがあり，且つそれが「金銭を充てて行う事業」の状態やその期待から生じるものといった，将来の転売による利益期待についても要件として定めることで補完されると考えられる。

　3つ目は，第2条2項5号における文言の拡張解釈を許容することで包括条項としての機能を発揮させることである。ただし，「金銭」については私的な決済手段を含めることは許容できないことはないものの，値上がり期待によって購入するICOトークンを「収益の配当」や「財産の分配」を受ける権利として解釈す

るのは拡大解釈であり行き過ぎ（の行為）であると考える。

3．我が国におけるICO規制のあるべき姿

　ICO規制を考える際に重要であるのは，その規制が何のために必要であるかということである。第3章で述べたとおり，我が国においては消費者保護関連の法律が整備されており，ICOトークンはモノ又はサービスを受領する権利を表すものであり，購入者を消費者として位置付ければ，金商法上の規制を整備せずともICOトークン購入者又は保有者に対し不誠実なICOトークン発行者をある程度は取り締まることができると考えられる。ただし，ICOトークン購入者や保有者に対し，与えるべき保護は消費者としての保護なのか，又は投資者としての保護なのかという点についてはよく検討するべき事項である。

　ICOに参加する者のうち，少なくとも有価証券類似トークンを購入する者は投機的な利益を期待していると考えられること，一方で，ICO実施者においても魅力的な投資機会として募集する場合に，これらを投資取引として行っていることは明らかであることから，消費者保護の枠組みで運用することは賛成しかねる。勿論，ICOについて，預託法のような枠組みを構築することも選択肢としてあるものの，有価証券類似トークンと伝統的な有価証券が，横串の通った運用が行われることを重視する観点からは，異なる枠組みで規制が行われることは望ましくない。従って，我が国においてICO規制は金商法の下で行われるべきであると考える。

第2節　結語

1．現代社会における証券規制法のあり方

　ICOの投資対象性を認めた上で，それに現在の証券規制が十分に機能するのかということは，法とその運用システムの機動性及び柔軟性について考察することと同旨といえる。

　アメリカ合衆国において，SECは，証券取引とみなされるICOについて既存の証券法の下で規制をしていくとの見解を示しているが，驚くべきは証券法及び証券取引所法が制定されてから80年以上経過しており，その間，同法の対象とする

証券の定義について改正は行われていないことである[142]。言うまでもなく，この期間に技術は大きく進歩し，アメリカ合衆国内においても人々の生活や社会は大きく進歩していることから，これは，証券法の定義及び法システムの柔軟性を表しているといえる。その特徴として，第3章で述べたとおり，条文には証券に該当するものが例示列挙されているものの，その諸権利については特段の定義規定が置かれていない[143]。従って，諸権利として，特にその文言自体が抽象的な「ノート」及び「投資契約」については，その時代及び状況に合わせた判例を積み上げることで，立法時の意図であったかどうかは定かではないが，予見可能性と柔軟性が結果的に機能しているといえる。

　金商法は1948年に制定された証券取引法を大きく改正するかたちで2007年に施行されたものであり，決して古い法律ではない。しかしながら，ICOという新しい仕組み，具体的にはトークンを発行することやその決済手段として仮想通貨を利用するといった仕組み等によって，それが伝統的な有価証券と実質的に同じ経済的効果をもたらすものにもかかわらず，規制が及ばない場合が生じている。法がイノベーションの弊害となることは望ましいことではないが，法整備が後手になることは，本来規制されるべきものの脱法行為が実質的に容認される期間が発生することであり，証券規制において，特に投資者保護の観点からは決して許容されるべきことではない。言い換えると，無論，過度な規制は望ましくはないが，変化の激しい現代社会における証券規制については，立法時点とは社会的状況が変わることを想定して立法が行われるべきともいえる。

２．結びに代えて―今後の課題―

　本論文は，前提として，ICOの投資対象性や実施者の経済的効用及びICOトークン購入者が期待する経済的効用など，金商法上の有価証券及びその表示権利と

142　但し，金融先物取引については，1974年に商品先物取引委員会法が制定され，商品取引所の上場商品や金利，デリバティブ全般を監督し，市場参加者の保護を目的に，詐欺や市場操作などの不正行為の追求や，市場の取引監視の権限を持つ商品先物取引委員会が設立された。
143　この点については，1933年証券法の立法の際，その証券の定義を州で運用されていた青空法を基に作成されたことがその理由かもしれない。既に州それぞれが様々な基準で証券として証券規制を行っていたことから，連邦レベルの規制として個別に限定列挙することが難しいと判断された可能性もあるように推測される。

の類似性の側面からアプローチしており，現在の金商法において，ICOをどこまで規制することができるかという問題意識を出発点としている。

　一方で，そもそもICOの法的な問題点や我が国の法制度を考えてみると，果たしてICO規制を金商法で行うことが適切なのかという視点も必要であるといえる。アメリカ合衆国は既存の証券法で，フランス共和国は通貨金融法典の中で承認（visa）スキームの構築を進めており，世界的な流れとしては証券規制の枠組みの中で規制を行うことが主流のように見えるが，それをもって，我が国においても同様の対応をすることが適切だと断言することには直ちには賛成しかねる。アメリカ合衆国の1933年証券法の「投資契約」は我が国における集団投資スキーム持分と類似はしていても，全く同じものとはいえない。特にアメリカ合衆国では「投資契約」として規制を行うことで出資者に対し投資者保護を与えているような事案において，我が国においては証券規制の枠組みではなく，例えば，預託法や出資法といった証券規制とは別の枠組みで規制しているものがある[144]。つまり，ICOをどのような枠組みで規制すべきかとの点については，自己責任の範囲を含め，根本的にICOトークン購入者に与えられるべき保護はどのようなものなのかという議論から始める必要があるといえる。加えて，ICOトークン購入者の保護すべき権利の内容は勿論であるが，発行者や交換業者と購入者の関係性から，購入者の権利を脅かす可能性がある対象は何なのかを明らかにし，その観点でも，金商法上の有価証券と同じ枠組みで規制することが妥当といえるか，ということも忘れてはならない。もし，そこに差異がある場合には，たとえ，金商法と同じような内容になるとしても，その目的は必ずしも同じとならない可能性があることから，新たな規制の枠組みとして構築することも検討すべきと考える[145]。

144　安愚楽牧場は一般に投資を募り「一頭の和牛子牛に数人が共同して出資し牛が成長して売れたら配当を実施する」といった預託法に基づくシステムで運営されていたが，2011年に繁殖牛の数がオーナーの契約頭数に不足していた点が景品表示法に抵触したとして，同法6条に基づき違反事実公開を命じられた。この現物を裏付けとするスキームは，Howey社が実施していた柑橘畑のものと類似していることから，同事件がアメリカ合衆国内で行われていた場合には証券法の下で規制されると考えられる。

145　現に預託法は，預託者の利益の保護を目的に，預託等取引業者の財務情報等の開示などを求めており，金商法に近い概念であるものの，金商法（証券規制）とは別に運用されている。それは，預託等取引における預託等取引業者と預託者，及び勧誘者との関係や，預託者の保護されるべき権利と，金商法における有価証券の発行者と投資者，及びそれに関わる業を営むも

　また，有価証券に新しい概念や表示権利を追加する場合に，金商法で規制の対象とする有価証券とは何を指すのかという点をよく検討すべきであると考える。それは，金商法は，「先ず対象とすべき有価証券や取引があって，それを規制するための法律」なのか，それとも「商取引ではない取引，即ち投資取引を規制するものであって，その対象を有価証券や金融商品と呼んでいるのか」ということである。金商法の立法時の議論では，当初，投資サービス法という構想[146]がなされていた。当時の「投資サービス法への構想に関する研究会」[147]での議論において，神田秀樹教授は投資商品概念の把握の仕方として，基本的には投資対象性の基準を満たしているものをもって投資商品と把握するのが妥当との考えを示した[148]。その点で，集団投資スキームは本来，包括条項としての役割を果たすことを期待されていたともいえる一方で，同研究会においては，集団投資スキームを市場型間接金融の発展に資する法整備として位置付けており[149]，実際にはファンドスキームのような想定したものが既にあって，それを念頭に集団投資スキーム持分が定められたと考えられる。つまり，金商法は，前者のように「先ず対象とすべき有価証券」があってそれを規制する法律となっていることが実態といえるだろう。

　旧証券取引法から続く我が国の証券法規は，高度経済成長期から現代において国民経済の健全な発展と投資者保護に大きく寄与したと考えられる。そこには，その有価証券としての対象を限定列挙することで，事業者及び投資者にとって共に分かり易い仕組みを構築したことの功績であることは否めない。しかしながら，移り変わりが激しい現代社会においては，その機動性も求められるだろう。

のとの関係や，投資者の保護されるべき権利が，必ずしも同一であるとは言い難いことが理由として考えられる。

146　投資サービス法の構想とは，業者ルールが中心になる法律で，金融サービスの中で銀行分野と保険分野を除いた証券分野（資本市場分野）を横断的にカバーしようとするもので，機能的アプローチにより旧証券取引法と比較してより柔軟な運営がなされることを実現しようとするもの。（神田秀樹「投資サービス法への展望」神田秀樹編『投資サービス法への構想』374頁（財経詳報社，2005））

147　大競争時代に打ち克つ日本再生のため旧証券取引法の改正議論が高まる中で，学識経験者や実務家，業界代表，弁護士等をメンバーとして2005年から開始された財団法人資本市場研究会による研究会形式の取り組み。

148　神田秀樹「投資サービス法における基本概念」神田編・前掲注(145)13頁。

149　黒澤尚「集団投資スキーム法制の方向性」神田編・前掲注(145)53頁。

また，有価証券と類似した新しい概念が発生する都度，その対応を検討する仕組みでは，本来，与えられるべき投資者保護に空白の期間を許すこととなり，決して望ましいことではない。ICO規制については，単にICOをどのように規制していくかではなく，投資性のある新しい概念が今後も発生する可能性を踏まえた法整備が検討されることを期待したい。

親族が事業から受ける対価の課税に関する一考察
—生計要件の変更と合理性判断導入の観点から—

はじめに

（問題意識と本稿の目的）

　所得税法56条は，事業を営む納税者と生計を一にする親族が，その事業に従事したことその他の事由により対価の支払を受ける場合，その対価に相当する金額を，納税者の所得計算上の必要経費に算入しない旨規定する。また，同条は，「居住者と生計を一にする配偶者その他の親族」という適用対象者に関する要件（以下，「生計要件」という。）と，その配偶者その他の親族が，「（居住者の）事業に従事したことその他の事由」という対価の支払事由に関する要件（以下，「従事要件」という。）の二つの課税要件を規定している。

　シャウプ勧告から約70年の歳月が流れようとしている。所得税法56条は，同勧告（Chapter 4,Section E）[1]に基づく，昭和25年の所得税法改正による旧所得税法11条の２の創設を起源とする[2]。旧所得税法11条の２は，昭和40年の所得税法の全文改正によって，若干の規定の明確化は図られたものの，規定の大枠を変更することなく所得税法56条に改められて今日に至っている[3]。歳月を経て，今日におけ

1　Shoup Mission, *Report on Japanese Taxation*，大蔵省財政史室編『昭和財政史〔第８巻〕』Chapter 4, Section E, 49頁（東洋経済新報社，1977年）。
2　黒川功「戦後家族における身分制度の変化と親族所得の「合算課税制度」（２）」日本法学第60巻第４号（1995年）207頁。黒川教授は，同規定の合算対象者に関して，シャウプ勧告にいう「配偶者及び未成年の子」が，旧所得税法11条の２において「配偶者その他の親族」に拡げられたことに関連して，同規定を，「家内性所得に関する家父長制的課税関係」が維持されたものとして批判される。
3　武田昌輔監修『DHCコメンタール所得税法』4193頁（第一法規，2018年）。黒川・前掲注(2) 207頁。黒川教授は，昭和40年の所得税法56条に係る改正について「親族が「受ける所得」を無いものにするのではなく，「対価の支払」を無かったものにする擬制形式に改められた。」点を指摘される。

る家族関係やその生活様式，個人事業のあり方等，同条を巡る社会背景の多くは，立法当時のものから大きく変容してきている。

　ある社会背景を前提にして，一定の立法目的に沿って課税要件が設定されるが，その後，時代の変遷とともに，その社会背景が変化しても，なお，当初の課税要件に変更がない場合には，その立法目的に沿った射程が的確に画されないという適用問題が生じる[4]。所得税法56条に係る現行の解釈及び適用においては，まさにこの点が指摘されるのである。

　所得税法56条の解釈を巡っては，今日まで数多くの裁判例が蓄積し，学説の展開も続いてきた。しかし，未だに，その立法目的に沿った適切な射程を明確に示すには至っていない[5]。立法当時からの社会環境及び家族状況の変化や，同条の課税要件の不確定概念化等を理由に，同条の廃止論も主張されている[6]。射程の不明確性は，予測可能性や法的安定性の確保を脅かすことになり，租税法律主義が機能しないことを意味する[7]。

　所得税法56条は，親族間における恣意的な所得分割による租税回避の防止を図るための規定と理解されている[8]。この目的からみて，同条の適用問題が，次の二つに分類されて指摘される。一つは，所得分割による租税回避の可能性があり，本来その防止策を講じる必要のあると思われる親族間取引であるにも関わらず，その対価に対して同条が適用されないという問題である。もう一つは，親族間取引であっても，租税回避とはいえない合理性のある取引について，その合理性の判断をすることをせずに，一律に同条が適用されるという問題である。本稿は，所得税法56条に係る射程の不明確性を問題意識として，同条の課税要件に係る現行解釈による，これらの適用上の問題を解決するための立法論を提案することを目的とするものである。そこで，前者の適用問題に対処するために，同条の生計

4　田中治「税法の解釈における規定の趣旨目的の意義」税法学第563号（2010年）216頁。田中教授は，「規定が立法された当時とは社会状況が大きく変わった場合において，法の解釈はどのようにあるべきか，ということが問題となる。」と述べられる。

5　酒井克彦「導管理論と所得税法56条（上）」税務事例Vol.37／No.12（2005年）6頁。

6　山本守之・守之会「親族が事業から対価を受ける場合の「生計を一にする」」日本税理士連合会編『検証・税法上の不確定概念』207頁（中央経済社，2000年）。

7　金子宏『租税法〔第22版〕』75頁（弘文堂，2017年）。

8　金子・前掲注(7)301頁。水野忠恒『大系租税法〔第2版〕』306頁（中央経済社，2018年）。

要件を変更する立法を提案する。また，後者の適用問題に対処するために，所得税法56条について，第三者取引価格から算定される適正対価を通じて，親族間対価の経費性判断を行う新たな課税要件の立法を提案する。

（本稿の構成）

　本稿の構成は次による。まず，第1章において，所得税法56条の立法目的を確認し，同条の射程がその目的に沿っていない適用問題を提起する。第2章では，同条の立法に関する背景情報と同条の意義を検討して，今後も同条を厳格に運用する必要性があることを明らかにする。第3章では，同条の適用問題への対応について，同条に係る現行の課税要件の解釈では果たせないことを論述する。そして，この適用問題へ対応するために，第4章において，同条の生計要件を変更する立法の必要性と妥当性を論証する。続いて，第5章において，取引合理性を裏付ける第三者取引価格から算定される適正対価を基に，親族間で支払われる対価の経費性を判断する課税要件の立法の必要性と妥当性を論証する。そして，最後に本稿の立法論を総括する。

第1章　所得税法56条の立法目的と適用問題

　所得税法56条の適用の問題を検討するに当たっては，まず，同条の立法目的を確認することが必要である。本章では，同条の立法目的を論証し，その目的に沿った射程が明確に規定されていないことに起因する同条の適用問題を提起したい。

第1節　所得税法56条の立法目的

第1款　裁判例における所得税法56条の立法目的

　過去，所得税法56条の適用を巡る多くの裁判例が展開し，同条の立法趣旨や目的が示されてきた。個人事業を取り巻く環境や家族の状況の変遷とともに，裁判所の説示する同条の立法目的に係る根拠も時代とともに変化してきていることが指摘される。ここでは，まず，同条の立法目的に関して，過去の裁判例の判断について検討を行う。

第1項　裁判例における所得税法56条の立法目的と批判

　名古屋地判平成4年5月8日（税資224号1245頁）では，所得税法56条の立法目的に関し，次の様に説示する。「（1）我が国においては，いまだ一般に家族の間において給与等対価を支払う慣行がなく，事業から生じる所得は通常世帯主が支配しているとみるのが実情に即していること，（2）給与等対価の支払という形式にとらわれてこれを一般に必要経費と認めることとすると，家族間の取りきめによる恣意的な所得分割を許すこととなり，税負担のアンバランスをもたらす結果となること，（3）我が国では記帳慣習がまだ一般的となっておらず，企業と家計との区分がはっきりしていないところから，給与等対価の支払の事実の確認に困難が伴うこと」[9]。

　また，東京地判平成2年11月28日（税資181号417頁）は，所得税法56条の目的について次のように説示する。「もともと個人事業は家族全体の協力のもとで家族の財産を共同で管理，使用して成り立つものが多く，それについて必ずしも個々の対価を支払う慣行があるものとはいえず，対価が支払われる場合であっても，支払われた対価をそのまま必要経費として認めることとすると，個人事業者がその所得を恣意的に家族に分散して不当に税負担の軽減を図るおそれが生じ，また，適正な対価の認定を行うことも実際上困難であることから，そのような方法による税負担の回避という事態を防止するために設けられたものと考えられる」[10]。そして，同事件の控訴審である東京高判平成3年5月22日（税資183号799頁）は，この第一審の判断を維持し，それに加え，同条の「立法の背景とされた個人事業の実態や税務当局の徴税能力に変化が生じてきていることも否定できない」とした上で，そうだとしても，「租税負担回避防止の必要性がなくなり，同規定がその合理性を失うに至ったものとまでは認められない。」と説示する。

　この東京高判平成3年5月22日において説示される目的に関して，所得税法56条の廃止論者からは，立法当時とは異なり親族間でも対価を支払う慣習がないと

9　酒井克彦『所得税法の論点研究』371~372頁（財経詳報社，2011年）。酒井教授は，この判断は控訴審：名古屋高判平成5年10月25日（税資224号1179頁），上告審：最一小判平成9年4月23日（税資224号1137頁）でも「維持されていると思われる」旨述べられる。

10　これと同様に説示をするものとして浦和地判平成12年12月4日（税資249号952頁）。

はいえないこと，専従者給与制度の「支払基準」によって恣意的な所得分割に対応可能であること，適正対価の認定も可能であることに加え，「親族間といえども，契約自由の原則は尊重されるべき」であることや，「事業主の過重な税負担」によって「真実の財産関係を否定するにも等しい結果となる」といった理由から，同条の立法趣旨は今の時代に合わない等として同条の適用に対する批判がされている[11]。

第2項　裁判例における所得税法56条の立法目的

　ある規定の立法目的に係る根拠は，時代の変遷とともに，その内容を捨象或いは追加しながら，変容していくことが許されるのかもしれない。上記の名古屋地判平成4年5月8日（税資224号1245頁）における所得税法56条の目的に係る根拠のうち，事業の所得は世帯主が支配しているとみるのが実情に即しているということや，我が国ではまだ記帳慣習がまだ十分に行きわたっていないということについては，現行の記帳制度（所得税法148条，232条）に鑑みても，今日において妥当しないのは明らかである。また，企業と家計の区分がはっきりしていないということ，或いは，東京地判平成3年5月22日の判断における，個人事業における財産は，家族全体の協力のもとに共同で管理，使用して成り立つ場合が多いといった見方や，個人事業においては，家族に対価を支払う慣行がないといった両判決に共通する見方についても，同条の目的に係る根拠として，今日において必ずしも妥当するものとは思われない。

　他方，両判決において説示された所得税法56条の目的に係る根拠のうち，恣意的な所得分割による租税回避防止の必要性は，我が国の所得税制が後述する個人単位課税と累進税率を採用する限り意義を有するものと認められる。また，適正対価を認定する困難性は，換言すれば，必要経費と家事関連費の区分困難を意味しているものと解されるが，この目的についても，原則として，対価の経費性について，適正対価の概念を採用していない現行所得税法の下，今日でもその該当性が認められる。

　この租税回避の防止及び家事関連費との区分困難という理由は，その後，弁護士である夫から，税理士である妻へ支払われた報酬に対して所得税法56条の適用

11　山本守之・守之会・前掲注(6)207頁。

が争われた事件[12]（以下，「夫弁護士・妻税理士事件」という。）の第一審判決において示された。旧所得税法11条の2（現56条）の目的について，同判決は，次章において述べるところの，シャウプ勧告の「要領のよい納税者」による税負担軽減行為を防止することにとどまらず，「本来必要経費と認めるべき労務の対価等についても，それが家計費，すなわち法45条にいう家事関連費との区別が困難であることを理由に，一律に経費に算入しないこととしたものであって，その限度でシャウプ勧告の内容とは異なるものを含むもの」であるとした。また，同控訴審判決では，この目的について，「「要領のよい納税者」の行う租税回避的な行為を封ずる目的にとどまらず，同条がなければ必要経費と認められるべき対価についても，一律に必要経費に算入しないこととしたもの」とした上で，「親族間で支払われる対価に相当する金額については，支払を受けた者ではなく，支払をした者の所得に対応する累進税率によって所得税を課税すべき担税力を認めたもの」と判示した。

同控訴審判決でいう所得税法56条の立法目的については，ほぼ同時期に，弁護士である夫から弁護士である妻へ支払われた報酬に対する同条の適用が争われた事件[13]（以下，「夫弁護士・妻弁護士事件」という。）の下級審においても同旨の判断がされている[14]。さらに，「夫弁護士・妻弁護士事件」の上告審判決は，その立法目的について，「事業を営む居住者と密接な関係のある者がその事業に関して対価の支払を受ける場合にこれを居住者の事業所得等の金額の計算上必要経費にそのまま算入することを認めると，納税者間における税負担の不均衡をもたらすおそれがあるため」であって，生計要件と従事要件といった「要件を定めてい

---

12 「夫弁護士・妻税理士事件」（第一審）東京地判平成15年7月16日（判時1891号44頁），（控訴審）東京高判平成16年6月9日（判時1891号18頁），（上告審）最三小判平成17年7月5日（税資255号順号10070）。

13 「夫弁護士・妻弁護士事件」（第一審）東京地判平成15年6月27日（税資253号順号9382），（控訴審）東京高判平成15年10月15日（税資253号順号9455），（上告審）最三小判平成16年11月2日（訴月51巻10号2615頁）。

14 前掲注(13)「夫弁護士・妻弁護士事件」の第一審では，同規定の目的について，「所得を分散し税負担を軽減するという事態が生ずることを一般的に防止するという目的，及び上記目的のみにとどまらず，（略）実質的に全体をみれば事業者にとって担税力が認められる部分については課税することによって，憲法30条，84条が要請する租税の公平な負担が実現するという目的を有していると解すべきである。」という。なおこの判断は，同控訴審においても維持された。

るのは，適用の対象を明確にし，簡便な税務処理を可能にするため」と説示した。この場合の「税負担の不均衡をもたらすおそれ」がある場合とは，上記の裁判例で検討した，恣意的な所得分割による租税回避の可能性と家事関連費との区分困難という二つの理由と軌を一にする懸念であろう。以上の検討から，裁判所の捉える同条の立法目的は，親族間における恣意的な所得分割による租税回避の防止と，家事関連費との区分困難（適正対価の算定困難）による簡便な税務処理を実現することに収斂される[15]。

図1：所得税法56条と立法目的

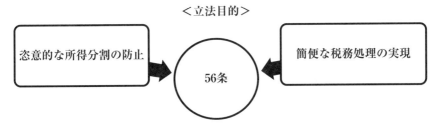

第2款　所得税法56条の立法目的の検討

ここでは，上記で検討した裁判例における所得税法56条の立法目的の内容について，検討を加えたい。

第1項　恣意的な所得分割による租税回避防止という目的

この所得税法56条の立法目的のうち，恣意的な所得分割による租税回避行為を防止するという目的は，累進所得税において，課税単位として個人単位課税を採用する限り意義を有するものである。上記した様に，シャウプ勧告において，個人単位課税への移行についての勧告がされた際に，既に恣意的な所得分割による租税回避防止規定の必要性は言及されていた[16]。金子宏教授は，同条について，

15　酒井克彦「導管理論と所得税法56条（下）」税務事例Vol.38／No.1（2006年）4頁。酒井教授は，最一小判平成9年4月23日（税資224号1137頁）及び前掲注(13)「夫弁護士・妻弁護士事件」の判決から判断される目的としてこの二つを挙げられる。

16　Shoup Mission・前掲注(1)49頁。シャウプ税制研究会編『シャウプの税制勧告』98頁〜99頁（霞出版社，1985年）。

「家族構成員の間に所得を分割して税負担の軽減を図ることを防止することを目的とする制度である」と述べられる[17]。同条を租税回避防止規定と位置付けるのは通説と考えられている[18]が，この見解は，親族間で，累進課税により高税率が適用される所得の高い者から，低税率が適用される所得の低い者への恣意的な所得分割をそのまま認めれば，結果として，親族の所得全体に対する税負担が不当に減少することを認めることになる点を指摘するものである。

第2項　簡便な税務処理の実現という目的

先に検討したとおり，「夫弁護士・妻税理士事件」の第一審及び控訴審においては，所得税法56条の立法目的の一つとして，家事関連費との区別の困難性を根拠としていることや，本来ならば必要経費とされる支払についても支払う者の担税力に応じた課税をすることが妥当である旨の説示がされた。その根拠は，簡便な税務処理を可能にする上での障害となる適正対価算定の困難性という問題にあると考えられる。本来，必要経費とすべき金額は，必要経費に算入されるべきであるにも関わらず，あえてそれを支払う者の担税力に応じた累進税率で課税することの正当性は，その必要経費とすべき金額，つまり，適正対価の算定が容易に克服できないほど困難であることに裏付けられるべきものである。このことから，同条は，恣意的な所得分割による租税回避の防止という目的のほか，簡便な税務処理を可能にするため，その支払う対価に係る適正対価の算定に拠る経費性判断を，その困難性が故に放棄し，一律にその支払について必要経費にしないこととしたものと考えられるのである[19]。親族間の役務提供に対する対価のすべてに適正対価の算定を行うことの困難性を考慮すれば，大量回帰的に発生する取引に対する簡便迅速な税務処理の実現への配慮は，所得税法56条の目的を正当化するものといえる[20]。

17　金子・前掲注(7)301頁。

18　田中治「親族が事業から受ける対価」税務事例研究第77号（2004年）28頁。酒井・前掲注(5) 7頁。酒井教授は，「租税回避否認規定と位置付けることについては，学説においても概ね異論はない。」と述べられる。

19　酒井・前掲注(9)375頁。酒井教授は，「所得税法57条が独立企業間価格算定を前提とする規定を導入していることと，同法56条が独立企業間価格算定を煩瑣かつ困難なものとして避けようとしていることとの間には不整合はないように思われる」と述べられる。

20　酒井・前掲注(9)375頁。

第2節　所得税法56条の適用問題

第1款　所得税法56条の目的と射程の不整合

　上記で検討したとおり，所得税法56条の目的は，親族間における対価の支払を通じた恣意的な租税回避の防止と，家事関連費との区分困難性及び適正対価の算定の困難性に配慮した簡便な税務処理の実現にあると考えられる。しかし，同条の課税要件に係る現行解釈では，これらの目的に照らして，次で述べる様に，本来規制すべきと思われる取引対価を規制せず，他方，本来規制すべきでないと思われる取引対価も一律に規制するという，いずれも結果が不当と思われる同条の適用問題が生じることが指摘される。

第1項　所得分割防止措置が施されるべき親族間対価が放置されている問題

　所得税法56条の適用を巡る問題の一つ目として，本来，所得税法56条の適用対象とすべき対価が，適切にその射程に含まれない場合が指摘される。最一小判昭和51年3月18日（裁判集民117号201頁）は，上告人X（原告，控訴人，上告人）が，結婚してXとは別居するXの長男及び次男に支払った給与について，所得税法56条の適用を否定した。事業主である納税者の事業に従事し，対価の支払を受ける親族が，その納税者と生計を一にしていなければ，両者の間にいかに密接な関係があるとしても，その支払われる対価に同条は適用されず，親族間で支払われる対価の経費性が認められている。この場合の密接な関係とは，例えば，対価の支払を受ける親族が納税者の親族であり，かつ，その生計の源泉を専ら納税者からの対価に依存する様な関係である。同条の生計要件の現行解釈は，この裁判における判断の延長線上にある。

　事業主である納税者と，その様な関係のある者との間には，恣意的な所得分割の可能性が指摘され得るのであり，その可能性は，たとえ生計を一にしていない事実があるとしても消滅するものではない。しかし，所得税法56条の現行解釈は，この様な，必ずしも合理的といえないかもしれない親族間取引を，端から同条の適用対象としない。この様に，本来は，何等かの規制を施すべきと思われる親族間取引対価を何ら規律しないという，いわば「所得分割防止措置の欠缺」ともいうべき，同条の射程が適正に及ばない適用問題（この場合は不適用問題）が指摘される（以下，この問題を「所得分割防止措置が施されるべき親族間対価が放置

されている問題」という）。本来，この様な場合に支払われる対価については，所得税法56条の適用を行い，例外規定として，所得税法57条1項に拠る対価の相当性審査に基づいて経費性を判断するのが妥当であると思われる。

第2項　取引合理性の判断を一切考慮しない現行法の適用問題

　所得税法56条の適用を巡る問題の二つ目として，親族間といえども租税回避といえない取引や，適正対価の算定がさほど困難でない取引の対価に，一律に所得税法56条が適用される問題が指摘される。「夫弁護士・妻弁護士事件」や「夫弁護士・妻税理士事件」の控訴審判決は，夫である弁護士（原告，控訴人（「夫弁護士・妻税理士事件」では被控訴人），上告人）が，独立事業者としての立場で役務を提供した妻へ支払った報酬に対する同条の適用は適法である旨の判断した（この判断は上告審でも維持されている）。

　今日においては，親族間であっても独立事業者間の取引として，租税回避とはいえない経済的に合理性を具備した取引が存在し得る[21]。事業主である納税者の事業に従事し，対価の支払を受ける親族が，その納税者と生計を一にしていることのみをもって，その対価を，一律に所得税法56条の適用対象とする処理は妥当とはいえない。なぜなら，この場合の取引には第三者取引に基づく適正対価が存在しており，これを端から無視して，その対価の適正性や取引の合理性の有無といった個別の事情を一切考慮することなく，支払われる対価の全額について，一律に経費性を否認することは妥当ではないと思われるからである。これが，本来規制すべきでないと思われる取引対価も一律に規制するという，いわば「取引合理性判断の欠缺」ともいうべき，同条のもう一つの適用問題である（以下，この問題を「取引合理性の判断を一切考慮しない現行法の適用問題」という）。この様な場合には，その取引の合理性の有無に拠って，その対価の経費性が判断されるべきであり，その判断は，適正対価の算定を通じて果たされるべきである。

21　田中・前掲注(18)38頁。田中教授は，親族内において「契約を基礎にした合理的な取引関係」が一般的になれば，所得税法56条の存在理由はなくなり，廃止すべきということになると述べられる。

図２：所得税法56条の目的と射程の不整合（現行法の適用問題）

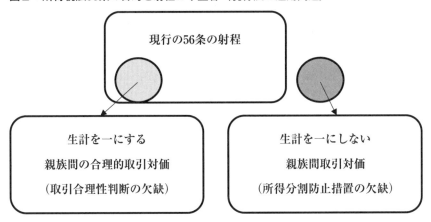

第3節　小括

　本章では，所得税法56条の立法目的は，①親族間における恣意的な所得分割による租税回避の防止[22]と，②適正対価算定の困難性を排除して「簡便な税務処理を実現する」[23]ことの二つにあることを論考した[24]。同条の適用を巡っては，今日まで数多くの裁判例が蓄積し，学説の展開も続いてきた。しかし，同条の課税要件の解釈に関しては，その立法目的に沿った適切な射程を明確に示すには至っていない[25]。同条の射程の不明確性は，個人事業における親族間対価について，「所得分割防止措置が施されるべき親族間対価が放置されている問題」を生じさせているだけでなく，「取引合理性の判断を一切考慮しない現行法の適用問題」を生じさせる結果となっていることが指摘されるのである。

　所得税法56条の適用問題のうち，「所得分割防止措置が施されるべき親族間対価が放置されている問題」は，事業主から対価を受ける親族が，その者の日常生活の資，生計の源泉を専ら事業主に依存している関係であったとしても，事業主

22　東京高判平成３年５月22日（税資183号799頁）。金子・前掲注(7)301頁。水野・前掲注(8)306頁。

23　前掲注(13)「夫弁護士・妻弁護士事件」上告審判決。

24　酒井・前掲注(15)４頁。

25　酒井・前掲注(5)６頁。

である納税者とその親族が，生計を一にしていなければ，同条の適用対象にならないという問題である。他方，「取引合理性の判断を一切考慮しない現行法の適用問題」は，事業主と生計を一にする親族であっても，独立した事業者の立場で行った取引について，その合理性を問うことなく，形式的な課税要件の当てはめによって，一律に同条が適用され，その対価が必要経費に算入されないという問題である。次章以下において，同条の射程を巡るこれらの適用上の問題について適切に対応すべく，同条の立法目的に沿った射程を明確に，かつ，的確に確保する方法について考察をしたい。具体的な方法論を検討する前に，次章においては，同条の立法背景とその意義について論考する。

第2章　所得税法56条の立法背景と意義

　前章では，所得税法56条の立法目的を論証し，その目的に沿った射程が明確に規定されていないことに起因する同条の適用問題を提起した。本章では，同条の立法に関する背景情報を検討した上で，前章で検討した目的に照らし，同条は今日においても意義を有すること，従って，今後も同条を厳格に運用する必要性があることを明らかにする。

第1節　立法背景

第1款　シャウプ勧告と昭和25年の所得税法改正

　シャウプ使節団は，昭和24年に来日し，戦後日本の民主主義国家としてのあるべき税制を日本税制報告書（"Report on Japanese Taxation"）にまとめて，所得税を中心とする税制構築を勧告した[26]。いわゆる（第一次）シャウプ勧告である。シャウプ勧告は，日本税制の設計に当たり，公平，簡素をその基本理念に据えたが，ここでは，特に，同勧告が，租税の公平に関して，「税法が公正に制定されるということ」をその内容の一つに挙げている点に留意したい[27]。本稿における問題意識は，今日における所得税法56条の適用が，この公平理念の達成から乖離しているのではないかという懸念ともいえるからである。

26　金子宏『所得課税の法と政策』28頁（有斐閣，1996年）。

27　Shoup Mission・前掲注(1)16頁~17頁。シャウプ税制研究会編・前掲注(16)38頁。

　シャウプ勧告は，所得税の課税単位について，世帯単位主義から個人単位主義への転換を勧告したが，同時に，個人単位課税が採用される際には，「要領のよい納税者（well-to-do taxpayers）」による税負担軽減行為を防止する規定を創設すべきことを勧告した。具体的には，「納税者と同居する配偶者と未成年の子の資産所得」と，「納税者の経営する事業に雇用されている配偶者及び未成年者の給与所得」は，納税者の所得に合算させるべきという内容である[28]。このように同勧告は，給与所得に関しては，合算すべき対象を配偶者と未成年者に限定して，その支払を通じた恣意的な所得分割による税負担の軽減を防止しようとする意図であったと考えられる。

　シャウプ勧告を受けた昭和25年の所得税法改正において，所得税法56条の前身である旧所得税法11条の2が制定された。この法改正は，当時の池田勇人大蔵大臣が，「おおむね，シャウプ勧告に即応し，さらにわが国現下の財政経済諸事情に適合するよう，これに適切と認められる調整を加えて」行ったとされている[29]。旧所得税法11条の2は，その射程に関して，シャウプ勧告にいう「納税者の経営する事業に雇用されている配偶者及び未成年者」に限定せず，「納税義務者と生計を一にする配偶者その他の親族」と拡大して規定した[30]。しかしながら，旧所得税法11条の2の創設に関して，当時の大蔵大臣のいうところの「調整」の有無や内容については明らかではない。その後，昭和40年の所得税法改正により，同条はその内容の大枠を変更することなく所得税法56条へ改正された[31]。

第2款　個人単位課税と累進税率

　ここで，恣意的な所得分割の動機となっている，所得税における個人単位課税と累進税率について検討する。

28　Shoup Mission・前掲注(1)49頁。シャウプ税制研究会編・前掲注(16)98頁〜99頁。

29　前掲注(12)「夫弁護士・妻税理士事件」控訴審は，判決文中，池田勇人大蔵大臣発言（昭和25年2月24日衆議院大蔵委員会議録）を引用している。

30　旧所得税法11条の2は，「納税義務者と生計を一にする配偶者その他の親族が，当該納税義務者の経営する事業から所得を受ける場合においては，当該所得は，これを当該納税義務者の有する事業所得とみなす」旨の規定をした。

31　武田・前掲注(3)4193頁。黒川・前掲注(2)207頁。

第1項　課税単位の沿革

　課税単位とは，「所得税の税額を算定する人的単位」[32]をいう。課税単位は，個人単位を基準に考えるか，夫婦或いは家族といった消費単位を基準に考えるかに大別できる[33]。課税単位の選択問題は，累進構造へ及ぼす影響から所得税の基本問題[34]であると同時に，どの様な価値観を政策に実現させるかの選択問題[35]であると理解される。

　我が国の所得税制は，昭和25年の改正以降，課税単位として個人単位課税を採用してきた[36]。この改正による世帯単位課税から個人単位課税への移行は，シャウプ勧告（Chapter 4, Section E）に沿うものである[37]。その後，政府税制調査会は，昭和43年答申においては，消費単位課税の採用について前向きな姿勢を見せたが[38]，昭和46年答申では一転して慎重な姿勢となり[39]，昭和55年答申では否定的になっていった[40]。そして，昭和61年の政府税制調査会の委員会報告においては，個人単位課税を維持しつつ，夫の稼得に対する内助の功や家事労働といった専業主婦の貢献を，人的控除で工夫するのが適当であるとの確認がされた[41]。この様な課税単位の検討を背景に，配偶者控除についての議論が重ねられ，昭和62年の所得税法改正によって配偶者特別控除の導入がされた[42]。

32　金子・前掲注(7)192頁。

33　金子宏『課税単位及び譲渡所得の研究』4頁（有斐閣，1996年）。

34　金子・前掲注(33)4頁。

35　佐藤英明『スタンダード所得税法〔第2版〕』35頁（弘文堂，2017年）。

36　品川芳宣「租税理論からみた配偶者控除是非論の検証(下)税理 Vol.40／No.6（1997年）26頁。

37　Shoup Mission・前掲注(1)49頁。

38　税制調査会「長期税制のあり方についての答申」（1968年7月）19頁〜20頁。同答申は，消費単位課税（合算均分課税制度，同一世帯の所得を合算し家族数に応ずる除数（N）に応じたN分N乗による課税方式）は，諸外国の社会にも立法例がみられ，我が国においても課税単位のあり方として「今後十分研究に値するもの」と位置付けている。

39　税制調査会「長期税制のあり方についての答申」（1971年8月）8頁〜9頁。同答申では，特に，夫婦単位課税方式（二分二乗課税方式）について，独身世帯や寡婦世帯等の「各種世帯相互間で税負担の均衡を図る基準を見い出すことは容易でない」との指摘がされた。

40　税制調査会「財政体質を改善するために税制上とるべき方策についての答申」（1980年11月）19頁〜20頁。貝塚啓明「二分二乗制の是非と妻の座」税経通信 Vol.40／No.10（1985年）29頁。

41　政府税制調査会「課税単位に関する専門小委員会報告（1986年2月）」大蔵省広報「ファイナンス」Vol.2／No.1（1986年）97頁。大田弘子「女性と税制―配偶者控除等の検証」税研 Vol.13／76号（1997年）9頁。

42　武田・前掲注(3)4909頁。品川芳宣「租税理論からみた配偶者控除是非論の検証（上）税理

第2項　個人単位課税と消費単位課税

　課税単位を検討する上で，夫婦と単身者との間で税負担がどうあるべきかについては，いわゆる「オルドマン・テンプル原則」が著名である。オルドマン・テンプル原則は，次のパターンに従って税負担を配分するのが正しいと主張する[43]。第一に，夫婦の合計所得が同額である場合，一方の配偶者のみが所得を稼得する夫婦は，共稼ぎの夫婦よりも合計で多くの税を負担すべきであるとする（帰属所得の考慮）。第二に，共稼ぎの夫婦は，同等の所得を有する二人の独身者より合計で多くの税が払われるべきであるとする（共同の利益の考慮）。第三に，一人の独身者は，一方の配偶者のみが所得を稼得する夫婦と同等かそれ以上の税を払うべきであるとする（生活費の考慮）。しかし，この原則の前提として，帰属所得や生活費に対する所得捕捉の仕方に我が国税制との相違がみられる[44]。従って，当原則が，我が国の所得税における課税単位の議論に，一定の示唆を与えるとしても，その当てはめについては慎重にされなければならない[45]。

　個人単位課税に関する合憲性判断については，最大判昭和36年9月6日（民集15巻8号2047頁）がある。本判決は，民法762条1項を夫婦別産主義と捉えた上で，これを合憲と判断し，よって，所得税法の個人単位課税制度が，仮に民法762条1項に依拠するものであっても，違憲とする根拠がないと判示するものであった[46]。これに対しては，「民法と税法では合憲性判断の観点を異にする」か

Vol.40／No.5（1997年）13頁。

43　Oliver Oldman, and Ralph Temple, "Comparative Analysis of the Taxation of Married Persons", in *Stan. L. Review* Vol. 12, 1960, pp.603-604.　同論文の論旨は，夫婦の経済的相互依存関係に着目して，夫婦単位課税に妥当性があるとする。累進課税を前提に，安易な合算制度よりも不公平性が少ない場合には，税負担の配分の困難性を妥協的に解決するものとして個人単位課税も正当化されるとしている（*ibid.*,p.603）。

44　大田弘子「女性の変化と税制」野口悠紀雄編『税制改革の新設計』188頁（日本経済新聞社，1994年）。大田教授は，オルドマン・テンプルの三原則は，専業主婦の帰属所得や共稼ぎの生活経費への配慮も考慮されていると考えられると述べられる。

45　佐藤・前掲注(35)42頁～43頁。

46　我妻栄「夫婦の財産関係（下）」ジュリストNo.490（1971年）99頁。我妻教授は，民法762条1項について，「主として私法上の取引を顧慮」した規定であり，「実質的には，かえって共有のもの，いわゆる潜在的には共有であるという思想に立っている」とされた上で，「税の立場は，民法の形式上の文言に拘束される必要はない。」と述べられる。

ら，「所得税法の合憲性の判断は，所得税法それ自体に即して判断されるべきである。」[47]とされた清永敬次教授の批判が正鵠を射ている様に思われる。なぜなら，私法の財産関係に課税単位は必ず合致しなければならないということはなく[48]，仮に私法が夫婦別産主義であっても，課税において夫婦単位課税を採用することは，立法による課税政策の選択として許されるものと考えられるからである。

民法752条が夫婦について相互扶助義務[49]を規定しているとはいえ，我が国の現代の夫婦像は多様化していることが指摘される。夫婦それぞれが独立して収入を得て，別個の財布で消費生計を別々に営んでいるケースも増えている。その様な場合にまで，常に，夫婦は一つの消費単位であるということが，どこまで妥当するかは大きな疑問である。夫婦を一つの消費単位と捉え得るとしても，累進税率による所得税においては，個人間の公平や婚姻中立性（結婚するしないに対する税負担配分の中立性）と消費単位間（夫婦間）の公平を同時に実現することはできないとされている[50]。消費単位の把握が必ずしも明確でないこと，消費単位間の公平を考慮することにさほどの意味はないと思えること，さらには，個人間の公平や婚姻中立性に優れているとされる個人単位課税を採用することによる弊害は少ないと考えられる[51]ことから，今後も，我が国の所得税制において，個人単位課税を維持することに問題はない様に思われる[52]。

47　清永敬次「判批」芦部信喜編「憲法判例百選 II」(1980年) 341頁。

48　吉村典久「家族関係と所得税」専修大学法学研究所紀要26『民事法の諸問題 X』(2001年) 140頁。

49　窪田充見『家族法〔第3版〕』333頁～334頁（有斐閣，2017年）。窪田教授は，扶養義務の内容について有力説は，「生活保持義務」（自分の最低生活を割ってでも相手方を扶養する義務）と「生活扶助義務」（自分自身の身分相応の生活の余力の範囲で相手方を扶養する義務）の概念に分け，夫婦間の扶養義務は生活保持義務に該当すると述べられる。

50　金子・前掲注(7)193頁。佐藤・前掲注(35)35頁。

51　貝塚・前掲注(40)29頁。貝塚教授は，「婚姻に対する中立性を原則としながら，やはり個人単位の採用が妥当である」と述べられる。

52　谷口勢津夫「夫婦・家族課税の在り方～ドイツにおける近時の租税憲法上の論議を中心に～」『税・財政及び国際課税を巡る現状と課題（公社）日本租税研究協会第69回租税研究大会記録2017』156頁（（公社）日本租税研究協会，2017年）。谷口教授は，「個人単位主義の更なる徹底をすべきである」と主張される。

第 3 項　累進税率

　いかなる理由で，我が国の所得税制に（超過）累進税率が採用されたかは明らかではないとされる[53]。所得税における累進税率は，厚生経済学において，「犠牲は所得が大きくなるにしたがって減少する」という限界効用低減の法則に従った「犠牲の観念」により，「担税力に応じた公平な税負担の配分の見地から」正当化されるという見解があった[54]。この見解については，科学的立証が困難であるという立場からの批判があり，今日においては，累進税率は，「国家が果たすべき再分配機能と関連させて根拠づけられる」ものと考えられている[55]。貧富の格差の増大が社会問題となっている現在，所得税における累進税率による所得再分配機能の果たすべき役割が大きいことは否定することができない[56]。増大する一方にある我が国の社会福祉政策に係る費用調達を考慮すると，累進税率による課税は，今後さらにその意義を増すものと考えられる。

第 4 項　包括的所得概念

　我が国の所得税法の立法は古く，明治20年まで遡るが，立法時に制限的所得概念を採るプロイセン法に倣った経緯もあり，我が国所得税法の立法当初の所得概念の構成は，制限的なものであった[57]。戦後，昭和21年及び22年の所得税法の改正において，譲渡所得や一時所得も課税対象として所得を拡大したにとどまらず，シャウプ勧告を受けた昭和25年の所得税法改正において雑所得が所得区分に加わった。この所得区分の拡大により，我が国所得税法の所得構成は，戦前の制限的なものから包括的なものへと変容したと考えられている[58]。包括的所得概念

53　金子宏「租税法における所得概念の構成（一）」法学協会雑誌第83巻第9・10合併号（1966年）1274頁。

54　金子宏『所得概念の研究』31頁（有斐閣，1995年）。

55　金子・前掲注(54)31頁。

56　和田八束「『租税公平』論の検討」税経通信Vol.40／No.10（1985年）34頁。

57　金子・前掲注(54)46頁〜47頁。

58　金子・前掲注(54)48頁〜49頁。阿部雪子「所得税の課税ベースの研究—所得税の改革の方向性—」一橋論叢第135巻第1号（2006年）111頁。また，所得税法は包括的所得概念を採用するものとする近時の裁判例として，東京地判平成25年6月20日（税資第263号-114順号12238）は，「所得税法においては，所得を構成する経済的利益の範囲について，人の担税力を増加させる経済的利益はその源泉のいかんにかかわらず全て所得を構成するものとする包括的所得概念が採用されている」と判示する。この判断は，控訴審（東京高判平成25年11月21日（税資第263号-215順号12339（棄却））でも同旨判示され，上告審（最二小（決定）平成27年1月16日（税資

は,「シャンツ[59], ヘイグ[60], サイモンズ定義 (S-H-S Definition)」或いは「ヘイグ＝サイモンズ定義」とも呼ばれている[61]。サイモンズは,包括的所得概念により個人の所得は,(1)消費された権利の市場価値と,(2)その期間における財に対する権利の蓄積の価値の変化との代数的な和として定義されるとした[62]。

第5項　垂直的公平

所得税における累進税率の採用は,担税力（所得）が「異なった状況にある者は,異なって課税されなければならない」[63]という垂直的公平の実現である。この場合の公平は,担税力の大きさに応じて税負担が配分されることをいう[64]。累進所得税の所得の再分配が果たすべき役割は,社会福祉や社会保障の費用を賄い,生存権を保障するために不可欠であることから,憲法上もこれを「暗黙の前提」と捉えているともいわれている[65]。何をもって適正な分配であるかは,政策の問題であるとしても,累進税率が採用される以上,所得概念を広く構成することが適切である[66]。ある所得を課税対象から除外することは,本来であれば,他

第265-5順号12588)（棄却・不受理)）でも維持されている。

59　金子・前掲(54)24頁。金子教授は,シャンツは,所得について「「一定期間の資産の純増」(Reinvermö‐genszugang eines bestimmten Zeitabschnitts)」と捉えているとされる。Georg Schanz, "Der Einkommensbegriff und die Einkommensteuergesetze", *Finanz-Archiv* 13 Jahrgang, 1896, p.23.

60　Robert M. Haig, "The Concept of Income — Economic and Legal Aspects", *The Federal Income Tax*, ed by R. M. Haig（New York, 1921）, in *Readings in the Economics of Taxation*, selected by a committee of The American Economic Association, ed by R. M. Musgrave and C.S. Shoup, 1959. ヘイグは,「すなわち,所得とは,ある期間における人の経済力のネットの増加であると同時に,真実の所得に最も近似する実証的な概算を構成するものであるという,この定義については,躊躇なく合意されるであろう。」(p.59）と述べられる。

61　阿部・前掲注(58)101頁。

62　Henry C. Simons, *Personal Income Taxation; The definition of income as a problem of fiscal policy*, The University of Chicago Press, 1938, p.50.　サイモンズは,その定義について「換言すれば,単に,その期間の終期における財の価値に,その期間における消費を加え,始期における財の価値を控除する結論として導かれる。」(p.50）と述べられる。

63　水野・前掲注(8)14頁。

64　金子・前掲注(26) 2頁。

65　金子・前掲注(26) 3頁。

66　金子・前掲注(54)32頁。金子教授は,サイモンズの学説について,「経済的不平等を緩和すること」に累進所得税の意義があり,そのためには,「所得の範囲はできるだけ広くとらえることが好ましい。」と主張するものと述べられる（金子・同26頁）。

の所得に合算され所定の段階税率を適用されるもの，つまり，「大きな担税力を
もつ利得を課税の対象外におくこと」を意味するからである[67]。

　以上により，我が国の所得税制の採用する超過累進税率と包括的所得概念の妥
当性が確認されるものと考える[68]。

第2節　所得税法56条の意義

第1款　所得税法56条と税負担配分機能

　ここでは，所得税法56条が，特に所得税法12条との関係において，税負担の配
分を決定する所得帰属ルールとして，いかに機能しているかについて検討し，こ
の観点から同条の意義を確認したい。

第1項　実質の担税力帰属ルールとしての所得税法56条

1．所得税法12条と所得税法56条の関係

　「課税物件と納税義務者の結びつきを課税物件の帰属という」[69]。所得税にお
いては，所得と納税義務者との連結ということになる。所得税法12条は，実質
所得者課税の原則を定めており，所得の帰属判定についての実質課税ルールと
位置付けられている[70]。所得課税は，その担税力に応じた課税を実現してこそ
正当性を備えるものと考えられるから，納税義務者と所得の連結である「帰属」
について，形式ではなく実質が採用されるべきであることは条理であると考え
られる[71]。従って，所得税法12条は，所得という担税力の帰属に関する確認的
規定と位置付けられる[72]。

　個人事業において，事業主と生計を一にする親族が，労務その他の役務を提
供して対価の支払を受ける場合，所得税法12条から判断する限り，その対価に
係る収益は，その役務を提供して対価の支払を受ける親族に帰属するはずであ

67　金子・前掲注(54)32頁。

68　Henry C. Simons, *op. cit.*, p.103. サイモンズは，「我々が所得と定義するものをベースとし
た累進課税は，恣意的な差別を防止し，または最小化する最善な方法であるが，単純な論証で
受け入れられるものではない」(p.103) と述べられる。

69　金子・前掲注(7)171頁。

70　品川芳宣『国税通則法講義』108頁 (（公社）日本租税研究協会，2015年)。

71　注解所得税法研究会編『注解所得税法〔5訂版〕』152頁 (大蔵財協会，2011年)。

72　泉美之松『所得税法の読み方』178頁 (東京教育情報センター，1986年)。酒井克彦『ステッ
プアップ租税法』14頁 (財経詳報社，2010年)。

る。しかし，所得税法56条は，この様な場合に，その対価について，事業主の
事業所得の計算上必要経費として認めない。この両者の一見相反する対応につ
いて，どの様に考えるべきであろうか。

　徳島地判平成9年2月28日（税資222号701頁）は，所得税法56条の所得税法
12条に対する関係について，親族間で支払われる対価に所得税法56条の適用が
ある場合，所得税法56条は，その対価が支払先に「帰属することを否定してい
るものではなく」，これが支払先に「帰属することを当然の前提とした上で」，
支払者の事業所得の計算上，必要経費にしないことにしているにすぎず，「何
ら実質所得者課税の原則に反するものではない」と説示した。所得税法12条と
同56条の関係について，「夫弁護士・妻弁護士事件」の第一審でもこれに沿っ
た判示がされた（この判断は上級審でも維持された）。

　租税公平主義から，所得課税において税負担は，所得という「担税力に即し
て公平に配分」[73]されることが必要である。この公平な配分を実現するために，
名義よりも実質をもって所得（担税力）の帰属を決定するルールが正当化され
る[74]。この点，所得税法56条は，恣意的な所得分割による租税回避防止の必要
性や，家事関連費との区分困難といった特殊な状況において，実質の担税力（所
得）の帰属を実効ならしめるための所得税法12条の例外的規定として捉えるこ
とができる[75]。

　所得税法56条については，課税単位のあり方に関連させ，「個人単位主義と
いう原則の例外」を規定するものという考え方[76]や，「事業経営者を中心とす
る家族単位課税をする」内容を有するものとして捉える考え方がある[77]。この
点については，所得税法56条は，所得帰属関係を事業主の所得計算上で修正す

73　金子・前掲注(7)83頁。

74　谷口勢津夫『税法基本講義〔第6版〕』95頁（弘文堂，2018年）。谷口教授は，「帰属が課税
要件の人的側面（納税義務者）と物的側面（課税物件）との紐帯である」として，帰属を「課
税要件の根幹」と述べられる。

75　谷口・前掲注(74)224頁。谷口教授は，「所得税法56条を，実質所得者課税の原則（所得税
法12条，厳密にいえば，その前提となっている所得の帰属という課税要件）に関する別段の定め」
と位置付けられ得ると述べられる。

76　田中・前掲注(18)29頁。田中教授は，所得税法56条を「個人単位主義の適用が困難または
相当でない対象や範囲を限定しようというもの」と述べられる。

77　注解所得税法研究会編・前掲注(71)986頁。

るのみであり，課税単位を修正するものではない。従って，所得税法56条は，個人単位課税を前提とした所得帰属の特別規定[78]と解するのが妥当と思われる。

2．実質所得者課税原則と所得税法56条の射程の明確化

　租税は，本来，「私法部門で生産され蓄積された富の一部を，公的欲求の充足のために国家の手に移すための手段」であることを考えれば，「程度の差はあれ宿命的に私法に依存する関係」にあると考えるべきである[79]。従って，原則として，課税所得の計算上は，親族間の取引といえども，その私法関係は最大限に尊重されるべきということになる[80]。この意味において，課税上の担税力の配分に関して，私法準拠の例外が認められるのは，私法関係に依拠しては，課税上の弊害がある場合，換言すれば，税負担の公平な配分が困難となる場合に限られると解するべきである。この点において，所得税法56条の適用に関しては，恣意的な所得分割による租税回避の防止の必要性や，適正対価の算定の困難性を理由とした簡便な税務処理の実現の必要性といった同条の目的に合致する場合に限って，その担税力帰属の特別規定として同条が機能するものと解するのが妥当である。従って，この機能が適正に果たされるために，同条の目的に沿った射程が的確に，かつ明確に画されることが求められるのである。

第2項　所得税法56条の税負担配分機能と意義

　「夫弁護士・妻弁護士事件」の第一審判決は，親族間で「所得を分散し税負担を軽減するという事態が生ずることを一般的に防止するという目的」のみならず，「事業者の総収入から，配偶者や家族に対して支払がされている部分であっても，実質的に全体をみれば事業者にとって担税力の認められる部分については課税することにより，憲法30条，84条が要請する租税の公平な分担を実現するという目的を有していると解すべきである。」と説示した。なお，この判断は，同事件の控訴審，上告審においても維持された。この所得税法56条の合憲性に関して，「夫弁護士・妻税理士事件」の控訴審判決は，「「要領のよい納税者」の行う租税回避的な行為を封ずる目的にとどまらず，同条がなければ必要経費と認める

78　谷口・前掲注(74)224頁。
79　金子宏『租税法理論の形成と解明〔上巻〕』385頁（有斐閣，2010年）。
80　金子・前掲注(7)122頁。金子教授は，「租税法律主義の目的である法的安定性を確保するためには，課税は，原則として私法上の法律関係に即して行われるべきである。」と述べられる。

べき対価についても，一律に必要経費としない」という同条の目的は，「憲法30条，84条が要請する租税の公平な分担を実現するというものと解されるから，正当なものと認められる。」とした。さらに，「立法で具体的に採用される区分が目的との関連で著しく不合理であることが明らかでない限り，その合理性を否定できない」としたいわゆる大嶋訴訟判決（最大判昭和60年3月27日民集39巻2号247頁）を引用して，所得税法56条は，憲法13条，14条に違反するものとはいえないと判示した。この判断は，同事件の上告審においても維持されている。

これらの裁判例における所得税法56条の合憲性判断は，同条の目的（恣意的な所得分割による租税回避を防止することと，適正対価の算定つまり家事関連費との区分が困難な場合に簡便な税務処理を実現すること）に沿って，対価の支払をする事業主の担税力によって課税することが，租税の公平な分担の実現に資することに着目する。この様にして，同条の目的についての合憲性が根拠づけられている。この意味において，同条は，今日においても重要な意義を有しており，今後も厳格に運用する必要があると考えられる。

親族間で支払われる対価について，所得税法56条は，所得税法12条の例外規定と位置付けられる一方，所得税法57条は，所得税法56条の例外規定であると位置付けられる。これらの規定のそれぞれが，憲法30条及び84条の要請するところの，税負担の公平な配分による租税公平主義を実現するための所得帰属ルールと理解される。これらの関係について図示すると次の様になる。

図3：親族間対価に係る担税力帰属ルールの複層構造（所得税法）

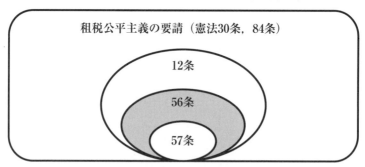

注：所得税法57条は同12条の「例外（同56条）の例外」に位置している。

第3節 小括

　本章においては，シャウプ勧告における所得税法56条（旧法11条の2）の立法経緯，その規定が要求される根拠というべき所得税法の採用する諸概念について概観した。その中でも特に，垂直的公平の要請から累進税率は正当化され，その所得再分配機能を適切に実効性のあるものにするために，所得は包括的に捉えられる必要があることを確認した。さらに，累進税率の採用を前提にして，課税単位として個人単位課税を採用する場合には，恣意的な所得分割による租税回避の可能性が生じることから，これを防止するために同条の立法が必要であることが論考された。

　さらに本章では，所得税法56条と所得税法12条の関係に着目して，担税力に応じた公平な税負担の配分の見地から，所得税法56条の意義について考察した。そして，憲法上の要請，特に憲法30条，84条が要請する租税公平主義の要請から，所得税法56条は，今日においても意義を有していることが確認された。以上により，同条は，その目的に沿って今後，より厳格に運用することが必要であると考えられる。従って，同条を厳格に運用するために，同条の目的と射程に不整合が生じているという問題は，このまま放置することは許されず，早急に，かつ，適切に解決されなければならないことになる。次章においては，この問題の解決方法を検討するために，同条の課税要件について考察する。

第3章　所得税法56条の課税要件に係る解釈問題

　前章では，所得税法56条が，公平な税負担の配分について機能していることを論証し，その意義を確認した。本章では，同条の課税要件に係る現行解釈に起因する適用問題への対応について，その解釈を巡る議論を検討し，さらに，現行の要件解釈では，本稿で提起される同条の適用問題を解決できないことを論考したい。

第1節　所得税法56条の射程に関する議論

　親族間における恣意的な所得分割による租税回避を防止するため，或いは，簡

便な税務処理を実現するために，所得税法56条が適用される。「夫弁護士・妻税理士事件」の第一審と控訴審においては，所得税法56条の従事要件について判断が分かれた。同条の目的に関しては，上記のとおり，同条が租税回避防止規定であるという捉え方[81]が通説的見解と解されているが[82]，この裁判の判断の相違に沿うかの様に，同条の課税要件の解釈については，学説も鋭く対立している。

　田中治教授は，課税要件解釈について，立法当時の社会的基盤が失われた現在において，所得税法56条には，「規定の目的からする制約があり，過度の形式的適用は法の解釈，適用上許されない」として，親族間において「支配従属関係が見出せない場合」や恣意的に所得を分割する余地がほとんどない様な場合にまで，同条を形式的に適用することに警鐘を鳴らされる[83]。家族を構成する者の間においても合理性のある取引が存在し得る今日，同条の目的からの「合理的な制約」[84]があることには首肯できるとしても，実際の適用に当たり，明確性や客観性を具備しながら，いかにしてそれを実現できるかが問題である。

　田中教授の主張と親和すると思われるものとして，所得税法56条の課税要件の解釈に関して，同条の適用があるのは，租税回避や仮装行為がある場合に限られるとする説[85]が展開された[86]。他方，同条の要件を充足する場合には，同条を一律に適用してもやむを得ないとする説[87]も有力に展開されている。上記で検討したとおり，同条に拠る支払対価の必要経費不算入の処理は，恣意的な所得分割による租税回避の防止を目的としているといえる一方，簡便な税務処理を可能にするため，適正対価の算定に拠る判断を放棄したことによって生じる，家事関連費と

81　金子・前掲注(7)301頁。水野・前掲注(8)306頁。

82　田中・前掲注(18)28頁。酒井・前掲注(5)7頁。

83　田中・前掲注(18)30頁。

84　田中・前掲注(18)30頁。

85　木村弘之亮『租税法学』277頁（税務経理協会，2002年）。

86　増田英敏「税理士の妻への税理士報酬支払と所得税法56条の適用の可否—宮岡事件」税務事例Vol.35／No.12（2003年）7頁。増田教授は，56条は所得税の例外的措置と位置付けられた上で，「例外的規定であるがゆえに厳格に解釈されねばならないことは当然であり，例外規定の適用範囲を，その立法目的を考慮することなく，拡張して解することは，所得税制度そのものに歪みをもたらす結果を招く」として，同規定の適用範囲を限定する木村教授の見解に賛同される。

87　今村隆「婚姻・両性の平等と課税単位」山田二郎編『実務法律講義⑦実務租税法講義』398頁（民事法研究，2005年）。

の区分困難に起因した必要経費不算入という側面も有している[88]。家事関連費の必要経費からの排除を目的とする限り，適正対価の算定が困難な場合には，たとえ，親族内の所得の低い者から所得の高い者へ対価が支払われる様な場合，換言すれば，租税回避の可能性がない様な場合[89]でも，同条を適用することが合目的となる。従って，同条の適用については，租税回避の場面に限定することは適切ではなく，その課税要件を充足すれば，一律に同条が適用されるものと解するのが妥当と思われる。

　上記で検討したとおり，所得税法56条の目的は，親族間における恣意的な所得分割による租税回避の防止と簡便な税務処理を可能にすることにある。適正対価の算定が困難な状況での対価の支払には，租税回避行為の可能性が存在することを考慮すると，結果として後者の目的は前者に包含される関係にある様にも思われる。しかし，上記のとおり，親族間で所得の低い者から所得の高い者への対価を支払う様な租税回避の危険がない場合[90]においても，その対価については，同条が適用されるのが合目的である点を考慮すれば，必ずしもこの包含関係は当たらないと考えるべきであろう。

第2節　従事要件の解釈問題

第1款　従事要件を巡る裁判例と制約的解釈

　所得税法56条の適用に関して，従事要件の解釈を制限的にすることによって立法目的を果たすべきとする議論がある。ここでは，弁護士である夫（原告，被控訴人，上告人）から税理士である妻に委任契約にもとづいて支払われた報酬について，行政庁（被告，控訴人，被上告人）が，所得税法56条適用をした課税処分の適否が争われた「夫弁護士・妻税理士事件」を題材にしてこれを検討したい。

第1項　裁判例にみる従事要件の解釈

　本件の第一審は，所得税法56条は，「シャウプ勧告にいう「要領のよい納税者」

88　東京高判平成3年5月22日（税資183号799頁），前掲注(13)「大弁護士・妻弁護士事件」上告審判決。酒井・前掲注(15)4頁。
89　酒井・前掲注(5)6頁。酒井教授は，従来の所得税法56条の射程の議論は，この様な場合の同条の適用について明確に示していない点を指摘される。
90　酒井・前掲注(5)6頁。

の行う租税回避的な行為を封ずるものである」とした上で、「本来必要経費と認めるべき労働の対価についても」、それが「家事関連費との区別が困難である」という理由で、「一律に経費に算入しないこととした」ものであると説示した。つまり、シャウプ勧告に所要の調整を加えたとされる同法の立法理由に関し、「親族等が事業自体に参加又は雇用されて得た対価」の支払について、「家事関連費との区別が困難である点に尽きる」というのである。従って、同条の従事要件は、「親族が、事業自体に何らかの形で従たる立場で参加するか、（略）事業者に雇用され、従業員としてあくまでも従属的な立場で労務又は役務の提供を行う場合や、これらに準ずるような場合」に限定されるとして、「独立の事業者として、その事業の一環として納税者たる事業者の取引に基づき役務を提供して対価の支払を受ける場合」は、これに該当しないと判示した（酒井克彦教授は、この判示における考え方を「支配従属関係限定説」[91]と呼ばれる）。

　これに対して、本件控訴審は、所得税法56条について、「対価の内容に関して何らかの限定をすることをうかがわせる文言が全く見当たらない」とした上で、「あくまでも従属的な立場で労務又は役務の提供を行う場合及びこれらに準ずるような場合のみを指すもの」と限定的に解することは適当でないとして、本件について、妻の役務が独立した事業者の立場として提供されたものだとしても、その役務の対価については同条の適用があると判示した（酒井教授は、この判示における考え方を「支配従属関係非限定説」[92]と呼ばれる）。従事要件についてのこの控訴審の判断は、本件上告審でも維持された。

　従来の裁判例も、本件の控訴審と同様に、親族の役務提供の対価について、その独立性等の個別の事情は一切考慮せずに、同一生計にある者に対する支払については、一律に本条の適用があるとする立場であると理解されている[93]。

第2項　従事要件の制約的解釈

　上記のとおり、所得税法56条の適用について、同条の目的から制約があり、親

91　酒井・前掲注(5)10頁〜11頁。

92　酒井・前掲注(5)11頁。

93　品川芳宣『第三版　重要租税判決の実務研究』215頁（大蔵財務協会、2014年）。東京地判平成2年11月28日（税資181号417頁）は、所得税法56条の規定について「個別の事情にいかんにかかわりなく一律に適用されることが予定されている規定であることは明らかである」と説示する。

族が独立した立場で提供する役務提供の対価には，同条の適用をすべきでないとの主張がされている[94]。この見解は，同条の従事要件である「従事したことその他の事由」の「事由」の範囲を，合理的に制約して解釈しようとするものであるが[95]，課税要件を制約して解釈する点で，同条の適用を租税回避や仮装行為がある場合に限定する説[96]と親和するものと考えられる。田中教授は，所得の恣意的な分割の防止という同条の目的に照らして，同条の生計要件については，「消費生活における依存関係にあるかどうか」が問われるべきであると述べられる[97]。さらに，田中教授は，その依存関係は，「所得の稼得面における居住者の支配力が，所得の消費面においても貫徹する関係」であり，それは，「所得の稼得面における居住者の事業への従属性，非独立性に起因する」から，生計要件より従事要件に比重をおいて同条の適用判断をすべきであると述べられた上で，親族の事業が，居住者の事業と「明確に区分され，独立性が大きい場合」には同条の適用はない旨主張される[98]。

第3項　従事要件の解釈に対する本稿の立場

しかし，所得税法56条の規定上，従事要件である「従事その他の事由」については，これを限定する様な文言は一切ないのであるから，この様な制限的解釈が許されるとすると，予測可能性や法的安定性の面から問題がある。従って，同条の文理からは，役務提供の形態や内容を問うことなく一律に適用がされると考えるのが妥当である。なぜなら，上記で検討したとおり，同条の目的は，恣意的な所得分割による租税回避の防止といえるものの，適正対価の算定困難による簡便な税務処理を実現することにもあるのであり[99]，いちいちこれらの目的に照らして課税要件を制約して解釈することは，同条の適用関係をさらに不明確，不安定にし，結果として予測可能性や法的安定性の確保を脅かすことになると考えられるか

94　田中・前掲注(18)30頁，37頁。

95　田中・前掲注(18)30頁。田中教授は，「「事由」の範囲は，自ずから合理的な制約をもつと考えるべきであろう。」と述べられる。

96　木村・前掲注(85)277頁。増田・前掲注(86)7頁。

97　田中・前掲注(18)35頁。

98　田中・前掲注(18)35頁〜37頁。

99　東京高判平成3年5月22日（税資183号799頁），前掲注(13)「夫弁護士・妻弁護士事件」上告審判決。酒井・前掲注(15)4頁。

らである。このことから，結局，同条の立法目的に沿った射程が確保されない問題は，同条の従事要件の解釈に拠ることでは適切に対応できないと思われるのである。

第3節　生計要件の解釈問題

第1款　現行法の解釈における「生計を一にする」ことの意義

所得税法56条の生計要件を検討するにあたり，まず現行法の解釈における「生計を一にする」ことの意義について，所得税基本通達の規定及び過去の裁判例における同意義の解釈から確認したい。

第1項　「有無相扶けて日常生活の資を共通にする」ということ

本節では，所得税法56条の生計要件変更の立法論について検討する。「生計を一にする」ことについては，所得税法上，一定の判断基準を通達[100]に規定して，「生計を一にする」という課税要件の運用を専ら解釈に委ねてきた。所得税の旧通達（昭和26年所得税基本通達50）には「「生計を一にする」とは有無相扶けて日常生活の資を共通にしていることをいう」と規定されていたが，現行の所得税基本通達2-47（生計を一にするの意義）にはその規定はない。現行の同通達は，「「生計を一にする」とは，必ずしも同一の家屋に起居していることをいうものではない」として，別居の場合の要件該当性を念頭において規定した上で，同居の場合の例外を規定している。規定上の文言には見られないものの，現行法の解釈，運用においても，「有無相扶けて日常生活の資を共通にする」という旧通達における概念は生き続けているものと考えられていることから[101]，旧通達から現行の通達への改正で，「生計を一にする」概念が拡大されたものと理解されている[102]。

「生計を一にする」ことを専ら解釈に委ねることに関して，「如何なる社会的事実が生計を一にするということなのかがはっきりしなくなってきている」[103]という状況において，「「生計を一にする」という概念が事実上不確定概念化しつつある」と従来から指摘されていた[104]。これに関しては，所得税法56条について不確

100　所得税基本通達2-47，昭和45年の同通達改正前は旧基本通達50が規定していた。

101　高松高判平成10年2月26日（税資230号844頁）。

102　山本守之・守之会・前掲注(6)202頁。

103　黒川功「戦後家族における身分制度の変化と親族所得の「合算課税制度」（1）」日本法学第60巻第2号（1994年）161頁。

104　黒川・前掲注(103)161頁。

定概念化された課税要件を納税者に不利に拡大解釈して適用することは，納税者の予測可能性や法的安定性を損ない，租税法律主義，特に課税要件明確主義に反しているとの批判がされている[105]。「生計を一にする」要件に該当するか否かの判断については，所得税法56条適用の適否を争点とした多くの裁判例が存在する[106]。「生計を一にする」ことの実質的判断基準は，所得税法56条の適用を巡る裁判の蓄積によって形成されてきたものといっても過言ではない。以下の裁判例は，その判断基準の一例を示すものである。

第2項　裁判例にみる「生計を一にする」ことの判断

　前述した最一小判昭和51年3月18日（裁判集民117号201頁）は，最高裁において，所得税法56条の生計要件である「生計を一にする」ことの意義を確立したものとして位置付けられる[107]。印刷業を営む上告人X（原告，控訴人，上告人）が，結婚してXとは別居するXの長男及び次男に支払った給与について，所得税法56条を適用した行政庁（被告，被控訴人，被上告人）の課税処分について，同条の生計要件を充足するかが争われた。第一審[108]及び控訴審[109]は，Xと長男及び次男は「生計を一にする」関係にあるとして，課税処分を適法としたが，上告審判決では，次の様に判断して原判決を覆した。長男らは，Xから支給を受ける給与から「自らの責任と計算でそれぞれの家賃や食費その他の日常の生活費を支出し，時に上告人から若干の援助を受けることがあったものの，基本的には独立の世帯としての生計を営んでいたことがうかがわれるのであり，右生計の源泉が専ら上告人の事業にあったからといって，上告人と有無相扶けて日常生活の資を共通にしていたものと認めるには足りない」。この最高裁の判断は，「生計を一にする」関係を「有無相扶けて日常生活の資を共通にして」いる関係[110]と解した上で，消費生活の場面において「自らの責任と計算」においてそれぞれの家賃や食費等の

105　山本守之・守之会・前掲注(6)205頁。
106　中村芳一「「生計を一にするか否か」の区分基準について」税務弘報Vol.46／No.8（1998年）166頁。
107　税法基本判例研究会（角田敬子）「判批」月刊「税」第70巻第9号（2015年）125頁。
108　福岡地判昭和45年3月19日（行集21巻3号546頁）。
109　福岡高判昭和47年11月20日（行集23巻10・11号832頁）。
110　京都地判昭和35年2月17日（税資33号167頁）は，原告の家族について，「いわゆる同じ釜の飯を食い，有無相通じて日常生活の資を共通にしていた」ことが推認できるとして生計を一にしていると判示した。

日常の生活費が支出されていることは，この関係性を否定する方向に作用するものであり，独立した世帯としての生計を営むことの重要な判断要素になると判断したものである。

　また，最二小判平成10年11月27日（税資239号139頁）は，医師であるＹ（原告，控訴人，上告人）が，同一の家屋に居住するＹの妻の両親に対して支払った給与及び病院の敷地の賃借料が，所得税法56条に規定する対価に該当するとして，行政庁（被告，被控訴人，被上告人）が行った課税処分について，同条の生計要件の該当性が争われた事件である。この上告審では，次の様に判断した原判決が維持されている。本件第一審判決[111]は，上記の最一小判昭和51年３月18日を引用し，「「生計を一にする」とは，日常生活の糧を共通にしていること」とした上で，それは，「消費段階において同一の財布のもとで生活していることと解され，これを社会通念に照らして判断すべきものである」と説示した。さらに同判決は，電気，水道，ガス，食費についてはＹ，その妻及び子と妻の両親の間で３対１の割合で負担したというＹの主張を採用せず，その生活費が明確に区分されていなかったとして，Ｙと妻の両親は，所得税法56条の適用上「生計を一にする」親族に該当する旨判示した。控訴審判決[112]は，第一審の判断に加え，仮にＹらと妻の両親の間で家事費を３対１で分担していたとしても，「それは，およその分担であり実費の清算ではないから，二つの家計の独立性を意味するものではない。」として，「Ｙと妻の両親は有無相扶けて日常生活の資を共通にしていた」と判断した。

　この判断から，裁判所は，（イ）生計を一にすることとは「消費生活において同一の財布で生活していること」と判断していること，（ロ）家事費について実費の清算であれば家計の独立性を立証する手立てとなりうるが，およその分担では独立性を意味しないと解していることを読むことができる。「夫弁護士・妻税理士事件」の控訴審における家計費の負担についての判断は，この裁判での判断と軌を一にするものであり，「家計費を一定割合で負担している事実は，「生計を一にする」との要件の充足を否定する方向に働くものとはいえず，むしろ逆にこれを裏付けるものである。」として，弁護士（夫）税理士（妻）夫婦が56条の生

111　徳島地判平成９年２月28日（税資222号701頁）。
112　高松高判平成10年２月26日（税資230号844頁）。

計要件を充足する旨の判断をしている。これによって，家計費を一定割合で負担することが，「生計を一にする」要件の判断において，むしろこれを肯定する方向に作用するものであると，裁判所は解していることが確認されるのである。

第2款　所得税法56条の射程問題と生計要件

　これまで検討してきた様に，所得税法56条の生計要件は，消費活動の局面における生計の同一性，換言すれば，消費生活において「同一の財布のもとで生活している」関係かどうかで判断されてきたといえる[113]。そして，その様な関係の間において支払われる対価について，所得分割による租税回避防止の必要性や簡便な税務処理の実現への配慮から，同条が適用されてきたのである。この点，上記の最一小判昭和51年3月18日は，消費生活の場面において，「自らの責任と計算」でそれぞれの家賃や食費等の日常の生活費が支出されている状況があるから，たとえ，「生計の源泉が専ら上告人の事業にあったからといって，上告人と有無相扶けて日常生活の資を共通にしていたものと認めるには足りない」と判断した。しかし，この判断については，同条の適用上，その生計の源泉が専ら上告人の事業にあることを軽視し過ぎている様に思えてならない。なぜなら，所得分割した後の生活費の支出面においてのみに着目し，自らの責任と計算でそれぞれの生活費が支払われていれば，所得分割の可能性は不問に付すというのであれば，同条の規定は，容易に適用回避が可能になり，その結果，同条がまさに空洞化してしまうことになると思われるからである。上記した同条の射程に関して，恣意的な所得分割の可能性のある取引が，同条の射程外に放置されている問題（「所得分割防止措置が施されるべき親族間対価が放置されている問題」）は，まさに，ここに原因があると考えられるのである。

113　「生計を一にする」ことに関して，最一小判昭和51年3月18日（裁判集民117号201頁）は，「有無相扶けて日常生活の糧を共通」にしていることと説示し，さらに，徳島地判平成9年2月28日（税資222号701頁）は，「消費段階において同一の財布のもとで生活していることと解され，これを社会通念に照らして判断すべきものである」と説示している。この徳島地判の判断は，同控訴審（高松高判平成10年2月26日（税資230号844頁）），同上告審（最二小判平成10年11月27日（税資239号139頁））でも維持された。

第4節　小括

　本章で考察した様に，所得税法56条の従事要件については，何らの制約もなく
一律に適用されるとする解釈が妥当であると考えるが，田中教授が述べられる
「消費生活における依存関係」や「所得の稼得面における居住者の支配力が，所
得の消費面においても貫徹する関係」に限定して同条を適用させるのが妥当であ
るという見解[114]は，同条の適用問題の的を射るものであろう。というのも，たと
え親族間におけるものであっても，合理性のある契約や取引は，課税上の弊害が
ない限り尊重されるべきであり[115]，その場合に支払われる対価の経費性は，それ
が適正な金額である限り認められるべきであることは，個人間の契約や取引が，
親族の間にまで浸透した現代社会において，共通に承認される価値観だと思われ
るからである。

　これまで述べた様に，現行の所得税法56条の課税要件に拠っては，その射程に
ついて「所得分割防止措置が施されるべき親族間対価が放置されている問題」や
「取引合理性の判断を一切考慮しない現行法の適用問題」が生じている。後者の
問題に対しては，従事要件について，租税回避の可能性がある場合に限定した
り[116]，或いは，独立事業者としての役務の対価を除いたりする[117]等，従事要件を
制限的に解釈して適用することで対応できるかもしれない。しかし，この方法で
は，予測可能性と法的安定性が確保されないという問題が生じるであろう。他方，
「所得分割防止措置が施されるべき親族間対価が放置されている問題」に対して
は，従事要件を制限的に解釈することでは対応できない。

　所得税法56条の生計要件については，消費活動の局面における生計の同一性，
換言すれば，消費生活において「同一の財布のもとで生活している」関係かどう
かで判断されてきたが[118]，「所得分割防止措置が施されるべき親族間対価が放置さ

114　田中・前掲注(18)35頁。
115　金子・前掲注(7)122頁。谷口・前掲注(74)56～57頁。谷口教授は，「私法関係準拠主義」は，
「契約自由の原則に従って形成される法律関係を前提として，課税関係を形成すべき」とする「税
法の根本規律ないし構造的規律である。」と述べられる。
116　木村・前掲注(85)277頁。
117　田中・前掲注(18)30頁，37頁。
118　徳島地判平成9年2月28日（税資222号701頁）。

れている問題」は，その生計要件の規定そのものに起因する問題と考えられるのである。そこで，次章においては，同条の生計要件の問題点を検討し，さらに，これを変更する立法論を提案したい。

第4章　生計要件変更の立法論

前章では，所得税法56条の課税要件の解釈について検討を行い，従事要件の制約的解釈では同条の適用問題を解決できないことを論証した。本章では，同条の適用問題の起因となっていると思われる生計要件の問題点を検討し，現行の生計要件を変更する新たな生計要件の立法を提案して，その妥当性を論証する。

第1節　「稼得生計」を基準とした新たな生計要件の提案

第1款　現行の生計要件の問題点

所得税法56条の生計要件に係る現行解釈においては，対価の授受をする親族が消費生計を一にする関係にあるかどうかを基準として課税要件の充足が判断されている[119]。上記で検討した様に，裁判例は，「生計を一にする」という要件に係るこの現行解釈を支持しているが[120]，この点について，学説からの異論はない様に思われる。田中教授は，消費生計の考え方について，「消費生活における，居住者と他の親族との共同関係とする考え方」と，「消費生活において，居住者にその親族が依存または従属している関係とする考え方」の二つに大別され，所得税法56条の生計要件の解釈については，後者の考え方により判断するのが妥当であると述べられる[121]。しかし，これに対しては，消費生活は所得の処分のあり方の問題であって，所得分割が行われた場合には，分割後の所得の処分のあり方を問うことに過ぎないと指摘することが可能であろう。そして，この観点からすれば，消費生活の同一性に拠って判断する生計要件では，所得分割防止を目的とする所

119　所得税法基本通達2-47。三又修ほか編『所得税法基本通達逐条解説（平成29年版）』58頁（大蔵財務協会，2017年）。「生計を一にする」とは，「一般的には，同一の生活共同体に属して日常生活の資を共通にしていることをいうものと解されている」。

120　最一小判昭和51年3月18日（裁判集民117号201頁），最二小判平成10年11月27日（税資239号139頁）等。

121　田中・前掲注(18)32頁〜36頁。

得税法56条の射程が適切に定まらないことは自明であると考えられるのである。

　前掲の最一小判昭和51年3月18日は，上告人と長男及び次男が「生計を一にする」関係であるか否かの判断において，（長男及び次男の）「生計の源泉が専ら上告人にあったからといって，上告人と有無相扶けて日常生活の資を共通にしていたものと認めるには足りない。」と判示した。しかし，所得税法56条の恣意的な所得分割防止の目的からみた場合，この「生計の源泉が専ら事業主の事業にある」関係に，恣意的な所得分割がされる可能性を指摘し得ることを考慮すれば，本来，この様な取引についてこそ，同条を適用すべきなのではないだろうか。そうだとすれば，所得分割による租税回避の防止と簡便な税務処理の実現という所得税法56条の目的を実現するためには，むしろ，生計の源泉を専ら事業主の事業に依存している関係であるかどうかによって，同条の適用判断がされることが相応しいということになる。

　「夫弁護士・妻弁護士事件」の上告審判決においては，所得税法56条の現行の課税要件について，その様な「要件を定めているのは，適用の対象を明確にし，簡便な税務処理を可能にするため」であると説示する。しかし，上記のとおり，生計要件については，昨今において「生計を一にする」という概念が「事実上相当に不確定概念化している」との指摘[122]があることからみても，現行の課税要件をもって，その適用の対象（射程）が明確化されるという同裁判での説示は，必ずしも説得力があるとは思えない。

　また，上記までで論考したとおり，所得税法56条の課税要件に係る現行解釈においては，同条の射程に妥当性を欠くことが指摘される。これらは，同条の射程が，その立法目的に沿って適正に確定していないことを示している。そして，これらの問題は，不確定概念化したといわれる現行の生計要件の解釈に起因するものであると考えられるのである。

第2款　生計要件変更の必要性
第1項　「稼得生計」という概念

　所得税法における「生計」，「生計を一にすること」の概念の意義については，

122　黒川・前掲注(103)179頁。

その目的に照らしながら，社会通念に従って解釈をすることとされ[123]，そして，その解釈の方法は，その解釈の妥当性，適法性を巡る裁判を通じた法曹による法的評価の累積によって形成されてきたものと解される[124]。上記のとおり，「生計を一にする」ことについては，所得税法上，一定の判断基準を通達[125]において規定している。その一方，「生計」という概念については，税法は何ら定義を置かない。租税法上の概念は固有概念，借用概念及びその他の概念に分類される[126]。「生計」という概念を税法固有の概念と区分することは妥当ではなく，かといって，民商法等，他の法律に「生計」の意義を求めることも困難であることから，「生計」を借用概念と区分することも困難である。従って，「生計」という概念については，その他の概念として位置付けられるべきものと考える[127]。

　広辞苑によれば，「生計」とは，「くらしを立てるためのてだて。くちすぎ。すぎわい。」とされている[128]。「くちすぎ」とは「暮らしを立てること。」とあり，「すぎわい」とは，「世を渡るための職業。なりわい。生計。」とある[129]。一般概念としての「生計」については，使われ方も多様であり，多くの不確定，不明瞭な意義を内包する概念であるが故に，その外延を定めることが困難であるが，「生計」とは，一応に「収入や支出の面からみた暮らしのこと」[130]と捉えることができよう。そして，「生計」が包摂する対象の裏表に，その「くらしの資」を獲得する稼得活動と，それを費消する消費活動の両局面が観念される。さらに，それぞれの活動に応じて，生計の入口である稼得活動には「稼得生計」が，生計の出口である消費活動には「消費生計」がそれぞれ観念されるのである[131]。

123　中村・前掲注(106)172頁。

124　中里実「制定法の解釈と普通法の発見（上）」ジュリスト No.1368（2008年）135頁：中里教授は，「日本においても，主として制定法の解釈の方法は，条文の形ではなく判例ないし理論の形で存在する。」と述べられる。

125　前掲注(100)参照。

126　金子・前掲注(7)119頁。今村隆「借用概念論・再考」税大ジャーナル第16号（2011年）51頁。

127　金子・前掲注(7)119頁。

128　新村出編『広辞苑〔第7版〕』1601頁（岩波書店，2018年）。

129　新村・前掲注(128)839頁，1554頁。

130　法令用語研究会編『有斐閣 法律用語辞典〔第4版〕』659頁（有斐閣，2012年）。

131　碓井光明「判批」ジュリスト No.650（1977年）115頁：碓井教授は，「生計を一にする」という意味について，「収入及び支出を共同に計算すること（林修三ほか編・法令用語辞典〔第5

図４：消費生計と稼得生計

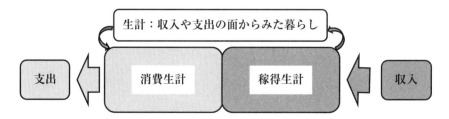

第２項　生計要件の変更の必要性

1．消費生計に拠る判断の限界

　所得税法56条の生計要件である「生計を一にする」概念について，消費生計の同一性を基準として判断する従来の解釈は，上記で検討した過去の裁判例[132]が説示する様に，個人事業は世帯主が支配し，家族間で給与を支払う慣行がなく，その支払われる対価が適正額かどうかの判断が困難であった立法当時の個人事業を取り巻く環境においては，妥当性を有していたものと思われる。この様な環境においては，消費生計を同一にする関係という消費単位の把握も容易であり，消費単位を基に担税力を配分することが，むしろ適切であったと思えるからである。しかし，個人事業を取り巻く環境が，立法当時のものから大きく変化した今日において，それは必ずしも当てはまりそうにない。

　所得税法56条及び配偶者控除等の所得控除の規定における「生計を一にする」とは，一般に，「これらの規定が個人の担税力の強弱をいわばその者の経済生活単位ごとにとらえ，これを租税負担の面で考慮する趣旨」であると解されている[133]。このうち，所得控除の規定は，一定の場合に担税力の減殺事由があるとして控除するものであり[134]，この点で，所得控除の規定における「生計を一

次全訂新版〕408頁（学陽書房，1976年）），すなわちプーリング（pooling）と同義であるといってよい。」と述べられる。

132　名古屋地判平成４年５月８日（税資224号1245頁）。

133　三又ほか・前掲注(119)58頁。

134　谷口・前掲注(74)357頁。谷口教授は，所得控除について，「人的担税力（人の総合的担税力）の減殺事由」として，或いは「政策的な理由または公益的な理由」で控除するものであると述べられる。

にする」という要件は，消費生計をその調整の単位として対象者の範囲を画する側面から意義を有するものと解される。その一方，上記で検討したとおり，所得分割防止や簡便な税務処理の実現といった所得税法56条の目的は，担税力の減殺事由の調整という所得控除の目的とは明らかに異なるものであるから，両者の生計要件が同一である必要はないと考えられる。

2．「稼得生計」要件の必要性

　上記した所得税法56条の目的と射程の不整合の問題のうち，「所得分割防止措置が施されるべき親族間対価が放置されている問題」については，次の方法によって解決されるのが望ましい。その方法とは，たとえ，対価を受ける親族が事業主と消費生計を別にしていても，その生計の源泉を専ら事業主に依存している場合には，その親族間対価を同条の適用対象とした上で，所得税法57条1項に拠る対価の相当性審査に基づいて経費性を判断することである。親族が生計の源泉を専ら事業主に依存している関係について，生計の入り口である「稼得生計」に着目すると，この場合の親族関係は，「稼得生計」を一にする関係と捉えることができる。従って，同条の生計要件について，消費生計の同一性を判断基準とする現行の生計要件から，「稼得生計」の同一性を判断基準とする生計要件へ変更することによって，「所得分割防止措置が施されるべき親族間対価が放置されている問題」の解決が果たされるのである。

　他方，この「稼得生計」の同一性判断に拠る生計要件を導入することにより，独立した事業者としての立場で役務提供する場合は，その親族関係は，「稼得生計」を一にしない関係となり，その対価に所得税法56条は適用されないこととなる。しかし，この様な場合には，現行の所得税法57条1項に拠る対価の相当性審査に基づいた経費性の判断とは異なる，新たな適正対価の算定に拠る経費性判断の方法を採用して取引合理性の判断がされるべきである。現行法上，親族という関係であっても，独立した事業者としての役務提供について一律に同条が適用されるという所得税法56条に係る「取引合理性の判断を一切考慮しない現行法の適用問題」は，「稼得生計」の同一性判断に拠る生計要件に加え，新たな適正対価の算定に拠る経費性判断を導入することによって解決されることになる。この新たな適正対価の算定に拠る経費性判断の必要性や妥当性については，次章で論考する。

3．明文規定に拠る予測可能性と法的安定性の確保

　そもそも「生計を一にする」親族という生計要件は，同じ所得税法の中で別意に解釈することが許されるかという問題がある[135]。例えば，「生計を一にする」親族という同じ課税要件を用いて，所得税法56条の生計要件は，「稼得生計」を一にする親族と解釈する一方，所得控除の規定における生計要件は，消費生計を一にする親族と解釈することは，同課税要件を不確定化し，納税者の予測可能性を危うくするものと考えられる。このことから，「生計を一にする」について解釈変更をもって対応するのは，同一の法秩序内における概念の相対性[136]を根拠にしても許されないと解すべきである。従って，同条の生計要件を，現行の消費生計の同一性判断に拠る生計要件から，「稼得生計」の同一性判断に拠る生計要件へ変更することについては，立法による明文規定をもって手当てをする必要がある。

第3項　「稼得生計」の同一性判断の方法

　それでは，具体的に「稼得生計」の同一性については，いかに判断すればよいのであろうか。「稼得生計」の同一性は，対価を受ける親族が，その生計の源泉を専らその対価の支払をする事業主である納税者に依存する関係であるから，対価の支払を受ける親族に第三者取引が存在する場合にはこれに当たらないことになる。従って，事業主から対価を受ける親族が，その生計の源泉を専ら事業主に依存しているか否かについては，その親族の事業主以外からの収入の状況をもって判断するのが望ましい。この点，「稼得生計」の同一性については，対価を受ける親族の第三者取引の収入金額について，一定の金額基準，例えば，年間300万円未満といった定量的基準を設定し，同基準を充足する場合に，「稼得生計」を一にするものと判断することで，判断に客観性や予測可能性を具備することが可能になると考える。

135　酒井克彦『レクチャー租税法解釈入門』183頁（弘文堂，2015年）。海洋掘削作業用リグを，所得税法161条3号の「船舶」に該当するとした判決（東京地判平成25年9月6日（訴月61巻1号207頁））について，酒井教授は，所得税法26条1項の「船舶」を「固有概念と理解したうえで，所得税法161条3号の「船舶」を一般概念と理解するのがあり得る解釈として最も判決に近いかもしれない。」と述べられる。

136　田中二郎『租税法〔新版〕』78頁（有斐閣，1983年）。佐藤英明「租税法と私法」法学教室No.242（2000年）128頁。

第2節　「稼得生計」要件の妥当性

第1款　所得税法56条の立法目的と射程の整合

第1項　射程の適正化と明確化

　所得税法56条の目的の一つは，恣意的な所得分割による租税回避の防止にある。たとえ事業主と消費生計を別にする親族でも，生計の源泉を専ら事業主に依存している関係においては，恣意的な所得分割の可能性は存在するのであって，本来はそのような関係における対価を同条の射程とすべきであるが，現行法の解釈においては，消費生計を一にしていないことから同条の適用となっていない。この適用結果は，立法目的から妥当性を欠く。所得税法56条の所得分割による租税回避の目的に対して，この「所得分割防止措置が施されるべき親族間対価が放置されている問題」は，同条の生計要件について，「稼得生計」の同一性判断に拠る生計要件へと変更することよって適切に解決されることになる。

　他方，「稼得生計」の同一性判断に拠る生計要件は，同条の「取引合理性の判断を一切考慮しない現行法の適用問題」についての批判[137]にも適切に対応する。「稼得生計」の同一性判断に拠る生計要件により，同居の親族でも，独立した事業者としての立場で提供される役務の対価には，所得税法56条は適用されない。「稼得生計」の同一性判断に拠る生計要件は，独立した親族間で支払われる対価について，取引の合理性審査による経費性判断を行う途を開くものである。この取引の合理性判断を実現させるためには，次章で述べる適正対価算定に拠る経費性判断を行う新たな課税要件の立法が妥当である。

　酒井教授は，「所得税法56条の射程」についての従来の議論は，例えば，高額の所得を得ている妻が，所得の低い夫の事業に従事して受けた対価に同条が適用される結果，その所得について夫の低い累進税率が適用され，夫婦全体としての税負担は減少される様な場合や，親族がそれぞれの事業に従事しあって対価が支

137　黒川功「戦後家族における身分制度の変化と親族所得の「合算課税制度」（四・完）」日本法学第61巻第2号（1995年）134頁。黒川教授は，所得税法56条の適用に関し，課税当局の考え方の前提として，「アームス・レングス関係ないし公正妥当な取引が，家族の間では必ずしも期待できないということが暗黙の前提である」と指摘した上で，「だからといって家族間で支払われた給与を全て否定してしまうことは，決して「所得分割」を防止して課税の公平を確保することにはならない」と述べられる。

払われる場合について明確な回答を示していない点を指摘される[138]。これらの問題の前提は，本稿でいう「稼得生計」を一にしない親族関係において対価の授受がされる状況であると考えられるから，本稿で提案する立法によって明確な回答が与えられるものと考える。つまり，「稼得生計」を一にしない親族関係における対価の授受には，同条の適用はなく，次章で述べる適正対価の算定を通じて経費性を判断する課税要件に拠って，親族間対価の適正性を基に経費性を判断することが妥当である。このようにして，同条の課税要件を整備し，その射程を明確にしてこそ，所得分割による租税回避防止という目的が実効性を持って果たされるのである。

図5：56条の＜適正化と明確化＞：立法目的と射程の整合

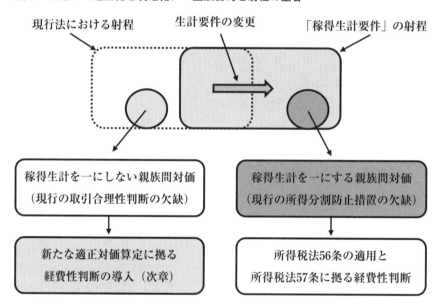

第2項　租税公平主義の実現

　所得税法12条は，課税物件である「所得の帰属」に関する規定である[139]が，谷

138　酒井・前掲注(5) 6頁。
139　水野・前掲注(8)345頁。

口勢津夫教授は，所得税法56条を同12条の別段の定めとして位置付けられる[140]。所得税法12条が「課税要件の根幹」[141]であるという点を考慮すれば，所得税法56条における課税要件は「根幹」に関する別段の定めということができる。このことは，恣意的な所得分割の防止と簡便な税務処理の実現という所得税法56条の目的が果たされなければ，税負担の公平な配分が実現されないことを意味している。これまで考察した様に，同条の生計要件を「稼得生計」の同一性判断に拠る生計要件に変更することよって，同条の目的に沿った射程を適切に画することが可能になり，これによって，税負担の公平な配分が実現する。これは，憲法30条，84条の要請に適うことでもあると考えられる。

「夫弁護士・妻弁護士事件」の控訴審判決は，「生計を一にする親族」は「構成員の所得を一つにして家計を考えているのが常態である」ことに照らして，構成員個々の所得ではなく，「消費単位そのものの所得の大きさを基準として担税力を測定することは公平の要請に沿うものである」と説示した。しかし，我が国の所得税制は，個人単位主義を採用しているのであるから，消費単位による担税力の測定は，恣意的な所得分割を防止する必要がある場合，及び，適正対価の算定の困難性を容易に克服できず簡便な税務処理の実現を図る必要がある場合に限り正当化されるものと考える。消費単位に担税力を認めることは，親族間で支払われる対価の経費性を否認した結果を述べるものであって，消費単位を担税力として課税すること自体が目的としてあるのではないことに留意すべきである。

第2款　射程の適正化以外の妥当性
第1項　所得控除における生計要件との相違

　所得税法における所得控除は，担税力の減殺や，政策的ないし公益的な理由による調整であると理解される[142]。従って，所得控除の「生計を一にする」要件については，主に担税力を消費生計単位で測定する考え方がその前提にあり，親族

140　谷口・前掲注(74)224頁。
141　谷口・前掲注(74)251頁。谷口教授は「帰属」を「独立の課税要件とすること」は可能であるとして，「納税義務者や課税物件に関する課税要件事実の認定とは異なる固有の考慮」の必要性によって「実質所得者課税の原則」(所得税法12条・法人税法11条)が設けられていると述べられる。
142　谷口・前掲注(74)357頁。

が納税者と消費生計を同一にするか否かを基準として，その調整の適用範囲を画そうとしているものと考えられる[143]。他方，所得税法56条は，恣意的な所得分割による税負担の減少を図ることの防止と，簡便な税務処理の実現を目的とするものである。この様に，所得控除の諸規定と所得税法56条は，異なる目的を有しながら，同じ「生計を一にする」という概念をその課税要件として使用している。

確かに，個人事業において家父長的課税関係[144]が妥当していた当時には，所得控除の生計要件と同様に，消費生計の同一性判断に拠って所得税法56条の射程を画することが理に適っていたかもしれない。しかし，個人事業に家父長的課税関係を当てはめることは，時代の変遷とともに妥当性を失っている。そもそも，上記のとおり，同条の目的は，所得控除の目的とは異にしていることを考えると，それぞれ異なる目的に沿った適用対象者を律する生計要件が，両者において同一であることが，むしろ奇異にすら思える。このことからも，所得税法56条の生計要件は，所得控除のものとは同一である必然はなく，むしろ，同条の目的に沿った射程を的確に画する要件であることが求められるべきである。

私法では同一の法体系である用語を別意に解釈されることがある[145]。しかし，所得税法という同一の法律の中において，「生計を一にする」ということの意義について，別意に解釈することが許されるとすると，納税者の予測可能性や法的安定性が脅かされることになる。この場合，これらを犠牲にして目的的に解釈適用をするか，或いは，立法的な措置で解決するかのいずれが適当かという判断になる[146]。租税法の解釈，適用においては，別意に解釈する明示の規定がある場合や，合理的な理由が明らかである場合を除いて，同じ所得税法の中においては，用語は同一の意味に解するのが妥当であるとされてきた[147]。従って，納税者の予

143　酒井克彦「所得税法上の所得控除規定にみられる生計同一要件―所得税法上の「生計を一にする」概念の意義」税務弘報Vol.57／No.6（2009年）166頁。酒井教授は，「扶養控除等の所得控除の適用場面における生計同一要件は生計費要件にこそ重点をおいた解釈論が展開されるべきであると考える。」と述べられる。

144　黒川・前掲注(2)207頁。

145　渋谷雅弘「借用概念解釈の実際」金子宏編『租税法の発展』40頁（有斐閣，2010年）。

146　金子・前掲注(79)395頁。

147　中村・前掲注(106)171頁。中村氏は，平成元年分から廃止となったいわゆる「資産合算課税制度」の趣旨は，「恣意的な所得分散を防ぎ，税負担の公平を図る」ことであり，「担税力の差」を調整する扶養控除等の趣旨とは異なるものの，「生計を一にする」ことについての資産合算課

測可能性や法的安定性を確保するため，56条の生計要件を「稼得生計」の同一性判断に拠る生計要件へ変更することについては，所得控除の生計要件とは明確に別意にするべく，立法によって明示の規定を設けることが妥当である。

第2項　消費生計の把握困難性への対応

　上記のとおり，「夫弁護士・妻税理士事件」の控訴審判決においては，「生計を一にする」ことの解釈について，「家計費を一定の割合で負担している事実は，「生計を一にする」との要件の充足を否定する方向に働くとはいえず，むしろ，逆にこれを裏付けるものである」と判示した。この家計費の負担の事実を「生計を一にする」ということを裏付けるものとする立場は，上記した過去の裁判例[148]において，「生計要件」の非該当性判断につき説示されたところの，生活費が区分され，精算されているかどうかといった判断と軌を一にするものであると思われる。しかし，実際は，この生活費の負担や区分，精算といった関係について，何等かの基準をもって明確に線引きして判断できるものではない。その上，その判断には，客観性と予測可能性が求められるが，所得税法56条に係る現行の解釈及び適用は，これらの要請に応えているとは思われない。

　前述したとおり，今日では経済的に独立した夫婦が，最低限の共同の生活費は互いに負担しながら，別個の消費生活をしている様な場合もある。個人のライフスタイルは多様化し，消費生計についても，家族であるから当然に同一の財布ですべての消費生計が賄われているともいえない状況を呈している。消費局面が複雑化した今日においては，消費生計に拠って「生計を一にする」ことを判断することの困難性が増している。この様な意味において，消費生計の同一性に基づく現行の所得税法56条における生計要件の解釈は，適正な税負担配分の実現を意図する立法の課税要件として明確であるとはいえない。

　所得税法56条の生計要件の判断について，「稼得生計」の同一性判断に拠る生計要件に拠る判断を採用した場合は，親族間取引以外の第三者取引における収入金額等の客観的な金額基準に従って「稼得生計」が同一かどうかの判断が可能に

税に係る旧取扱通達（昭和33年直所1-41「32」）が，扶養控除等についての旧所得税基本通達（昭和26年）とは異なる規定ぶりであるが，両者は「同一の意義を有する」ものであり，「実質的な差異はなかったものと考えられる」と述べられる。

148　最一小判昭和51年3月18日（裁判集民117号201頁），最二小判平成10年11月27日（税資239号139頁）等。

なる。これによって，同条の「生計要件」に係る判断に客観性を具備させることができるだけでなく，同要件を明確化することによって，予測可能性や法的安定性の確保に資することができるのである。

第3節　「稼得生計」要件の親族組合への適用

第1款　親族組合の所得計算と「稼得生計」要件
第1項　組合損益の分配への所得税法56条の適用可能性

　民法上の組合（以下「組合」という。）は，各当事者（組合員）が出資をして共同の事業を営むことを約することによって効力を生じ，その出資は労務を目的とすることができることとされている（民法667条）。我妻榮教授は，組合の成立について，「一定の目的とそれを当事者全員の共同の事業として営むという二点についての合意が成立」していれば，当事者全員が利益の分配を受けるべきことが推定されると述べられる[149]。碓井光明教授は，所得税の課税上においても，我妻教授の指摘する「この2点を要素とする組合契約が真実と認められるならば，組合形態による共同事業と認めてよい」と述べられる[150]。

　一方，所得税法においては，組合損益の計算方法，組合員への帰属ルール[151]について特段の規定を設けていない[152]。組合損益に対する租税法の現行解釈及び適用においては，組合契約で定められた損益分配の割合（その定めがない場合の出資の価額に応じて定められる割合）（民法674条）に従って，各組合員に組合損益が帰属するものとして課税関係が律せられている（これは「パス・スルー課税」と呼ばれている）[153]。親族間においては，恣意的な所得分割による租税回避の可能

149　我妻榮『債権各論〔中巻二（民法講義V3）〕』774頁（岩波書店，1998年）。

150　碓井光明「共同事業と所得税の課税」税理Vol.25.No.6（1982年）12頁。

151　増井良啓「組合損益の出資者への帰属」税務事例研究49号（1999年）53頁。増井教授は，組合損益の計算についての租税法令の未整備に関する問題として，民法の損益分配と税法の損益配賦の観念の区別の必要性と，出資持分の計算についての課税ルール整備の必要性を述べられる（同58頁～61頁）。

152　所得の帰属については，所得税基本通達36・37共-19。同通達は，組合の利益の額又は損失の額のうち，分配割合に応じた金額が組合員に帰属する旨規定するが，その分配割合については，各組合員の出資の状況，組合事業への寄与の状況等からみて経済合理性を有していることが求められている。帰属時期については，所得税基本通達36・37共-19の2，組合員の計算については，所得税基本通達36・37共-20。

153　増井・前掲注(151)53頁。増井教授は，「組合財産が総組合員の共有に属すること（民法

性がある。従って，この組合の一般的な課税関係を，親族のみを組合員として構成される組合（この項で「親族組合」という。）にそのまま適用してよいかが問題となる。

「所得税法に関する基本通達について(昭和26年1月1日直所1-1国税庁長官・国税局長)第11条の2関係・324」においては，共同経営による利益の分配の形式を採っている場合も所得税法11条の2の適用があるものとされていた[154]。昭和40年の所得税法改正で，旧11条の2は56条への変更がされた。これについて，黒川功教授は，「親族が「受ける所得」をないものにするのではなく，「対価の支払」を無かったものとする擬制形式に改められた」とし，これによって「組合契約における利益の分配が合算の対象とならないことが明らかとなり，適用の範囲が若干狭まった」と述べられる[155]。過去の裁判例においては，出資や分配についての契約と履行等についての「客観的事実により共同事業が推認され」，対外的法律関係が1人である場合等は，その者の単独による事業と認定される傾向がある[156]。組合については，まず，その組合としての実態の適正性である共同事業性についての審査を通じて，課税上も共同事業として扱うべきか，或いは，特定の者の単独事業として扱うべきかの判断がされる。共同事業性の有無を巡っては，出資や分配の契約と履行，業務執行等の客観的事実によって判断がされる。恣意的な所得分割の可能性が故に親族組合については，特にこの審査は厳格であるべきある。共同事業性が否定される場合には，その事業の損益は，所得税法12条の所得帰属のルールに拠って事業を経営していると認められる者（事業主）に帰属することになる[157]。他方，共同事業性が肯定される場合は，組合契約に経済合理性が認められることを意味している。後者の場合には，親族組合であっても，分配割合に応じて構成員たる親族に損益が帰属することになると考えられる[158]。

668条）から」，パス・スルー課税は，「解釈上自然に導かれる帰結と考えるべき」であると述べられる。

154　前掲注(12)「夫介護士・妻税理士事件」第一審判決。

155　黒川・前掲注(2)207頁～208頁。

156　舟木真由美「家族従業者の税法的地位と組合課税」税理Vol.28 No.6（1985年）126頁。同文献では，広島高判昭和41年12月9日（税資51号601頁），大阪地判昭和50年3月24日（税資85号328頁）等が挙げられている。

157　所得税基本通達12-2。

158　佐藤・前掲注(35)304頁。

従って，その出資分配については，黒川教授の指摘のとおり，所得税法56条の適用の可能性はないと解するのが妥当であり，この点は，本稿の「稼得生計」要件に拠る場合においても同様であると解すべきであろう。

第2項　組合への労務役務提供の対価と「稼得生計」に拠る生計要件

他方，親族組合について，組合から組合員が受ける給付が出資分配ではなく，労務等の役務提供の対価である場合は，所得税法56条の適用が問題となると考えられる。この場合，本稿の立法論に従い，「稼得生計」の同一性判断に拠る生計要件をもって同条の適用の有無が判断されることになるが，この場合，「稼得生計」を一にするかどうかは，その組合員に係る組合からの対価以外の収入の態様によって判断がされることになろう。しかし，この適用については，次の点に留意する必要がある。所得税法の必要経費の通則（所得税法37条，45条）から，事業主自身が自己宛に支払う対価は，それが労務その他の対価として支払われるものであっても，事業主の所得計算上，収入金額及び必要経費として考慮されないという点である。つまり，原則として，この様な性質の金員が，事業主の所得計算に含まれている場合は，課税所得計算から適切に除外されなければならないのであるが，これを事業主である組合員の組合損益の計算上どの様に扱うべきかの問題である。

いわゆる「りんご生産組合事件」[159]において，組合に労務提供をする組合員であるX（原告，被控訴人，上告人）は，組合から支給された金員を給与所得として申告したが，税務署長Y（被告，控訴人，被上告人）は，その金員について事業所得として課税処分を行った。Xはその課税処分を不服として，その支給金員に係る所得区分が争われた。上告審は，その所得区分は，給与所得とするのが相当と判示した。髙橋祐介教授は，本件組合からの支払が給与に該当するとしても，自己が組合員である組合から給与を受ける場合，課税上は自己から自己への支給として所得を構成しない部分の存在を指摘し，本判決はその様な立場（「究極的な集合論」）ではなく，「組合を組合員からある程度独立した実体と考えている（実体論）」ことを指摘される[160]。この点，組合課税が「パス・スルー課税」であるこ

159　最二小判平成13年7月13日（訴月48巻7号1831頁），髙橋祐介「判批」中里実ほか編『租税判例百選〔第6版〕』42頁（2016年）。
160　髙橋・前掲注(159)42頁。

とを考慮すれば，集合論で課税関係を律するのが理論的に妥当であり，現行の所得税法上この取扱いについて明確な規定がない以上，今後，立法で対処すべき問題と考える。

第4節　小括

　ここまでの考察で，所得税法56条の課税要件は，不確定概念化したものを含むものであり，その不明確性が故に，同条に係る現行の解釈及び適用においては，立法目的と射程の間に不整合が生じていることを指摘した。同条に係るこの目的と射程の不整合は，恣意的な所得分割による租税回避を防止する同条の機能が，適正に機能していないということに止まらず，延いては，担税力に応じて税負担が適切に配分されないことによって，租税公平主義[161]が果たされていないことを意味する重大な問題である。そこで，本章においては，同条の生計要件について，消費生計の同一性に拠る判断から，「稼得生計」の同一性に拠る判断へ変更する立法論の必要性を論証した。

　所得税法56条の生計要件を「稼得生計」の同一性判断に拠る生計要件に変更することによって，所得控除等その立法目的を異にする他の規定とは異なる，所得税法56条独自の目的に沿った生計要件が規定されることになる。その結果，同条に係る現行解釈によって生じる「所得分割防止措置が施されるべき親族間対価が放置されている問題」の取引対価を同条の射程に取り込むことができる。他方，「取引合理性の判断を一切考慮しない現行法の適用問題」が生じている取引対価を，同条の射程外に置くことで，独立した事業者としての立場で行った親族間取引の対価について，取引合理性に基づく経費性判断への途を開くことが可能となる。この様にして，「稼得生計」要件によって，同条の立法目的に沿った射程が適正に画されることになる。この射程の適正化は，同条が所得税法12条の別段の定め[162]として適切に機能することに寄与し，これをもって，税負担の公平な配分が実現されることを意味する。さらには，不確定概念化しているとされる消費生計を把握する困難性を回避し，金額基準といった定量的基準に拠ることで，所得税法56条の射程の判断に客観性，予測可能性，法的安定性を確保することも可能

161　金子・前掲注(7)83頁。

162　谷口・前掲注(74)224頁。

になるのである。

　次章においては，「稼得生計」要件に拠って所得税法56条の射程外に置かれることとなる親族間対価について，適正対価の算定を通じた経費性判断を行う新たな課税要件の立法について述べたい。

第5章　取引合理性判断導入の立法論

　前章では，所得税法56条について，「稼得生計」要件の立法を提案し，同要件を通じて同条の目的に沿った射程が確保されることを論証した。本章では，「稼得生計」要件により同条の射程外となる親族間対価について，新たなに適正対価算定に拠る取引合理性判断を行う課税要件の必要性と妥当性を論考する。

第1節　適正対価の算定の必要性と限界

第1款　取引合理性判断の必要性

　これまで述べた様に，所得税法56条に係る現行解釈においては，適正対価の算定がさほどの困難性を伴わずに可能な場合にまで，形式的な課税要件の当てはめが行われ，その親族間対価は一律に必要経費不算入とされている。実際に親族間で労働が提供されているにも関わらず，その対価を課税所得計算上無視する点に着目すると，結局，同条は，親族の労働の対価を，課税上帰属所得として律する特例と解することができるかもしれない[163]。しかし，たとえ，そのように解することができたとしても，帰属所得への課税の仕方は，立法政策の問題であり，包括的所得概念の下において問題はないと考えられる[164]。

　課税関係は，私法関係を最大限尊重しながら規律されるべきである[165]。所得税法56条の目的の一つは，適正対価の算定が困難な場合に，簡便な税務処理を実現することである。この点，適正対価の算定の困難性をさほどの困難なく克服でき

---

[163]　岩﨑政明「未実現利得・帰属所得に対する所得課税」税務事例研究第110号（2009年）40頁。岩﨑教授は，帰属所得に対する課税制度について「包括的所得概念の「理論」と目に見える具体的な利得しか所得と認識しないという「常識」との間を揺れ動き，課税と非課税とでばらつきが生じている。」と述べられる。

[164]　佐藤・前掲注(35)14頁。

[165]　金子・前掲注(7)122頁。谷口・前掲注(74)56～57頁。

る様な場合には，支払対価の必要経費算入の適否は，その算定される適正対価との比較を通じて行われるべきということになる[166]。そこで本稿の立法の二つ目として，所得分割の可能性がある場合であっても，一律に対価を必要経費不算入にするのではなく，対価の支払を受ける親族について，第三者取引が存在する様な時には，その第三者取引価格から算定される適正対価を基準として，対価の経費性を判断する新たな課税要件の創設を提案する。

　所得税法56条に係る現行の解釈及び適用においては，課税要件の形式的な当てはめにより，家族内労働の独立性や取引の合理性等を一切考慮することなく，一律に適用がされる問題が指摘される（所得税法56条の「取引合理性の判断を一切考慮しない現行法の適用問題」）。本稿の提案する適正対価の算定を通じた経費性判断を行う課税要件の立法は，この様な同条に係る現行の解釈及び適用の問題への批判[167]に適切に対応するだけでなく，課税上の弊害がない限り，私法関係を最大限尊重しながら課税を行うべきという，法的安定性の確保を目的とした租税法律主義からの要請[168]にも適うものと考えられる。

第2款　取引合理性判断の限界

　ここで，親族内労働の対価に対する英国及び米国の課税上の取扱いについて概観する。

第1項　英国

　英国では，日本と同様に，個人単位課税[169]と超過累進税率[170]による所得税制を

166　黒川・前掲注(137)135頁。黒川教授は，「恣意的な所得分割」を不当とするならば，「これを適正金額に是正する規定」をおくべきである旨述べられる。

167　黒川・前掲注(137)134頁。

168　金子・前掲注(7)122頁。

169　財務省HP（https://www.mof.go.jp/tax_policy/summary/income/029.htm（2019年1月7日最終閲覧））に，「イギリスは，1990年4月6日以降，合算非分割課税から個人単位の課税に移行した。」との記述がある。

170　英国では，次のとおり累進税率の段階数は日本よりも少ない。英国政府のHP（https://www.gov.uk/income-tax-rates（2019年1月14日最終閲覧））によれば，2018／2019課税年度について，標準基礎控除は£11,850，税率は所得年£11,850までに対して0％，所得年£11,851から£46,350までに対して20％（基本税率（Basic rate）），所得年£46,351〜£150,000までに対して40％（高税率（Higher rate））所得年£150,000超に対して45％（追加税率（additional rate））がそれぞれ適用される。

採用している。英国の所得税法（Income Tax（Trading and Other Income）Act 2005）34条（1）は，「（a）事業目的のために完全に排他的に（wholly and exclusively）生じたものでない費用」や，「（b）事業に関係せず又は事業外で生じた損失」の控除はできない旨規定する。このことから，個人事業から支払われる家族労働の報酬であっても，事業目的のために完全に排他的に生じた費用であれば控除が認められるものと解される。

1924年のStott and Ingham v. Trehearne（H.M. Inspector of Taxes）[171]事件は，父親（控訴人）の事業（1920年からは二人の息子とのパートナーシップ事業）から二人の息子へ給与のほか，利益の33.33％（1918年以降分について10％から口頭契約で増額された）の割合で支払われたコミッションについて，行政庁（被控訴人）が，控訴人の課税所得である事業所得（当時は過去3年間の平均所得を課税標準としていた）の計算上，当該コミッションの控除を否認する課税処分をしたことから，その経費性が争われた事案である。不服特別審査会（The Special Commissioners on appeal）は，1918年と1919年のコミッションについて，商業上の合理性がないとして，増額前の利益に対して10％相当のコミッションを超える部分の経費性を否認した。高等法院（王座部）（High Court of Justice（King's Bench Division））も不服特別審査会と同様の判断をした。「事業目的のために完全に排他的に生じた費用」であるか否かの判断は，事実認定の問題と思われるが，事業目的のために完全に排他的に生じた費用である限り課税上控除を認めるという取扱いは，既にこの様な取引の商業上の合理性を問う判例法理の中にその萌芽を汲み取ることができる。

第2項　米国

米国では，連邦所得税について個人単位課税を採用していたが，1930年のPoe v. Seaborn[172]事件判決[173]を契機として，夫婦別産制を採用する州と夫婦共有財産制を採用する州との間で税負担の不公平の問題が顕在化し，1948年以降，二分二乗

171　9 TC 69（1924）.
172　282 U.S. 101（1930）.
173　金子・前掲注(33)7頁〜9頁。夫婦共有財産制を採用するワシントン州に居住するシーボーン夫妻（原告）が，連邦所得税について，夫の所得を夫婦で二分して申告したところ，内国歳入庁（被告）がその全額が夫の所得として行った課税処分を巡って争われた。連邦最高裁判所は，内国歳入法上の所得帰属は，州の財産法に従う旨の判断をした。

制度との選択制に移行した[174]。米国における家族労働報酬の支払について経費性が争われたリーディングケースとして，Estate of K. Threefoot, Petitioner, v. Commissioner of Internal Revenue, Respondent.[175]事件判決[176]が挙げられる。綿取引を行う組合の組合員である父親（請求人）が，病気で自ら執務が困難となった組合員業務について，その息子2人に代行させた。その業務代行について組合から息子達に給与の支払がされ，父親の組合からの利益配分がその分減少した。父親の税務申告において，息子達への給与は必要経費として処理されたが，行政庁（被請求人）の課税処分によりこれが否認された。父親（請求人）は，この処分を不服として争訟を提起した。課税不服審判所（Board of Tax Appeals）は，本件給与について，息子達の提供した役務に対する正当な対価として経費性を認めた。また，この事案の翌年1919年のHecht v. United States[177]事件判決[178]では，事業主である父親（原告）に雇用される息子に，事業所得（利益）の一定割合の報酬を支払う旨の契約により支払われた報酬のうち，高額な部分の経費性を否認した行政庁（被告）の課税処分について争われた。上訴裁判所（Court of Claims）は，役務に対する適正な対価を超える部分の必要経費を否認した処分を適法とした。この様に，家族労働に対して支払われる報酬について，それが役務の対価として適正である限り経費性を認めるという判例法理は，1920年頃の米国において既に形成されていたことが確認される[179]。

　事業経費の控除について，現行の米国連邦所得税法162条（a）は，「納税者の営業又は事業において，その課税年度において支払又は発生した，通常要し，かつ必要な（ordinary and necessary）費用を控除することができる」と規定す

174　金子・前掲注(33)7頁〜9頁。伊藤公哉『アメリカ連邦税法〔第6版〕』333頁（中央経済社，2017年）。同333頁によれば，現在，個人の納税者の申告資格として，「夫婦合算申告（MFJ: married filing jointly），夫婦個別申告（MFS: married filing separately），適格寡婦（寡夫）（qualified widow(er), surviving spouse），特定世帯主（head of household），単身者（single）」の5つがあるとされる。

175　9 B.T.A. 499 (1927); 1927 BTA LEXIS 2564.

176　黒川功「戦後家族における身分制度の変化と親族所得の「合算課税制度」（三）」日本法学第61巻第1号（1995年）143頁〜145頁。

177　54 F. 2d 968 (1932); 1932 U.S. Ct. Cl. LEXIS 520.

178　黒川・前掲注(176)145頁〜146頁。

179　黒川・前掲注(176)152頁。

る[180]。その例示として，実際に個人の役務が提供されたことに対する給与その他の対価で合理的（reasonable）な費用が挙げられている（同162条（a）（1））。この様に，現行の連邦所得税法は，親族内労働の対価の経費性について，「通常性」,「必要性」,「合理性」といった基準に拠る対価の適正性をもって必要経費とする旨規定するが，これは1920年頃に，既に形成されていた判例法理に沿ったものであると考えられるのである。

第3項　適正対価の算定を通じた経費性判断の射程

1．適正対価の算定可能性

　この様に，親族内労働に対する報酬に対する経費性の判断に関して，英国法及び米国法からの示唆として，①事業目的上，完全に排他的に生じたものであるか，②事業遂行上，通常に必要な費用であるか，③その金額が合理的であるかという判断基準の有効性が指摘されるものと考える。これらの判断基準は，換言すれば，役務提供の内容に見合った適正対価の算定に拠って親族内労働の対価の経費性を判断することにほかならない。

2．適正対価算定の限界

　適正対価の算定に拠る対価の合理性判断は，適正対価の算定がさほど困難なく行うことが可能である場合に当てはまるのであり，家族の立場から，不規則，不定期にされる手伝いや，内助の域を出ない家族従事の様な場合までは妥当しないと考えるべきである。なぜなら，所得税法56条については，簡便な税務処理の実現という目的が，恣意的な所得分割による租税回避防止という目的と重なり合いながら意義を有しているのであって，親族間で提供される役務に対して支払われる対価のすべてに，適正対価の算定に拠る対価の合理性判断を当てはめることは，これらの目的から逸脱すると考えられるからである。

第2節　適正対価の算定に拠る経費性判断

　本稿は，独立事業者として行う取引に係る親族間対価について，第三者取引価格に基づき算定される適正対価に拠る経費性判断を行う課税要件の立法を提案す

180　伊藤・前掲注(174)195頁。

る。本立法論を述べる前に，まず，現行の所得税法57条1項に拠る対価の相当性審査に基づく経費性判断について触れることが妥当であると思われる。

第1款　所得税法57条に拠る適正対価の算定

第1項　稼得生計要件と所得税法57条

　所得税法57条1項は，適正対価の算定を放棄した所得税法56条の例外としての適正対価の算定規定と捉えられる[181]。この点について，例えば，所得税法56条の生計要件については，本稿立法論のとおり稼得生計の同一性判断に拠る一方，所得税法57条の生計要件については，現行の生計要件の解釈のまま消費生計の同一性の判断に拠るとした場合，稼得生計が同一であっても，消費生計が別である様な親族間対価については，所得税法57条に拠る必要経費算入の途が閉ざされてしまうことになる。従って，所得税法56条の生計要件について，稼得生計の同一性に基づく新たな生計要件に拠ることとした場合，同条の例外である所得税法57条の生計要件についても，同様に，稼得生計の同一性の判断に基づく生計要件に拠らしめることが必要である。なぜならば，稼得生計要件は，所得税法56条の目的に沿った射程を明確に画するための立法であるが，所得税法56条の適用対象とされる親族間対価については，その例外として，同じの射程の下で，所得税法57条の課税要件に従って必要経費算入を認めることが必要だからである。

　事業主から対価の支払を受ける親族に，第三者取引が存在しない場合は，その親族は，生計の源泉を専ら事業主の事業に依存している関係にあるから，その対価は，「稼得生計」の同一性判断に基づく生計要件に拠って所得税法56条が適用されることを前提に，所得税法57条の適用の有無に拠って経費性の判断をするのが妥当である。この様に，稼得生計の同一性判断に拠る生計要件は，所得税法56条のみならず，同57条も同様とすることによって，所得税法56条の例外規定として所得税法57条が適正に機能する。

第2項　所得税法57条1項に拠る適正対価の算定

　所得税法57条1項は，「青色申告者は企業と家計との区別がはっきりしてい

181　酒井・前掲注(9)374頁。酒井教授は，「所得税法57条関係法規が独立企業間価格算定を前提とする規定を置いている」と述べられる。

る」[182]ことを理由として，昭和27年に導入された青色専従者控除制度を起源としている。所得税法57条1項は，青色申告事業者の配偶者その他の親族で，専らその事業者の事業に従事するもの（以下，「専ら従事要件」という。）の支払う給与について，対価の相当性審査に基づく適正対価の算定を通じて経費性の判断をしている。この相当性審査について，所得税法57条1項及び所得税法施行令164条は，親族により提供される労務の期間や性質等を勘案しつつ，他の使用人や同種類似の事業者における給与の支給状況等に照らして相当と認められる給与についての経費性を認めている。所得税法57条1項の「専ら従事要件」の判断については，納税者の事業に従事し，或いは，従事しうる状態を指すものと解されており[183]，さらに，相当性審査に基づいて，実際の従事に対して相当な対価であるかどうかの判断がされている。つまり，家事労働を除いた専ら従事しうる状況において，事業に従事した対価として相当か否かという審査を通じて，必要経費となる青色専従者給与の額が算定されている[184]。

　このように，所得税法56条が適用される対価については，例外として，所得税法57条1項の「専ら従事要件」及び対価の相当性審査に拠って経費性の判断がされる。この所得税法57条の規定により，所得税法56条の規定は空文化しているという指摘がされることがある[185]。しかし，所得税法57条は，「専ら従事要件」をもって相当な対価であるかどうかの判断対象について制限を設け，その要件を充足しない対価については必要経費算入を認めない。この様な場合は，結果として，所得税法56条に拠る規制が機能するのであるから，所得税法56条が空文化しているという指摘は，この限りにおいて妥当しない。

　また，所得税法57条については，事業や労働が多様化している中において，個人事業における親族の労働についてだけ，「給与支給にかかる必要経費性と正当

182　注解所得税法研究会編・前掲注(71)965頁。

183　山本守之・守之会『新版　検証税法上の不確定概念』318頁（中央経済社，2015年）。

184　作田隆史「青色事業専従者給与の「専ら従事」の要件について」税大ジャーナル No.14（2010年）86頁。

185　注解所得税法研究会編・前掲注(71)987頁（大蔵財務協会，2011年）。黒川・前掲注(2)208頁～209頁：黒川教授は，所得税法56条を「市民法秩序の民主化により初めて法規定上顕在化してきた『家父長制的課税関係』」と捉えられ，「家族関係の平等化・契約化とは本質的に相容れないもの」であって，その後の「家父長制的課税関係の崩壊過程は，（青色）事業専従者控除（給与）の拡充による合算課税制度内部からの侵蝕として捉えることが出来る」と述べられる。

な労働対価性を制限する理由は，既に失われている」という立場からの反対がある[186]。しかし，これまで述べたとおり，親族間取引には恣意的な所得分割による租税回避の可能性があるのであるから，それを防止する上で，親族の労働に係る対価の必要経費算入について一定の制限を付すことはやむを得ない。但し，所得税法57条の「専ら従事要件」は，その判断基準が必ずしも明確とはいえないことも指摘されており，その基準を明確化する何等かの措置が必要であると考えられる[187]。この点については今後の研究課題としたい。

第2款　所得税法56条の新たな課税要件に拠る適正対価の算定
第1項　稼得生計要件と適正対価の算定に拠る経費性判断

「稼得生計」要件に拠る場合，親族が独立した事業者としての立場で提供する役務の対価については，「稼得生計」を一にしない親族に支払われる対価として所得税法56条は適用されないこととなる。しかし，この様な関係にも所得分割による租税回避の危険性は存在する。そこで，本稿は，これに対応するため，所得税法56条について，このような「稼得生計」を一にしない親族間の取引において，第三者取引価格に基づく適正対価の算定に拠って対価の経費性判断を行う新たな課税要件の立法を提案する。これは，現行における同条の「取引合理性の判断を一切考慮しない現行法の適用問題」への対応である。

この場合の適正対価は，事業主と「稼得生計」を一にしない親族の独立性に根拠して適用するものであるから，対価の支払を受ける親族に係る第三者取引（対象となる親族間取引と，労務に従事した期間，労務の性質及びその提供の程度が同様な第三者取引）における価格（第三者取引価格）を基に算定される適正対価とすべきである。この例外として，支払われる対価が給与に該当する場合には，対価を支払う事業主である納税者の有する第三者取引価格から適正対価を算定することが妥当する場合もあると考えられる。所得分割による租税回避の防止と簡便な税務処理の実現という所得税法56条の目的は，親族間の取引の対価について，適正対価の算定が可能な場合は，その適正対価の算定を通じて果たされるべ

186　山本守之・守之会・前掲注（183）323頁。
187　作田・前掲注（184）89頁：作田氏は，「専ら従事」を量的基準と捉え，その簡素化と明確化の必要性を提案される。

きである[188]。この意味において，適正対価の算定が困難な場合には，その対価の経費性は否定されるべきものと解されるのである。

第2項　適正対価の算定に拠る経費性判断の二つの方法

　適正対価の算定に拠って親族間対価の経費性判断をする所得税法56条の新たな課税要件の立法により，親族間対価に係る適正対価の算定については，結果的に，次の二つの方法が併存することになる。一つは，所得税法56条の適用がある場合に，所得税法57条1項に拠る対価の相当性審査に基づいて経費性を判断するという現行と同様の方法であり，もう一つは，本稿が提案する所得税法56条の新たな課税要件に拠って，稼得生計を一にしない親族に係る第三者取引価格から適正対価を算定する方法である。

図6：親族間対価に係る適正対価算定に関する二つの方法

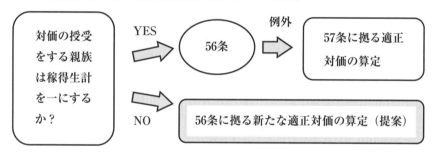

第3節　適正対価の算定に拠る経費性判断の妥当性

第1款　租税回避防止という目的との関係

　所得税法56条の立法目的は，親族間における恣意的な所得分割による租税回避の防止と，簡便な税務処理の実現にある。本稿の提案に従って，親族間対価に対する適正対価の算定を通じた経費性判断の対象範囲を拡大することは，親族間対価について合理性判断に基づく経費性判断をする機会を拡大することを意味している。これは，恣意的な所得分割による租税回避の防止の観点からの親族間対価

188　黒川・前掲注(137)135頁。

の不当性判断について，「適正対価に是正する規定」を置くべきとする同条に係る現行の解釈及び適用への批判[189]に，適切に対応することを意味する。このことから，適正対価算定に拠って経費性判断を行う新たな課税要件の立法は，同条に係る現行の「取引合理性の判断を一切考慮しない現行法の適用問題」を解決しながら，恣意的な所得分割による租税回避防止という目的を適切に実現することに寄与するものと考えられるのである。

第2款　簡便な税務処理の実現という目的との関係
第1項　贈与税課税の適正化

　所得税法56条により必要経費不算入とされる対価の性質は，本来，適正対価の算定が可能であれば適正対価として必要経費に算入されるべき金額と家事関連費の混在として観念される。この点，適正対価の算定が可能な場合，その適正対価を超える部分の金額は家事関連費として観念される[190]。親族間で支払われる対価について家事関連費が観念される場合，その家事関連費に相当する金額のうち，扶養義務者相互間における「生活費又は教育費に充てるため」の扶養義務の履行に「通常必要と認められるもの」（相続税法21条の3第1項2号）を超える部分については，贈与税の課税が検討されるべきである[191]。なぜなら，支払われる対価について，所得税法56条の適用によって，同一生計の親族間で支払われる対価を支払う者の担税力に含めることは，本来の役務提供の対価として適正額と観念される部分については課税上追及しないことにしたものと捉えられ[192]，さらに，その適正額を上まわる家事関連費として観念される部分は，所得税法上必要経費

189　黒川・前掲注(137)135頁。

190　Boris I. Bittker, "A "Comprehensive Tax Base" as a Goal of Income Tax Reform", in *Harvard Law Review* Vol. 80, 1967, p.952. ビトカーは，「必要経費と家事費を区分することについて，包括的課税標準（comprehensive tax base（"CTB"））の概念は機能しない」（p.952）と批判する。この点，本稿が提案する適正対価算定に拠る経費性判断は，CTBの中でこの区分を機能させる一つの手段として位置付けられるものと考える。

191　水野・前掲注(8)167頁。水野教授は，「贈与の多くは，家族内，すなわち，扶養義務者相互間のものである」ことから，「扶養義務者相互の所得階層によっては，むしろ，贈与として課税されるべきである場合もあると思われる。」と述べられる。

192　酒井・前掲注(9)376頁〜377頁。酒井教授は，「所得税法56条は，一方親族が他方親族から労務の対価を得ているとしても，かかる労務の対価性を否定することなく，単に課税上追及しないという措置を採用しているともいい得る」と述べられる。

に算入されない（所得税法45条）ものと捉えられるものの，後者に係る贈与税の課税関係については，所得税法56条は無言であると思われるからである[193]。

　本稿の提案する「稼得生計」の同一性判断に拠る生計要件への変更により，所得税法56条の射程がその立法目的と整合し，結果として，同条の例外規定としての所得税法57条1項に拠る経費性判断を行う上でも，その射程の的確化が図られることになる。他方，適正対価の算定を通じて経費性を判断する新たな課税要件を設けることにより，「稼得生計」を一にしない親族間対価については，第三者取引価格に基づく適正対価の算定を通じた経費性判断がされることになる。この課税要件によって，親族間対価に関して，適正対価の算定に拠る経費性判断の範囲が拡大することになり，現行法の適用と比較して，適正対価を超える部分（家事関連費に相当する金額）の算定可能性が高まり，その結果として，贈与税課税の適正化に幾ばくかの寄与を果たすことが期待される。

第2項　簡便な税務処理の適切な実現

　「稼得生計」を一にしない親族の場合には，対価を受ける親族に，比較対象取引である第三者取引価格が存在しており，さほど困難なく適正対価を算定することが可能であると考えられる。この場合の恣意的な所得分割の防止機能は，本稿の提案する新たな課税要件に拠って，この適正対価の算定に基づいた取引合理性の検証を通じて果たされることになる[194]。他方，親族が納税者である事業主と「稼得生計」を一にする場合には，その対価には，所得税法56条の適用がされ，例外として，所得税法57条の規定の適用を通じた経費性判断がされることになる。

　家族構成員の納税義務者としての地位は，それぞれ最大限に尊重されるべきである。この意味においては，課税上特に弊害が認められない限り，親族間対価の経費性は認められるべきである。しかし，適正対価の算定を通じて経費性を判断する新たな課税要件，或いは，所得税法57条の課税要件のいずれも充足しない場合には，対価の経費性は認められないことになる。この場合は，適正対価算定の困難性が克服できない対価，換言すれば，家事（関連）費との区別が困難である

193　岡村忠生ほか『租税法』74頁（有斐閣，2017年）。「扶養義務の履行や贈与は，履行や贈与をした納税者の所得の処分であり，包括的所得概念のもとで消費と考えられるから，控除はみとめられない。」と述べられる。

194　黒川・前掲注(137)135頁。

ものと解されることになる。この様に，本稿が提案する適正対価の算定を通じて
経費性を判断する新たな課税要件は，当事者間の契約，私法関係を最大限に尊重
した課税を行うものであるから，租税法律主義の目的である法的安定性を確保し
ながら[195]，簡便な税務処理の実現という目的を適切に果たすものである。

第4節　立証責任の配分

　最後に，本稿の立法論の立証責任について述べたい。本稿の立法論は，所得税
法56条について，現行の生計要件を「稼得生計」の同一性判断に拠る生計要件へ
変更することと，第三者取引価格から算定される適正対価に拠って，親族間対価
の経費性を判断する課税要件の導入を提案するものである。「稼得生計」の同一
性判断に拠る生計要件の充足を理由とした所得税法56条適用に係る課税処分や，
適正対価の算定を通じた経費性判断における適正額算定を巡る課税処分の適法性
についての立証責任は，課税処分に係る行政庁（国側）が負うべきである[196]。
　しかし，親族間対価の適正性を検証する上で，比較対象とすべき第三者取引価
格に基づく適正対価の算定に関する資料や情報等の立証手段は，対価の支払を受
ける親族に存在するから，親族間対価が適正であることについて，課税処分に係
る行政庁に対する適正対価に関する説明義務[197]をその親族に負担させるのが妥当
である[198]。この点，行政庁による課税処分の対象者は，対価の支払者である納税
者であるから，この適正対価に関する説明義務は，実質的には対価の支払を受け
る親族の資料によって説明されるものの，対価の支払者である納税者を通じて説
明が果たされるが適当であり，これらの点から，対価の授受をする両当事者に
よって連帯して果たされる説明義務とするのが妥当と思われる。また，支払われ

195　金子・前掲注（7）122頁。
196　金子・前掲注（7）1043頁。水野・前掲注（8）145頁。谷口・前掲注（74）187頁。
197　伊藤滋夫「租税訴訟における要件事実論のあるべき姿」伊藤滋夫＝岩崎政明編『租税訴訟
における要件事実論の展開』25頁（2016年，青林書院）。伊藤教授は，行政庁に立証責任がある
事実について，立証手段が納税者に偏って存在するような「特別の具体的な事情がある場合」，
納税者が「事案解明義務（狭義）」を負担することが妥当である旨述べられる。
198　金子・前掲注（7）1043頁。金子教授は，「課税要件事実の存否および課税標準については，
原則として租税行政庁が立証責任を負う，と解すべきである」が，「課税要件事実に関する証拠
との距離を考慮に入れると，この原則には利益状況に応じて修正を加える必要があろう」と述
べられる。

る対価が給与に該当する場合で，対価を支払う事業主である納税者の有する第三者取引価格から適正対価が算定される場合は，対価の支払をする納税者によってこの説明義務は果たされるとするのが妥当であろう。

第5節　小括

前章で提案した「稼得生計」の同一性判断に拠る生計要件の立法により，親族が独立した事業者として行う役務の対価には，所得税法56条は適用されないことになる。しかし，この様な場合でも，親族間における恣意的な所得分割による租税回避の可能性は否定できない。本章では，この所得税法56条の「取引合理性の判断を一切考慮しない現行法の適用問題」に対応すべく，適正対価の算定を通じて経費性を判断する新たな課税要件の創設を提案した。事業主と「稼得生計」を一にしない親族には第三者取引価格が存在し，それに基づく適正対価の算定が可能であるから，この様な関係における対価には，第三者取引価格に基づく適正対価の算定に拠る経費性判断を行うことが妥当である。

本稿が提案する適正対価の算定を通じて経費性を判断する課税要件については，次のとおりその妥当性が指摘される。まず，適正対価の算定に拠って対価の経費性判断を行うことで，所得分割による租税回避防止の視点から，所得税法56条の「取引合理性の判断を一切考慮しない現行法の適用問題」に適切に対応する。また，この新たな課税要件を創設し，適正対価に拠る経費性判断の対象範囲を広げることで，適正対価を超える部分（家事関連費に相当する金額）の算定可能性が高まり，その結果として，贈与税課税の適正化に寄与することが期待される。さらには，適正対価の算定可能性を拡げることは，当事者間の契約を最大限に尊重した課税を行うものであるから，租税法律主義の目的である法的安定性を確保[199]しながら，同条の目的の一つである簡便な税務処理の実現を適切に果たすものと解することができる。

本章の最後では，本稿の立法論による立証責任の配分について述べた。本稿立法論の規定に基づく課税処分の適法性の立証責任は課税処分に係る行政庁（国側）が負うべきであるが，適正対価の算定の根拠については，対価の支払の授受をす

199　金子・前掲注(7)122頁。

る親族に，適正対価に関する説明義務[200]を連帯して負担させることすることが妥当であると考える。

第6章　総括

　本稿において，最初に検討したとおり，所得税法56条の立法目的は，親族間における恣意的な所得分割による租税回避の防止と，簡便な税務処理の実現にあると解される[201]。およそ70年の歳月を経た今日においても，シャウプ勧告にいう公平の基本理念は，その色を褪せることはない。税負担を公平に配分して租税公平主義を実現する上で，同条が果たすべき役割は大きく，今後もより一層厳格に運用することが求められる。しかし，同条の課税要件の解釈を巡っては，長い間の議論があるものの，現行の要件解釈ではその結果が妥当でない適用問題が生じていることが指摘された。

（「稼得生計」の同一性判断に拠る生計要件の立法）

　所得税法56条の課税要件に係る現行解釈では，事業主から対価を受ける親族が，たとえ，その者の日常生活の資，生計の源泉を専ら事業主に依存している関係であったとしても，事業主である納税者とその親族が，生計を一にしていなければ，同条の適用対象にならない。この様な関係においては，恣意的な所得分割の可能性が指摘されるにも関わらず，現行法の解釈では同条の適用はされない。本来，この様な取引対価は，同条の適用を前提に，所得税法57条の適用によって対価の経費性を判断するのが妥当であると考える。

　本稿は，この様な所得税法56条の射程に係る問題の原因として，同条の生計要件に関する現行解釈の問題点を指摘した。つまり，恣意的な所得分割の防止という目的に対して，対価の授受を行う親族の消費生活が同一であるかどうかを問う生計要件の解釈が，整合していないことの問題提起である。生計には，その入口と出口の両側面でそれぞれ異なる生計概念が観念される。「消費」を生計の出口の側面とするなら（これを，本稿では「消費生計」と呼んだ。），生計の入口の側

200　伊藤・前掲注(197)25頁。
201　東京高判平成3年5月22日（税資183号799頁），前掲注(13)「夫弁護士・妻弁護士事件」上告審判決。酒井・前掲注(15)4頁。

面は「稼得」ということができる（これを，本稿では「稼得生計」と呼んだ。）。

　本稿の目的は，所得税法56条を厳格に運用する上で，その立法目的に沿った同条の射程を的確にして，これを明確にする方法を提示することにある。そのための立法論として，本稿は，同条の生計要件に関して，生計の出口である消費生計の同一性の判断に拠る従来の生計要件を廃止して，生計の入り口である「稼得生計」の同一性の判断に拠る生計要件へと変更する立法の必要性と妥当性を論証した。これに従い，対価の支払を受ける親族が，その日常生活の資，生計の源泉を専ら事業主の事業に依存している関係に同条を適用すべく，同条の生計要件に関して，従来の消費生計に着目した「生計を一にする」親族から，「「稼得生計」を一にする」親族へと変更することについて，明文をもってこれを規定することを提案した。これが本稿の立法論の一つ目の内容である。

（適正対価の算定を通じて経費性判断を行う新たな課税要件の立法）

　もう一つの所得税法56条に関する適用問題として，事業主と生計を一にする親族であっても，独立した事業者の立場で行った取引について，その合理性を問うことなく，形式的な課税要件の当てはめによって同条の適用が行われ，一律に対価が必要経費に算入されないという場合が指摘される。課税関係を律する上で，原則として私法準拠が要請されるのは，租税法律主義の目的である法的安定性を確保するためと考えられている[202]。取引に経済合理性が存在することは，租税回避の存在可能性を否定するものであるから，経済合理性のある取引は，たとえそれが生計を一にする親族間で行われたものであっても，課税所得の計算上特に弊害のない限り，最大限に尊重されるべきである。合理的な取引おいて支払われる対価は適正であるから，さほど困難性を伴わずに適正対価が算定され得る場合は，その対価の適正性の審査を通じてその対価の経費性を判断するのが妥当である[203]。

　「稼得生計」要件に従えば，親族間取引でも独立事業者として役務提供を行う場合は，「稼得生計」を一にしないことになり，所得税法56条は適用されないことになる。この場合でも恣意的な所得分割の可能性は否定できないが，この場合の租税回避の防止は，対価の適正性に拠って対処することが妥当である。「稼得

202　金子・前掲注(7)122頁。
203　黒川・前掲注(137)135頁。

生計」を一にしない親族，つまり，独立した事業者としての立場で役務提供をする親族には第三者取引が存在するから，その第三者取引価格を基に算定される適正対価に拠って親族間の支払対価の経費性を判断する方法を，所得税法56条の新たな課税要件として導入することが適当である。この点，支払われる対価が給与の場合には，対価を支払う親族の第三者取引価格から適正対価が算定されることも妥当である。これが，本稿の立法論の二つ目の提案である。

図7：親族間対価について本稿が提案する二つの立法論

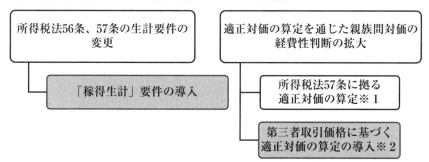

注：塗り潰し部分が本稿の立法論。適正対価算定のうち，※1は「稼得生計」を一にする親族に適用し，※2は「稼得生計」を一にしない親族に適用する（所得税法56条の新たな課税要件）。

（本稿が提案する立法論の妥当性と立証責任）

　本稿の提案する「稼得生計」要件によって，親族間における恣意的な所得分割による租税回避の防止という所得税法56条の目的に沿った射程が，明確に，かつ，的確に画されると同時に，同条が実効性のある所得帰属ルールとして機能することで，担税力に応じた公平な税負担配分の実現に寄与することになる。また，適正対価の算定を通じて経費性を判断する課税要件は，独立した事業者の立場で役務提供を行う親族に支払われる対価について，取引合理性の判断による経費性判断を行うためのものである。この取引合理性の判断に拠って，当事者間の契約，私法関係を最大限に尊重した課税が行われることになる。このことは，簡便な税務処理の実現という同条のもう一つの目的が，租税法律主義の目的である法的安

定性を確保しながら[204]，適切に果たされることにほかならない。

　最後に，本稿の立法論における立証責任について述べた。本稿が提案する新たな課税要件に係る課税処分（新たな生計要件を具備する旨の認定に基づく課税処分や，適正対価の算定に拠る経費性判断に基づく課税処分）の適法性に関する立証責任は，課税処分に係る行政庁（国側）が負うべきであるが，適正対価の算定の根拠については，対価の授受をする親族（対価の支払を受ける親族と当該対価を支払う納税者である事業主）が，行政庁に対して適正対価に関する説明義務[205]を連帯して負担することが妥当であると考える。

おわりに

　以上までで述べたとおり，本稿は，個人事業における親族間対価の課税を適正化するため，所得税法56条（及び57条）に係る立法論について論考した。現行の両規定は，親族関係を前提にその射程を規定している。しかし，現代の多様化した生活においては，内縁関係やパートナーの関係で消費生計を営む関係も多い。この様な密接な関係においては，親族の場合と同様に，恣意的な所得分割が行われる可能性が考えられることから，本稿の立法論による同条の適用に拠って租税回避行為は防止されるべきである。なお，内縁関係やパートナーの関係へ同条を適用する際には，同居を要件とする等，客観的に明確化された課税要件により，予測可能性と法的安定性の確保に留意して運用される必要があろう。さらに，この様な関係に対して同条を適用する場合の前提として，所得控除等所得税法における他の規定の適用との均衡を図る必要があると思われる[206]。この点は，所得税法56条を厳格に運用する上での今後の課題として位置付けたい。

　ある時代背景を前提にして，一定の立法目的に沿って規定された要件について，その後，時代の変遷とともに立法当初の前提が変化しても，なお，立法上の手当てをしないまま，従来どおりの課税要件の文理に従って，形式的に要件事実

204　金子・前掲注（7）122頁。

205　伊藤・前掲注(197)25頁。

206　佐藤英明「ダイバーシティ社会における所得税─給与所得者を中心として」税理Vol.61／No.11（2018年）3頁。

の当てはめを続けることは，適用結果に妥当性を欠くことになる[207]。立法目的が有意義に存在し続けるとしても，要件の形式的な文理解釈では，もはや，その目的に沿った射程が確保できないからである。半面，変更された前提を推し量って，これに沿って要件の解釈することが許容されるとした場合，適用結果について妥当性を具備する可能性はあるものの，予測可能性や法的安定性を犠牲することになる。いずれにせよ，この様な事態を放置することは，執行上の便宜を理由にしても正当化されない。所得税法56条は，まさにその状況にある。

　近年，働き方の多様性に対する関心が高まっている。個人事業に対する家族の役務提供も多様化しており，これに，所得税課税をいかに対応させるべきかを検討することは喫緊の課題である。およそ70年の歳月を経た今日においても，シャウプ勧告にいう公平の基本理念[208]は，その色を褪せることはない。税負担を公平に配分して租税公平主義を実現する上で，所得税法56条が果たすべき役割は大きく，今後もより一層厳格に同条を運用することが必要である。そのためにも，同条の立法目的に沿って射程を明確に画しながら，今日における家族関係や個人事業のあり様に即して，親族間で支払われる対価の経費性について，適切かつ合理的に判断する仕組を再構築することが求められている。本稿の提案する立法は，これに適切に応えるものと考える。

【参考文献一覧】

＜書籍＞

1．泉美之松『所得税法の読み方』（東京教育情報センター，1986年）
2．伊藤公哉『アメリカ連邦税法〔第6版〕』（中央経済社，2017年）
3．岡村忠生ほか『租税法』（有斐閣，2017年）
4．金子宏『課税単位及び譲渡所得の研究』（有斐閣，1996年）
5．金子宏『所得課税の法と政策』（有斐閣，1996年）
6．金子宏『所得概念の研究』（有斐閣，1995年）
7．金子宏『租税法〔第22版〕』（弘文堂，2017年）
8．金子宏『租税法理論の形成と解明〔上巻〕』（有斐閣，2010年）

207　田中・前掲注(4)216頁。
208　Shoup Mission・前掲注(1)17頁。

9．木村弘之亮『租税法学』（税務経理協会，2002年）

10．窪田充見『家族法〔第3版〕』（有斐閣，2017年）

11．酒井克彦『ステップアップ租税法』（財経詳報社，2010年）

12．酒井克彦『所得税法の論点研究』（財経詳報社，2011年）

13．酒井克彦『レクチャー租税法解釈入門』（弘文堂，2015年）

14．佐藤英明『スタンダード所得税法〔第2版〕』（弘文堂，2017年）

15．品川芳宣『国税通則法講義』（（公社）日本租税研究協会，2015年）

16．品川芳宣『第3版　重要租税判決の実務研究』（大蔵財務協会，2014年）

17．武田昌輔監修『DHCコメンタール所得税法』（第一法規，2018年）

18．田中二郎『租税法〔新版〕』（有斐閣，1983年）

19．谷口勢津夫『税法基本講義〔第6版〕』（弘文堂，2018年）

20．注解所得税法研究会編『注解所得税法〔5訂版〕』（大蔵財務協会，2011年）

21．水野忠恒『大系租税法〔第2版〕』（中央経済社，2018年）

22．三又修ほか編『所得税法基本通達逐条解説（平成29年版）』（大蔵財務協会，2017年）

23．我妻榮『債権各論〔中巻二（民法講義V3）〕』（岩波書店，1998年）

24．日本税理士連合会編・山本守之・守之会著『検証・税法上の不確定概念』（中央経済社，2000年）

25．山本守之・守之会『新版 検証税法上の不確定概念』（中央経済社，2015年）

26．Henry C. Simons, *Personal Income Taxation; The definition of income as a problem of fiscal policy*, The University of Chicago Press, 1938.

＜論文・判例評釈＞

1．阿部雪子「所得税の課税ベースの研究―所得税の改革の方向性―」一橋論叢第135巻第1号（2006年）

2．伊藤滋夫「租税訴訟における要件事実論のあるべき姿」伊藤滋夫＝岩崎政明編『租税訴訟における要件事実論の展開』（青林書院，2016年）

3．今村隆「婚姻・両性の平等と課税単位」山田二郎編『実務法律講義⑦実務租税法講義』（民事法研究会，2005年）

4．今村隆「借用概念論・再考」税大ジャーナル第16号（2011年）

5．岩﨑政明「未実現利得・帰属所得に対する所得課税」税務事例研究第110号（2009年）

6．碓井光明「共同事業と所得税の課税」税理Vol.25／No.6（1982年）

7．碓井光明「判批」ジュリストNo.650（1977年）

8．大田弘子「女性の変化と税制」野口悠紀雄編『税制改革の新設計』（日本経済新聞社，1994年）

9．大田弘子「女性と税制－配偶者控除等の検証」税研Vol.13／76号（1997年）

10．貝塚啓明「二分二乗制の是非と妻の座」税経通信Vol.40／No.10（1985年）

11. 金子宏「租税法における所得概念の構成（一）」法学協会雑誌　第83巻第9・10合併号（1966年）

12. 清永敬次「判批」芦部信喜編「憲法判例百選Ⅱ」（1980年）

13. 黒川功「戦後家族における身分制度の変化と親族所得の「合算課税制度」（1）」日本法学第60巻第2号（1994年）

14. 黒川功「戦後家族における身分関係の変化と親族所得の「合算課税制度」（2）」日本法学第60巻第4号（1995年）

15. 黒川功「戦後家族における身分制度の変化と親族所得の「合算課税制度」（3）」日本法学第61巻第1号（1995年）

16. 黒川功「戦後家族における身分制度の変化と親族所得の「合算課税制度」（4・完)」日本法学第61巻第2号（1995年）

17. 酒井克彦「導管理論と所得税法56条（上）」税務事例Vol.37／No.12（2005年）

18. 酒井克彦「導管理論と所得税法56条（下）」税務事例Vol.38／No.1（2006年）

19. 酒井克彦「所得税法上の所得控除規定にみられる生計同一要件—所得税法上の「生計を一にする」概念の意義」税務弘報Vol.57／No.6（2009年）

20. 作田隆史「青色事業専従者給与の「専ら従事」の要件について」税大ジャーナルNo.14（2010年）

21. 佐藤英明「租税法と私法」法学教室No.242（2000年）

22. 佐藤英明「ダイバーシティ社会における所得税—給与所得者を中心として」税理Vol.61／No.11（2018年）

23. 品川芳宣「租税理論からみた配偶者控除是非論の検証（上）税理 Vol.40／No.5（1997年）24. 品川芳宣「租税理論からみた配偶者控除是非論の検証（下）税理Vol.40／No.6（1997年）

25. 渋谷雅弘「借用概念解釈の実際」金子宏編『租税法の発展』（有斐閣, 2010年）

26. 税法基本判例研究会（角田敬子）「判批」月刊「税」第70巻第9号（2015年）

27. 髙橋祐介「判批」中里実ほか編『租税判例百選〔第6版〕』（2016年）

28. 田中治「親族が事業から受ける対価」税務事例研究第77号（2004年）

29. 田中治「税法の解釈における規定の趣旨目的の意義」税法学第563号（2010年）

30. 谷口勢津夫「夫婦・家族課税の在り方〜ドイツにおける近時の租税憲法上の論議を中心に〜」『税・財政及び国際課税を巡る現状と課題（公社）日本租税研究協会第69回租税研究大会記録2017』((公社）日本租税研究協会, 2017年）

31. 中里実「制定法の解釈と普通法の発見（上）」ジュリストNo.1368（2008年）

32. 中村芳一「「生計を一にするか否か」の区分基準について」税務弘報 Vol.46／No.8（1998年）

33. 舟木真由美「家族従業者の税法的地位と組合課税」税理Vol.28／No.6（1985年）

34. 増井良啓「組合損益の出資者への帰属」税務事例研究49号（1999年）

35. 増田英敏「税理士の妻への税理士報酬支払と所得税法56条の適用の可否—宮

岡事件」税務事例Vol.35／No.12（2003年）

36. 我妻栄「夫婦の財産関係（下）」ジュリストNo.490（1971年）

37. 和田八束「『租税公平』論の検討」税経通信Vol.40／No.10（1985年）

38. 吉村典久「家族関係と所得税」専修大学法学研究所紀要26『民事法の諸問題Ⅹ』（2001年）

39. Boris I. Bittker, "A "Comprehensive Tax Base" as a Goal of Income Tax Reform", in *Harvard Law Review* Vol. 80, 1967.

40. Georg Schanz, "Der Einkommensbegriff und die Einkommensteuergesetze", *Finanz-Archiv* 13 Jahrgang, 1896.

41. Oliver Oldman, and Ralph Temple, "Comparative Analysis of the Taxation of Married Persons", in *Stan. L. Review* Vol. 12, 1960.

42. Robert M. Haig, "The Concept of Income － Economic and Legal Aspects", *The Federal Income Tax*, ed by R. M. Haig（New York, 1921）, in *Readings in the Economics of Taxation*, selected by a committee of The American Economic Association, ed by R. M. Musgrave and C.S. Shoup, 1959.

＜裁判例＞

（最高裁判所）

1. 最大判昭和36年9月6日（民集15巻8号2047頁）

2. 最一小判昭和51年3月18日（裁判集民117号201頁）

3. 最大判昭和60年3月27日（民集39巻2号247頁）

4. 最一小判平成9年4月23日（税資224号1137頁）

5. 最二小判平成10年11月27日（税資239号139頁）

6. 最二小判平成13年7月13日（訴月48巻7号1831頁）

7. 最三小判平成16年11月2日（訴月51巻10号2615頁）

8. 最三小判平成17年7月5日（税資255号順号10070）

9. 最二小（決定）平成27年1月16日（税資第265-5順号12588）

（高等裁判所）

10. 広島高判昭和41年12月9日（税資51号601頁）

11. 福岡高判昭和47年11月20日（行集23巻10・11号832頁）

12. 東京高判平成3年5月22日（税資183号799頁）

13. 名古屋高判平成5年10月25日（税資224号1179頁）

14. 高松高判平成10年2月26日（税資230号844頁）

15. 東京高判平成15年10月15日（税資253号順号9455）

16. 東京高判平成16年6月9日（判時1891号18頁）

17. 東京高判平成25年11月21日（税資第263号-215順号12339）

（地方裁判所）

18. 京都地判昭和35年2月17日（税資33号167頁）

19. 福岡地判昭和45年3月19日（行集21巻3号546頁）
20. 大阪地判昭和50年3月24日（税資85号328頁）
21. 東京地判平成2年11月28日（税資181号417頁）
22. 名古屋地判平成4年5月8日（税資224号1245頁）
23. 徳島地判平成9年2月28日（税資222号701頁）
24. 浦和地判平成12年12月4日（税資249号952頁）
25. 東京地判平成15年6月27日（税資253号順号9382）
26. 東京地判平成15年7月16日（判時1891号44頁）
27. 東京地判平成25年6月20日（税資第263号-114順号12238）
28. 東京地判平成25年9月6日（訴月61巻1号207頁）

（外国裁判例）
29. Stott and Ingham v. Trehearne（H.M. Inspector of Taxes），9 TC 69（1924）
30. Poe v. Seaborn, 282 U.S. 101（1930）
31. Estate of K. Threefoot, Petitioner, v. Commissioner of International Revenue, Respondent, 9 B.T.A. 499（1927）
32. Hecht v. United States, 54 F. 2 d 968（1932）

<勧告，税制調査会答申，インターネットサイト・その他>

1. Shoup Mission, *Report on Japanese Taxation*, 大蔵省財政史室編『昭和財政史〔第8巻〕』（東洋経済新報社，1977年）
2. シャウプ税制研究会編『シャウプの税制勧告』（霞出版社，1985年）
3. 税制調査会「長期税制のあり方についての答申」（1968年7月）
4. 税制調査会「長期税制のあり方についての答申」（1971年8月）
5. 税制調査会「財政体質を改善するために税制上とるべき方策についての答申」（1980年11月）
6. 政府税制調査会「課税単位に関する専門小委員会報告（1986年2月）」大蔵省広報「ファイナンス」Vol.22 No.1（1986年）
7. 財務省HP（https://www.mof.go.jp/tax_policy/summary/income/029.htm（2019年1月7日最終閲覧））
8. 英国政府のHP（https://www.gov.uk/income-tax-rates（2019年1月14日最終閲覧））
9. 新村出編『広辞苑［第7版］』（岩波書店，2018年）
10. 林修三ほか編『法令用語辞典〔第5次全訂新版〕』（学陽書房，1976年）
11. 法令用語研究会編『有斐閣 法律用語辞典〔第4版〕』（有斐閣，2012年）

合同会社における社員の死亡と定款の定め

永渕　圭一

第1章　はじめに

第1節　問題の所在

第1款　合同会社制度導入の経緯と設立件数

　合同会社は，平成18年5月1日施行の会社法（平成17年法律第86号）で創設された新しい組織形態の持分会社で，アメリカのLLC（Limited Liability Company）[1]をモデルとして日本に導入されたことから，当初は日本版LLCとも呼ばれた。出資者の全員が有限責任社員であり，内部関係については民法上の組合と同様に，原則として社員全員の一致で定款変更その他の決定が行われ，各社員自らが会社の業務の執行にあたるという規律が適用される会社であるとされている[2]。

　合同会社制度導入の当初の狙いとしては，法人格がありながら構成員課税（いわゆるパス・スルー課税）の対象となる会社形態の導入にあったとされるが，関係省庁の調整により合同会社にパス・スルーの適用は見送られ，結局，株式会社と同様の法人課税の対象となった[3]。このため，会社法施行時にはどの程度利用されるのかが疑問視する向きもあった[4]。

1　LLCは1977年にアメリカのワイオミング州で初めて法制化されたが，税制上の取り扱いが安定していなかったため，あまり利用されていなかった。しかし，1988年に，内国歳入庁がLLCに税制上構成員課税（パス・スルー課税）を認めたことによって利用が拡大し，各州でLLC法の制定が進んだ。1997年には，法人課税か構成員課税かを納税者が選択できるチェック・ザ・ボックス規則が導入されて，さらにLLCの普及が進んだ。高市邦仁「欧米のLLC」経済産業省産業組織課編『日本版LLC─新しい日本のかたち』49頁以下（きんざい，2004）。
2　相澤哲編『一問一答 新・会社法〔改訂版〕』175頁（商事法務，2009）。
3　江頭憲治郎ほか「【座談会】合同会社等の実態と課題〔上〕」商事1944号18頁〔江頭憲治郎発言〕（2011）。日本では合同会社にパス・スルー課税が適用されなかったため，別途，パス・スルーが適用される法人格のない有限責任事業組合（いわゆるLLP）の制度が導入されることになった。
4　中村信男「合同会社制度と法制上の問題点」法律のひろば69巻8号55頁（2016）。

　しかし，会社法施行から12年が経過したが，平成29年末現在の現存会社数（清算中の会社を除く）は合同会社が約13万9千社となっており，その他，株式会社が約186万社，特例有限会社が約157万社，合資会社が約9万2千社，合名会社が約1万8千社となっている[5]。合同会社の絶対数は株式会社と比べてまだまだ少ないが，法務省の登記統計によれば，合同会社の設立件数は年々右肩上がりに増え続け，会社法施行初年の平成18年（5月1日以降の8か月間）は3,392件，翌平成19年は6,076件の設立件数であったが，近年は毎年2万社程度設立され，平成29年は27,270件となっている。平成29年の株式会社の設立件数は91,379件であったので，合同会社の設立件数はその3割近い件数にまで達している状況となっている[6]。

第2款　合同会社の特徴

　合同会社と株式会社を比較すると，いずれもその社員又は株主が有限責任とされる点で共通しており，会社と第三者との間では，配当規制や債権者保護手続きについて規制が設けられている。一方，異なる点としては，会社内部関係の規律について，株式会社においては，社員の意思決定機関としての株主総会と，業務執行者としての取締役を設ける必要があり（会社法295条，326条），株主の権利内容については原則平等とされるのに対し（同法109条），合同会社においては，民法上の組合と同様に広く契約自由の原則が妥当するため，機関設計や社員の権利内容等については強行規定がほとんど存在せず，広く定款自治に委ねられている。また，株式会社においては，原則として株式の譲渡自由の原則が採用されているが，合同会社においては，社員間の人的なつながりが強く，誰が社員になるかについて他の社員は重大な利害関係を有するものとして，持分の譲渡については原則として他の社員の全員の一致が要求されている（会社法585条）[7]。

　株式会社との比較において，合同会社が選択される際に挙げられるメリットとしては，まず，設立費用の安さである。設立登記の際の登録免許税が資本金額の0.7％であるのは合同会社も株式会社も変わらないが，その最低金額が合同会社

5　宮崎拓也「商業・法人登記制度をめぐる最近の動向」商事2187号38頁（2019）。
6　法務省・登記統計（17-00-32会社及び登記の種類別 会社の登記の件数）。
7　相澤編・前掲注(2)175頁。

は 6 万円であるのに対して，株式会社は15万円となっている（登録免許税法別表第一24号（一）イ・ハ）。また，株式会社で要求される公証人による定款認証（会社法30条 1 項）が合同会社では不要であり，約 5 万円の定款認証手数料もかからない。登記の申請をするだけで設立できるので，手続も簡易といえよう。

そして，株式会社の取締役の任期は，原則として選任後 2 年以内に終了する事業年度のうち最終のものに関する定時株主総会の終結時までであり，公開会社でない株式会社であればそれを最長10年まで伸長することができるが（会社法332条 1 項，同条 2 項），合同会社の業務執行社員には任期の定めはない。株式会社では決算公告が義務とされているが（会社法440条 1 項），合同会社では義務ではない。また，合同会社には会計監査人の設置義務もなく，会社更生法の適用もない。そして，定款自治の範囲が広く，迅速な意思決定が可能という点も一般的にはメリットとして挙げられる。なお，大手外資系企業の日本法人として合同会社が選択される事例が増えているが，アメリカに親会社があって，その日本における完全子会社が合同会社の場合，子会社の利益を親会社に配当した時に，アメリカの税務上パス・スルーのメリットを享受できることが理由のひとつであると指摘されている[8]。

合同会社制度の創設時には，合同会社のメリットを生かして，専門家が集まって行う共同事業や合弁事業，ベンチャー事業などが，合同会社の活用例として想定されていた[9]。文献等によれば，確かに当初はそれらの活用例が実際にいくつかあったようである[10]。

しかし，最近の共同研究によると，合同会社の主な利用例としては，外資系企業の子会社や証券化ビークルのほかは，個人事業の法人成りの場合に限られているとの指摘があり[11]，司法書士として会社設立の登記実務を行っている筆者の立場からも同様の見解である。当初想定されていた活用例のような目的で合同会社

---

8 関口智弘＝西垣建剛「合同会社や有限責任事業組合の実務上の利用例と問題点」法時80巻11号19頁（2008）。
9 石井芳明「LLCで日本を変える—創業・再編・新産業創出」経済産業省産業組織課編・前掲注(1)124頁以下。
10 桑原浩「日本版LLCの実際の活用事例」森信茂樹編『合同会社（LLC）とパススルー税制』26頁以下参照（きんざい，2013）。
11 江頭憲治郎編『合同会社のモデル定款』 2 頁（商事法務，2016）。

が設立される事例はあまりなく，合同会社が選択される際の多くの理由は設立費用の安さという点であろう。

　一方，合同会社のデメリットとしては，合同会社という制度の知名度の低さと，定款自治の範囲が広いことに伴うリーガルコストの負担，の2つが主に考えられる。前者の知名度の低さについては，今後の活用が促進されることにより解決されるべき問題であろう[12]。一方，後者の定款自治の範囲の広さについては，合同会社のメリットとされている反面，広すぎるが故に合同会社の制度設計を定款においてどのように定めるべきかが悩ましい問題点であり，その検討に時間とコストがかかることになる[13]。この点，組織設計の自由を追求すれば必然的に発生するものなのでやむを得ないことであり，合同会社は，ある程度の設計コストをかけても組織設計に創意工夫を生かしたい人ための制度であるという見解もある[14]。しかし，個人事業の法人成りで合同会社を利用する場合には，組織設計に創意工夫をしたいというニーズが多いとは思われず，個人では資金力がなく法的知識が少ないこともあり，合同会社の法的特性を理解しないまま設立されている事例が経験上多くみられるところである。

第3款　問題の背景

　合同会社の定款の絶対的記載事項は，①目的，②商号，③本店の所在地，④社員の氏名又は名称及び住所，⑤社員の全部を有限責任社員とする旨，⑥社員の出資の目的及びその価額又は評価の標準，の6つである（会社法576条）。ところで，合同会社の設立を考えている個人が一般的に参考にしていると思われる，法務省が公開している合同会社の定款の記載例（2019年2月1日時点）[15]では，全8条の条文からなる定款の構成となっており，絶対的記載事項以外の定款の定めとし

12　ただし，平成17年改正商法以前，有限会社は株式会社よりも劣ったイメージが定着していたとされるが，このイメージが同様に合同会社にも引き継がれている可能性も指摘されている。関口＝西垣・前掲注(8)21頁。

13　関口＝西垣・前掲注(8)20頁。

14　宍戸善一「合同会社形態創設の意義と利用」『新・法律学の争点シリーズ5　会社法の争点』189頁（有斐閣，2009）。

15　法務省・法務局ホームページ「商業・法人登記の申請書様式」3-1 合同会社設立登記申請書記載例http://houmukyoku.moj.go.jp/homu/content/001252889.pdf（2019.1.31最終閲覧）。

ては，公告方法，業務執行社員及び代表社員，事業年度，が記載されているだけ
である（文末の（付記）参照）。一方，株式会社の定款の絶対的記載事項（会社
法27条）は5つであるのに対して，法務省の定款記載例（取締役会を設置しない
会社）（2019年2月1日時点）[16]は全28条の条文に及ぶ定款構成となっている。法
務省の合同会社の定款記載例が簡素なのは，必要最小限の記載に留めておこうと
いう理由のほかに，合同会社制度に関する研究自体が進んでおらず文献等も不足
していることも理由ではないかと思われる。

　しかし，この法務省の定款記載例には，相続人が社員の持分を承継する旨の定
款の定め（会社法608条1項）の記載はない。もし，社員1人の合同会社で当該
社員が死亡した時に，定款にこの定めがなければ，死亡した社員は法定退社し（会
社法607条1項3号），社員が欠けたことにより合同会社は解散してしまう（会社
法641条4号）。そして，この場合は持分会社の継続もできないことになる（会社
法642条1項）。

　法務省の定款記載例を参考にしている一般個人が，解散のリスクを承知のうえ
で合同会社の設立をしているとは考えにくい。個人事業の法人成りとして使われ
ることの多い合同会社に，一般的にはこのような定款の別段の定めがないことが
多いと思われ，会社法上の合同会社制度のデフォルトルールは，合同会社の事業
継続上問題があるのではないだろうか。そして，今後定款の記載の不備により合
同会社の解散問題が顕在化してくるのではないかと予想される。

第2節　本稿の目的と検討方法

　合同会社の一人社員が死亡することにより法定解散の問題が発生するリスクに
ついてはいくつかの文献がそれを指摘しているが[17]，それほど数が多いわけでは
ない。また，解散問題の指摘があってもそのリスクを回避するため，相続人が社
員の持分を承継する旨の会社法608条1項の定款の定めを置くことについての言

16　法務省・法務局ホームページ「商業・法人登記の申請書様式」1-3 株式会社設立登記申請
書（取締役会を設置しない会社の発起設立）記載例。http://houmukyoku.moj.go.jp/homu/
content/001252644.pdf（2019．1.31最終閲覧）。
17　森本滋編『合同会社の法と実務』117頁（商事法務，2019），神﨑満治郎『合同会社の設立・
運営のすべて』139頁（中央経済社，2014），酒井健太郎「合同・合名・合資会社による相続対
策の留意事項」税経通信69巻11号96頁（2014）など。

及があるのみで，具体的な内容にはあまり触れられていない状況でもある。

　そこで本稿では，合同会社の社員が死亡すると社員が退社することになり，当該社員が合同会社の唯一の社員であった場合には法定解散してしまう問題について，以下の順序で具体的に検討していくこととする。まず，次章において，合同会社における社員の死亡に関する問題を検討するにあたり，第1節で，会社の持分の相続性について株式会社と合同会社を比較したうえで，平成17年改正前商法と現在の会社法の違いを踏まえながら確認する。併せて清算持分会社の社員の持分の相続性についても検討する。第2節では，社員は死亡によって原則退社することになるが，退社の意義とそれに伴う持分の払戻しについて検討する。第3節で，合同会社における1人のみの社員が死亡することによって起こる法定解散及び清算手続と，会社継続ができない問題について検討する。第4節では，以上の前提問題を踏まえたうえで，社員の死亡による退社及び法定解散を回避するために，定款の定めによる死亡社員の持分承継の方法や問題点を検討する。そして最後に，合同会社の社員死亡による法定解散問題を解決するための対応策として，若干の私見を述べることとする。

第2章　合同会社における社員の死亡

第1節　会社持分の相続性

　会社の構成員である社員が死亡した場合，その持分が相続されるかどうかは会社形態によって異なる。合同会社における社員の死亡に関する問題について検討するにあたり，まず，株式会社における社員たる株主の死亡による株式の相続性について確認したうえで，次に，持分会社の社員の死亡による持分の相続性について，平成17年改正前商法と現在の会社法の違いを踏まえて確認する。なお，本稿においては社員の死亡についての検討を行うため，以下，社員（株主）は自然人たる個人であることを前提とし，法人が社員であるケースは対象外とする。

第1款　株式会社における株主の死亡

　相続人は，被相続人の一身専属のものを除く一切の権利義務を承継するが（民法896条），株式会社における社員権，つまり株主たる地位である株式の相続性が

認められるのは当然のこととされ[18]，株式会社の株主が死亡すると，株主の相続人は株主の地位を承継することになる。株式には譲渡性があり（会社法127条），株式会社の構成員の地位は属人的要素が希薄だからである[19]。会社法も，条文上，株式の相続を認めた前提での規定となっている[20]。

　死亡した株主の相続人が一人であれば単独で株式を所有するが，相続人が複数いる場合は，共同相続（民法898条）により株式を共有することになる[21]。株式の共有者は，株式についての権利を行使する者一人を定めて株式会社に通知しなければ権利を行使することができない（会社法106条）。共有者による権利行使者の決定は，共有物の管理行為として共有者の持分価格に従ってその過半数で決するが（民法252条），判例によると，共同相続により生じた共有の場合も，相続分に応じた持分の過半数で権利行使者を定めることができるとされている[22]。

　譲渡による株式取得について当該株式会社の承認を要するとする譲渡制限株式（会社法2条17号）について，相続等の一般承継による株式の移転の場合は会社の承認は不要である（会社法134条4号参照）[23]。しかし，他の株主にとって好ましくない一般承継人を会社から排除するため，相続その他の一般承継により当該株式会社の譲渡制限株式を取得した者に対し，当該株式を会社に売り渡すことを請求できる旨を定款で定めることができる（会社法174条）。この一般承継人に対する売渡しの請求は，会社法162条の場合とは異なり，相続人その他の一般承継人の同意なしに会社が株式を取得でき，また，公開会社であっても譲渡制限株式を発行している会社であれば適用がある[24]。

18　谷口知平＝久貴忠彦編『新版注釈民法（27）相続（2）〔補訂版〕』73頁〔右近健男〕（有斐閣，2013）。

19　内田貴『民法Ⅳ親族・相続〔補訂版〕』368頁（東京大学出版会，2004）。

20　会社法133条2項，134条4号，137条2項，162条，174条等参照。

21　正確には民法264条の準共有であり，ほかに株式の共有が生じるのは，株主の意思に基づき生ずる場合（組合の形成等）等がある。江頭憲治郎『株式会社法〔第7版〕』122頁（有斐閣，2017）。

22　最判平成9年1月28日判時1599号139頁。なお，中小企業の支配株式の共同相続のケースでは，権利行使者の決定が当該企業の実質的な承継者決定を意味しており，単なる共有物の管理行為とみることはできないとして，共同相続株式の権利行使者の決定には共有者全員の同意を要するとする有力な反対説がある。大野正道「株式・持分の相続準共有と権利行使者の法的地位」『企業承継法の研究』127頁（信山社，1994）。

23　江頭・前掲注(21)233頁。

24　江頭・前掲注(21)233頁。

第2款　持分会社における社員の死亡

　株式会社の株主の死亡により，株式が当然に相続人へ承継される一方で，合同会社の社員が死亡した場合には社員の持分は相続人に承継されるのであろうか。平成17年改正前の商法と現在の会社法では持分会社の社員の相続性の考え方が変わっているので，まず，合名会社及び合資会社の社員について規定していた平成17年改正前商法と，合同会社について新たに規定された現在の会社法を，以下それぞれ比較して確認していくこととする。

1．平成 17 年改正前商法の規定

　平成17年改正前商法では，合名会社及び合資会社の無限責任社員については，死亡は法定退社事由とされており（平成17年改正前商法85条4号，同147条），その相続人は社員にはならないとされていた。無限責任社員は社員相互の信頼関係を基礎として社員の個性が重視されているので，相続人が当然に社員になるとすると，他の社員の利害に影響があるからというのが理由である[25]。そのため，死亡した社員は退社することになり，その相続人は，社員たる資格は承継しないが，持分の払戻請求権，会社債権者に対する責任，その他死亡した社員の退社員としての権利義務を承継することとなった[26]。

　一方，合資会社の有限責任社員が死亡したときは，その相続人が当該社員に代わって社員となるとされていた（平成17年改正前商法161条1項）。これは，有限責任社員は資本的関係で参与するにすぎず，会社の業務執行権及び代表権を有しないため（平成17年改正前商法156条），死亡により有限責任社員を退社させる必要がないからだとされている[27]。つまり，平成17年改正前商法では，死亡した社員の責任に応じて当該社員の相続人が社員になるか否かが区別して定められていたことになる。そして，有限責任社員の地位の承継は，相続により当然に発生するものであるから，相続人は相続放棄をしない限り当然に有限責任社員として入社することとされた。相続人が複数いる場合は，死亡した有限責任社員の持分は共有となり，相続人は有限責任社員の権利を行使すべき者一人を定めなければな

25　上柳克郎＝鴻常夫＝竹内昭夫編『新版注釈会社法（1）会社総則，合名会社，合資会社』313頁〔古瀬村邦夫〕（有斐閣，1985）。
26　松本烝治『日本會社法論』553頁（巌松堂書店，1935）。
27　上柳ほか編・前掲注(25)651頁〔林竫〕。

らないとされていた（平成17年改正前商法161条2項，同203条2項）。

　なお，明文の規定はなかったものの，定款の別段の定めにより，無限責任社員の死亡の場合でも相続人が社員の地位を相続することは可能であると解されていた[28]。社員が死亡した場合に，その相続人が被相続人の地位を承継して社員となる旨の定款の規定は，ローマ法においてはその効力が認められなかったという。社員の相続人の信用状態は他の社員には不明であるから，もしそのような定款の規定の効力を認めるならば，見知らぬ者が社員となる恐れがあるからというのが理由である[29]。しかし，全ての社員が死亡社員の相続人が入社することで受ける不便を忍んでその入社を認める規定を設けるのであれば，それを無効とする必要は全くないので，判例や学説は平成17年改正前商法の下においてもこれを認めていた[30]。そして，逆に，有限責任社員の死亡により相続人が相続せずに退社するという定めも可能と解されていた[31]。

２．現在の会社法の規定

　現在の会社法では，持分会社である合名会社，合資会社及び合同会社の社員が死亡した場合，持分会社は社員相互の信頼関係や個性を重視しているので，無限責任社員であるか有限責任社員であるかの区別なく，法定退社事由になると整理されている（会社法607条1項3号）。前述のとおり，平成17年改正前商法においては，無限責任社員と有限責任社員の死亡時の取り扱いが異なっていた。しかし，社員の責任や業務執行権の有無で取り扱いに差異を設ける合理的な理由はなく，また，無限責任社員も有限責任社員も死亡した場合の定款の別段の定めが可能と解されていたことから，社員の死亡は一律に法定退社原因としたうえで，会社法608条1項により相続人が持分を承継する旨の定款の定めを設けることができることが明文化された[32]。

　会社法608条1項による定款の定めによって，死亡した社員の持分を承継した相続人は，持分会社の社員の加入はその社員に係る定款変更したときに効力を生

28　上柳ほか編・前掲注(25)313頁〔古瀬村〕。

29　小町谷操三「合名会社の社員の死亡と相続人の地位」松本先生古稀記念『會社法の諸問題』440頁（有斐閣，1951）。

30　大判大正13年3月26日新聞2253号19頁。上柳ほか編・前掲注(25)313頁〔古瀬村〕。

31　上柳ほか編・前掲注(25)652頁〔林〕

32　相澤哲＝郡谷大輔「新会社法の解説（12）持分会社」商事1748号20頁（2005）。

ずるとした会社法604条2項の規定に関わらず，定款の変更なしに持分を承継したときに社員となるとされている（会社法608条2項）。そして，会社法608条1項による定款の定めによって持分を承継したときに，定款は変更したものとみなされる（同条3項）。ちなみに，社員が持分を譲渡するには，他の社員全員の承諾（業務執行しない有限責任社員が持分譲渡するには，業務執行社員全員の承諾）が必要であるが（会社法585条1項，同条2項），相続による持分の移転は譲渡ではないので，定款の定めにより相続人が社員になることについては原則として他の社員の同意（会社法585条）は不要である。

　そして，相続財産は相続人全員の共有に属するから（民法898条），相続を原因として持分を承継する相続人が複数いる場合，相続人全員で被相続人の1個の持分を準共有することになる[33]。この場合の権利行使の方法を定めた会社法608条5項は，株式会社の場合と同様に（会社法106条），持分の共有者は承継した持分についての権利を行使する者一人を定めなければ権利を行使することができないことを定めている。しかし，権利行使者を指定させる趣旨は，会社にとっての事務負担の軽減にあるため[34]，会社が認めたときは権利を行使する者が定められていない場合であっても，共有者は民法の共有の規定に従って権利行使することができるとされている[35]。

3．清算持分会社における社員の死亡の場合について

　以上は，持分会社が通常の事業活動を行っている場合についてであるが，持分会社が解散して清算持分会社となっている場合には，死亡した社員の持分の相続性の考え方が異なっている。そこで，平成17年改正前商法の規定を踏まえたうえで，現在の会社法における清算持分会社の社員の持分の相続性について検討する。

(1)　平成17年改正前商法の規定

　前述のように，平成17年改正前商法の下では，合名会社及び合資会社の無限責任社員については，死亡は法定退社事由とされていて，定款の定めがない限

33　松本・前掲注(26)637頁，上柳ほか編・前掲注(25)652頁〔林〕。

34　神田秀樹編『会社法コンメンタール（14）持分会社（1）』241頁〔小出篤〕（商事法務，2014）。

35　相澤＝郡谷・前掲注(32)20頁。

りその相続人は社員にはならなかった。しかし，会社が解散して清算中の会社
は，清算の目的の範囲内においてのみ存続しているのであるから（平成17年改
正前商法116条，現会社法645条），社員の退社による持分払戻しの観念と相容
れないので，清算会社において社員の退社は認められないと解されていた[36]。
清算中の持分会社では，会社と社員との財産上の関係の処理が主要な目的と
なっており，社員の個性と社員相互間の信頼関係を重視する必要性もなく，ま
た，死亡した社員についてのみ，残存する社員に先行して持分の払戻しを認め
る理由もない[37]。そのため，平成17年改正前商法は，清算中の会社においては，
社員の死亡を退社事由とせず，相続人によってその持分が当然に承継される立
場をとり，相続人を清算事務に関与させて財産整理を公平に行わせるように保
障したと解されていた[38]。平成17年改正前商法144条では，相続人が死亡社員の
持分を承継するという直接的な規定ではなく，承継されることを前提として，
「社員ガ死亡シタル場合ニ於テ其ノ相続人数人アルトキハ清算ニ関シテ社員ノ
権利ヲ行使スベキ者一人ヲ定ムルコトヲ要ス」とのみ規定されていた。なお，
清算中の会社は清算目的の範囲内においてのみ存続するにすぎず，死亡社員の
代わりに相続人が社員になっても別段支障がないとしても，会社の継続（平成
17年改正前商法95条，現会社法642条）により清算以前の会社に復帰できるた
め，相続人への承継に関し若干の疑問が指摘されるが，会社継続の場合は改め
て社員の同意により決定されることであるので，死亡社員の持分が相続人に承
継されるとしても特別の不都合は生じないとされる[39]。そして，清算会社の社
員が死亡した場合には相続人がその社員の権利を承継することを前提としたう
えで，その相続人が数人いるときは清算に関して社員の権利を行使すべき者一
人を定めなければならないとされた[40]。法律がこのような規定を設けたのは，
相続において複数の相続人が共同して社員の権利を行使することは不便だから

36　松本・前掲注(26)581頁，上柳ほか編・前掲注(25)581頁〔蓮井良憲〕。
37　神田秀樹編『会社法コンメンタール（15）持分会社（2）』262頁〔松元暢子〕（商事法務，2018）。
38　上柳ほか編・前掲注(25)582頁〔蓮井良憲〕。
39　服部榮三「合名会社の社員の地位の相続」中川善之助先生追悼現代家族法大系編集委員会編『現代家族法大系4（相続Ⅰ）相続の基礎』344頁（有斐閣，1985）。
40　最判平成4年1月24日民集46巻1号28頁参照。

であるという理由も指摘されている[41]。

(2)　会社法の規定

　現在の会社法では，持分会社の社員の死亡を法定退社事由とする一方，会社が解散して清算中である清算持分会社の社員が死亡した場合においては，会社法608条1項の定款の定めがなくても，死亡社員の相続人は持分を承継することが明文で規定された（会社法675条）。清算持分会社の場合に，相続人に持分を承継させる理由は，平成17年改正前商法のもとで死亡社員の持分が相続人に当然に承継されると解されていた理由と同様であり[42]，この点において，平成17年改正前商法と会社法では基本的な考え方は変わっていない。

　なお，会社法675条では，定款の定めがないときでも，清算持分会社の死亡社員の相続人は当該社員の持分を承継し，会社法608条4項及び5項の規定を準用する旨が定められている。しかし，会社法675条では会社法608条1項により持分を承継した時に社員となる旨を定めた会社法608条2項が準用されていないため，会社法675条により持分を承継した場合に，承継した相続人が社員となるのかが条文上明らかでないとの指摘がある[43]。

　この点，清算持分会社は清算の目的の範囲内でのみ存続することから，相続人を社員とする必要性が限定的であるとはいえ，例えば，会社法648条2項及び会社法650条3項では社員の過半数で決定する場面が想定されているので，会社法675条により持分を承継した相続人は，社員又は社員に準じた地位を有し，社員と同様の権利を有するという見解がある[44]。私見でも，以下の理由からこの見解に賛成したい。まず，清算中の持分会社においては，株式会社の場合と異なり，社員の加入が禁止されている（会社法674条1号）。これは，資金の提供者でしかない株主とは異なり，持分会社の社員については業務執行者としての位置付けが与えられていることに鑑みると（会社法590条1項），社員の業務執行権がなくなっている清算段階において新たな社員を加入させることは，その性質に反すると考えられるからである[45]。そして，会社法674条1号が

41　松本・前掲注(26)582頁。

42　神田編・前掲注(37)263頁〔松元暢子〕。

43　神田編・前掲注(37)263頁〔松元暢子〕。

44　神田編・前掲注(37)263頁〔松元暢子〕。

45　相澤＝郡谷・前掲注(32)25頁。したがって，清算持分会社に対して救済目的で資金を提供

清算持分会社において適用しないとしている第4章第1節の該当条文は，会社法604条及び605条であり，これは条文上，合同会社においては新たな出資を伴う社員の加入を認めない，という趣旨であると考えられる。したがって，相続による承継で社員となる場合は新たな出資を伴う加入ではなく，会社法675条が相続における特則を定めた規定と考えられることから，清算持分会社の死亡社員の相続人は社員として加入するものと解する。会社法608条2項が準用されていない件については，同法674条1号で同法604条が適用除外とされていて，清算持分会社においては社員の加入は定款変更時に効力が発生するとはされていないから，社員となる時期を定める同法608条2項と，承継時に定款変更をしたものとみなすとする同条3項はあえて準用されていない，とも考えられるのではないだろうか。

なお，会社法675条は相続等による退社の特則を定めたものであるから，強行規定と考えられ，清算持分会社の社員の持分を相続人が承継しない旨の定款の定めをすることはできないものと解する。したがって，相続人が清算持分会社の社員の持分の承継を希望しない場合には，相続放棄をするほかないであろう。

4．定款自治について

ここで，合同会社の定款自治について簡単に触れておく。会社法577条においては，持分会社の定款には，会社法の規定により定款の定めがなければその効力を生じない事項及びその他の事項で会社法の規定に違反しないものを記載することができる，と規定されている。これと同旨の文言である会社法29条の解釈について，会社法立案担当者は，「会社法においては，基本的に，すべての規定を強行規定とした上で，定款自治が認められるべき規律については，その旨が明らかになるような手当てを講じている」[46]として，会社法が特に明文で定款自治を認めていない限り，定款で別段の定めを置くことは許されないという見解を示している[47]。

しようとする場合には，社員が出資の価額を増加させるか，新たに無限責任社員となる旨の定款変更をすること等によって対応することとなると指摘されている。
46　相澤哲＝郡谷大輔「新会社法の解説（1）会社法制の現代化に伴う実質改正の概要と基本的な考え方」商事1737号16頁（2005）。
47　相澤哲＝岩崎友彦「新会社法の解説（2）会社法総則・株式会社の設立」商事1738号12頁（2005）。

　しかし，このような見解に対しては，そもそも同条の文言をそう読めるのかという問題のほか，法律が特に定款自治を認めていない限り他の手段をすべて排斥するという立法政策が正当化されるのか，そして，明文の規定で認められた定款自治であってもその限界については解釈の余地がある場合がほとんどで定款自治の完全な明文化は不可能である，といった理由で反対する学説がほとんどであるとされる[48]。また，合同会社を含む持分会社に関する会社法の規定で，定款で別段の定めが許容されているものは約30ほどあるが，それ以外の規定が基本的にすべて強行規定であるとはますますもって考えがたいとの批判もある[49]。

　合同会社の定款自治は株式会社より広いとされるが，それが具体的に認められるかどうかについては，個別に判断することになるであろう[50]。

第2節　社員の退社

　前節で確認した通り，合同会社の社員が死亡した場合，原則として死亡した社員は退社することになる。そこで本節では，合同会社の社員の退社の意義と死亡による法定退社について確認するとともに，社員の退社に伴う持分払戻しの問題について検討する。

第1款　退社の意義

　会社法上の退社とは，持分会社の存続中，特定の社員の社員としての資格（社員権）が絶対的に消滅することをいう[51]。合併・清算結了・破産手続の終了などによって持分会社が消滅した場合も，社員は当該持分会社の社員資格を失うことにはなるが，会社の存続中における社員の資格の消滅ではないので，これらの場合は退社に該当しない。また，社員が持分全部を譲渡した場合，当該社員は会社存続中に持分会社の社員としての資格を失ったことになるが，当該社員の持分は譲受人に承継され，社員としての資格は相対的に消滅するにすぎず，この場合も退社には該当しない[52]。なお，講学上，会社存続中の社員資格の絶対的消滅を「狭

48　江頭・前掲注(21)56頁，神田編・前掲注(34)48頁〔大杉謙一〕。
49　江頭・前掲注(21)56頁。
50　神田編・前掲注(34)48頁〔大杉謙一〕。
51　松本・前掲注(26)554頁。
52　上柳ほか編・前掲注(25)303頁〔古瀬村邦夫〕，神田編・前掲注(34)212頁〔小出篤〕。

義の退社」とし，狭義の退社と持分の全部譲渡を含む概念として「広義の退社」ということもあるが[53]，会社存続中以外の社員資格の消滅や持分の全部譲渡は，いずれも会社法607条1項柱書の退社事由には含まれていないため，少なくとも会社法上の退社ではないと解されている[54]。

第2款　社員の死亡による法定退社

　会社法においては，合同会社の社員はやむを得ない事由があるときはいつでも退社することができると定められ（会社法606条3項），退社の自由が保障されているが，法律上社員が退社をしなければならない事由も定められている。社員の死亡や合併による消滅は，会社法では法定退社事由とされているが（会社法607条1項3号，同4号），相続人その他の一般承継人が当該社員の持分を承継する旨を定款で定めている場合には，持分の全部譲渡と同様に社員の持分は相続人等に承継され，絶対的に消滅するわけではなく，相対的に消滅することになる。平成17年改正前商法の下での解釈においては，絶対的な社員権の消滅である「退社」と，持分の全部譲渡の場合や社員の死亡により相続人が承継する場合のような相対的な社員権の消滅は区別されていた[55]。そのため，社員が死亡してその持分が相続人に承継されない場合には退社となるが，その持分が相続人に承継される場合は退社にあたらないされていた[56]。

　しかし，会社法の下では，社員の死亡や合併により相続人その他の一般承継人が持分を承継する場合に，死亡や合併により消滅した社員は「退社」すると解さざるを得ないと指摘されている[57]。理由としては，会社法611条1項本文において，「退社した社員は，その出資の種類を問わず，その持分の払戻しを受けることができる」旨を規定したうえで，同項ただし書において，「ただし，第608条第1項

53　江頭憲治郎＝中村直人編『論点体系 会社法4 株式会社IV 持分会社』443頁〔和田宗久〕（第一法規，2012）。

54　神田編・前掲注(34)212頁〔小出篤〕。

55　松本・前掲注(26)555頁，神田編・前掲注(37)260頁〔松元暢子〕。

56　神田編・前掲注(37)260頁〔松元暢子〕。なお，上柳ほか編・前掲注(25)651頁〔林竧〕では，合資会社の有限責任社員の死亡により相続人が社員となるとした平成17年改正前商法161条について，有限責任社員の死亡を退社原因としないとする。

57　神田編・前掲注(34)213頁〔小出篤〕，神田編・前掲注(37)260頁〔松元暢子〕。

及び第 2 項の規定により当該社員の一般承継人が社員となった場合は，この限り
でない」と規定し，一般承継人による承継が行われる場合についても社員は退社
することを前提としていると考えられるからとする[58]。また，持分の全部譲渡の
場合，会社法586条には会社法612条と同旨の持分全部の譲渡をした社員の責任に
関する規定が存在するが，社員の死亡や合併により持分が承継される場合，社員
の責任に関する特別の規定が存在するわけではないので，社員の死亡や合併の場
合に社員は退社するものとして会社法612条を適用しないと，社員の変更登記前
の第三者を害することになり，持分の全部譲渡の場合との釣り合いも取れないこ
とになってしまう[59]。したがって，社員の死亡や合併による消滅による退社が生
じた場合，持分が一般承継人に承継されていた場合であっても，会社法612条に
よる退社した社員の責任を負う可能性がある。

　なお，会社法612条 1 項は，退社した社員は，その登記をする前に生じた持分
会社の債務について，従前の責任の範囲内でこれを弁済する責任を負う，として
いる。そして，退社が死亡を原因とする場合（会社法607条 1 項 3 号）にも，相
続人は被相続人である社員の死亡前に生じていた会社債務だけでなく，死亡後退
社の登記がされるまでに生じた会社債務についても責任を負うかについての議論
がある[60]。ただ，合同会社の社員については，会社法612条は文言上合同会社を排
除していないが，合同会社の社員は会社債権者に対して直接責任を負わない間接
有限責任とされ[61]，業務執行権を有しない社員が登記されることもないので（会
社法914条 6 号），合同会社の社員が会社法612条の責任を負うことはないとされ
ている[62]。

　そして，会社法上の退社がなされると，持分会社は当該社員が退社した時に，
当該社員に係る定款の定めを廃止する定款変更をしたものとみなされ（会社法610
条），退社した社員は持分の払戻しを受けることができる（会社法611条 1 項本文）。

58　神田編・前掲注(37)260頁〔松元暢子〕。
59　神田編・前掲注(34)213頁〔小出篤〕。
60　神田編・前掲注(34)273頁〔松元暢子〕。大判昭和10年 3 月 9 日は，社員の死亡後その退社
　前に会社に生じた債務については，相続人は責任を負わないとしたが，ほとんどの学説が判例
　に反対している。
61　江頭憲治郎「『会社法制の現代化に関する要綱案』の解説〔Ⅷ・完〕」商事1729号 6 頁（2005）。
62　相澤哲＝葉玉匡美＝郡谷大輔編『論点解説　新・会社法』590頁（商事法務，2006）。

第3款　退社に伴う持分の払戻し

　複数いる社員のうちの社員1人が死亡しても他の社員が存在する場合には，法定解散事由を定める会社法641条4号の社員が欠けたことには該当しないので解散の問題は生じず，死亡した社員については退社に伴う持分の払戻しにより処理することになる（会社法611条）。そこで，ここでは死亡した社員の退社に伴う持分の払戻しについて確認・検討する。

1．持分の意義

　まず，持分の意義について，合名会社と合資会社の社員の持分については，次の2つの意味に分けて理解するのが古くからの通説とされる[63]。まず第1には，社員が社員たる資格において会社に対して有する権利義務の総体，すなわち社員たる地位（社員権）を意味し，持分の譲渡の場合の持分がこの意味である。そして，第2には，会社の純財産額に対して社員の有する分け前を示す計算上の数額を意味し，持分の払戻しの場合の持分はこの意味である。第1と第2の意味は不可分の関係にあり，前者の経済的評価額が後者に他ならないと説明される[64]。

　第2の意味における持分は，会社財産の状況に従って変動し，積極持分（積極的金額）である場合や，ゼロまたは消極持分（消極的金額）である場合もある。社員の持分は，会社の解散又は社員の退社の場合において，その払戻しを受け，又は支払いをなすべき計算上の金額を示し，総社員の持分の総計額が会社財産の純額を示す。退社する社員の持分の払戻しとは，この意義における積極持分の払戻しをいう。ただし，定款に別段の定めがない限り出資額に応じて損益を分配するので，通常，ある社員が積極持分を有し，他の社員が消極持分を有するようなことは生じないとされる[65]。

　そして，退社する社員が積極持分を有する場合には，その払戻しを受けることができるが，払い戻されるものは持分に相当する財産，つまり，過去に履行した出資と自己に帰属している損益に相当するものである。ゼロの場合は払戻しを受けることはできず，消極持分を有する場合には払い込まなければならないことと

63　岡野敬次郎『会社法』57頁（有斐閣，1929），松本・前掲注(26)510頁，大隅健一郎＝今井宏『会社法論（上巻）〔第3版〕』88頁（有斐閣，1991），上柳ほか編・前掲注(25)335頁〔古瀬村邦夫〕。

64　大隅＝今井・前掲注(63)89頁，上柳ほか編・前掲注(25)335頁〔古瀬村邦夫〕。

65　松本・前掲注(26)511頁。

なる[66]。ただし，有限責任社員の場合には，消極持分を有していたとしても，退社の際に出資額を超えて現実に支払いをなす必要はない[67]。したがって，合同会社の死亡社員の消極持分を有していても，その相続人が支払い義務を負担することもないことになる。

　なお，社員が死亡により法定退社した場合（会社法607条 1 項 3 号），その社員の相続人は，持分の払戻しを受ける権利（611条 1 項本文）を承継するのが原則であるが，会社法608条 1 項の定款の定めにより死亡社員の相続人が当該社員の持分を承継して社員となる場合については，退社した社員の持分は当該一般承継人が承継するので，その持分の払戻しを受けることはできない（会社法611条 1 項ただし書）[68]。

2．持分の計算

　会社法611条 2 項は，退社した社員と持分会社との間の計算は，退社の時における持分会社の財産の状況に従ってしなければならないと定めている。社員の退社による持分の払戻しは，一部清算の性質を有することから[69]，清算持分会社の場合には財産目録及び貸借対照表の作成が求められていることに鑑み（会社法658条 1 項），社員の退社による払戻持分の計算のためにも財産目録と貸借対照表の作成を要すると解されている[70]。払戻持分の計算のために作成される財産目録と貸借対照表に記載する財産の評価方法は，営業の存続を前提とする価額（営業価額）によるとするのが通説であるとされる[71]。会社法立案担当者の解説によれば，当該持分会社の価値（資産・負債等について継続を前提に時価評価し，将来収益その他の状況を適宜勘案して算定される）を前提に計算されることとなる，と説明されている[72]。

　退社に伴う払戻し財産の価額の計算方法については，上述のように規定が設け

66　大判大正 7 年12月 7 日民録24輯2315頁，上柳ほか編・前掲注(25)335頁〔古瀬村邦夫〕。

67　上柳ほか編・前掲注(25)335頁〔江頭憲治郎〕。

68　神田編・前掲注(34)261頁〔松元暢子〕。

69　田中耕太郎『改訂会社法概論 上』157頁（岩波書店，1955）。

70　大隅＝今井・前掲注(63)98頁。

71　岡野・前掲注(63)116頁，田中・前掲注(69)158頁，大隅＝今井・前掲注(63)99頁，上柳ほか編・前掲注(25)336頁〔古瀬村邦夫〕。

72　相澤ほか編・前掲注(62)589頁。

られているが，各社員が払戻しを受ける額，すなわち当該社員の持分相当額を算定する方法については，会社法上特に規定がないため，定款に別段の定めがなければ出資の価額に応じることになり，定款に定めがあればそれに従うこととなると解されている[73]。そこで，定款の定めをもって，社員に対する持分の払戻しを否定し，あるいは制限することができるかが問題となるが，定款や合弁契約等で退社する場合の持分の評価を低く定めることにより，退社しにくくする対応については，会社法611条2項との関係や税務上の問題等から難しいとの指摘がある[74]。

3．債権者保護手続

持分会社では，社員が退社するとその持分の払戻を受けることができるが（会社法611条1項），この場合，利益の配当（会社法623条）や出資の払戻し（会社法632条）のような財源規制は課せられていない[75]。しかし，退社に伴う持分の払戻しは，会社財産の社員に対する払戻しでもあることから，会社債権者との関係で問題となる。

立案担当者によると，まず，持分会社のうち合同会社と合資会社については，退社した社員に持分の払戻しをすることにより会社財産がなくなったとしても，他の無限責任社員に対して責任を追及することができることをもって会社法上の債権者保護がなされているものとしていることから，会社債権者はそのような危険性を前提に合名会社・合資会社との取引を行うことになると説明されている[76]。

これに対し，合同会社については，会社財産のみを責任財産とし，社員に対する払戻しによって会社債権者が害されないように一定の配慮が必要となる。他方で，厳格な財源規制を設けることによって，退社する社員が持分の払戻しを受けられなくなるとその利益が害される。そこで，合同会社においては，退社に伴う持分の払戻しについて，払い戻す財産の価格と会社財産の状況との関係を踏まえて，持分払戻額が，払戻日における剰余金額を超えるときには，債権者保護手続を必要とするものとされた（会社法635条）[77]。

なお，株式会社も合同会社と同様に会社財産のみを責任財産としているが，持

73　相澤ほか編・前掲注(62)590頁。
74　江頭ほか・前掲注(3)18頁〔新家寛発言〕。
75　相澤ほか編・前掲注(62)602頁。
76　相澤＝郡谷・前掲注(32)22頁。
77　相澤＝郡谷・前掲注(32)22頁。

分の払戻しを伴う退社という制度は認めておらず，社員（株主）が会社から離脱する制度は，社員としての資格である株式の譲渡の保障により確保されている[78]。

4．持分払戻額と会社財産の状況との関係

会社法635条では，持分の払戻しにより社員に対して交付する金銭等の帳簿価額（持分払戻額）と会社財産の状況との関係で，次のような債権者保護手続が必要とされている。

(1)　持分払戻額が剰余金額を超えない場合

会社債権者からみれば，通常の利益の配当等と同様であるから，特段の手続きなしに払い戻すことができる。なお，この場合の剰余金額は，利益剰余金と資本剰余金の合計額であり（会社法計算規則192条3号ニ），退社する社員に係る利益剰余金と資本剰余金の合計額を超えて持分の払戻しを行う場合であっても，当該剰余金額を超えない場合には，債権者保護手続は不要である[79]。

(2)　持分払戻額が剰余金額を超えるが，会社の簿価純資産額を超えない場合

この場合は，資本金の額を0円まで減少したうえで払戻しを行うことと実質的に同様なので，資本金の額の減少を伴う出資の払戻しの場合と同様の債権者保護手続を経ることにより，払戻しを行うことができる[80]。具体的には，剰余金額を超える持分払戻しの内容と，債権者が1か月を下回らない一定の期間内に異議を述べることができる旨を官報に公告し，かつ，知れている債権者に格別に催告をすることになる（会社法635条2項）。なお，官報のほか，定款の定めに従い，時事に関する事項を掲載する日刊新聞紙に掲載する方法又は電子公告により公告をするときは，知れている債権者に対する各別の催告は不要である（会社法635条3項本文）。

(3)　持分払戻額が会社の簿価純資産額を超える場合

持分払戻額が会社の簿価純資産額を超える場合（簿価債務超過の会社において持分を払い戻す場合を含む），社員と債権者の利益調整のため，清算に準じた債権者保護手続を経ることにより，払戻しを行うことができる。会社の貸借対照表上の純資産額はいわゆる簿価で算定されるが，持分の払戻しにより払い

78　上柳ほか編・前掲注(25)303頁〔古瀬村邦夫〕。

79　相澤ほか編・前掲注(62)602頁，相澤＝郡谷・前掲注(32)22頁。

80　相澤ほか編・前掲注(62)603頁，相澤＝郡谷・前掲注(32)22頁。

戻すべき額は，当該合同会社の現在価値であるから，資産等は時価で評価されるため，持分払戻額が簿価純資産額を超える可能性がある。他方で，簿価純資産額を超えて会社財産が社員に払い戻される場合，会社債権者にとっては資産等の時価評価が正当かどうか判定できず，詐害的な払戻しがなされる懸念もある。そこで，帳簿純資産額を超えて社員に払戻しがされる場合には，清算に準じて債権者保護手続が必要とされた[81]。この場合，異議を述べることができる期間は1か月ではなく2か月を下回らない期間とされ（会社法635条2項ただし書），公告方法のいかんを問わず，知れている債権者への各別の催告を省略することはできない（会社法635条3項ただし書）。

5．債権者が異議を述べたとき

債権者が一定の期間内に異議を述べたときは，合同会社は弁済や相当の担保提供等が必要とされる（会社法635条5項）。持分払戻額がその会社の純資産額を超えない場合において，当該持分の払戻しをしても債権者を害するおそれがないときは，弁済や相当の担保提供等を行う必要はない。一方，持分払戻額がその会社の純資産額を超える場合は，異議を述べた債権者に対して，債権者を害するおそれがないという抗弁を会社側から主張することが許されず，必ず弁済や相当の担保提供等を行わなければならない（会社法635条5項ただし書）。なお，債権者が一定の期間内に異議を述べなかったときは，債権者は持分の払戻しについて承認したとみなされる（会社法635条4項）。

6．払戻しを受けた社員の責任

合同会社が，会社法635条の債権者保護手続を経ないで，持分の払戻しを行った場合は，法律に違反するものとして無効であるから，払戻しを受けた社員は，不当利得返還義務（民法703条）を負うことになる。ただし，その場合にも，退社自体は有効であり，退社に伴う財産の払戻しのみが無効になると解される[82]。

また，当該持分の払戻しに関する業務を執行した社員は，合同会社に対し，払戻しを受けた社員と連帯して，持分払戻額に相当する金銭を支払う義務を負う（会社法636条1項）。ただし，業務執行社員がその職務を行うについて注意を怠らなかったことを証明したときは責任を免れる（同条1項ただし書）。そして，

81　相澤ほか編・前掲注(62)603頁，相澤＝郡谷・前掲注(32)23頁。

82　相澤ほか編・前掲注(62)604頁。

原則としてこの義務は免除することができないが，総社員の同意があれば，剰余
金額を限度として免除することができる。したがって，剰余金額を超える部分に
ついては，総社員の同意があっても免除することはできないことになる（同条2
項）。

7．持分の払戻しによる合同会社の事業への影響

　合同会社の社員の死亡により持分の払戻しが行われると，持分払戻額が些少で
あればまだしも，多額の払戻しを行わなければならない場合だと，合同会社の今
後の事業継続にも影響が出てくることになる。したがって，各社員の持分の状況
にもよるであろうが，社員の死亡により持分の払戻しをしなくてもすむように，
死亡社員の持分が相続人に承継されるとする会社法608条1項の定款の定めを設
けることを検討しておく必要があるだろう。

　なお，会社法608条1項の定款の定めがなくとも，判例によると，相続人が死
亡社員の持分の払戻請求権を出資して入社することは可能であるとされてい
る[83]。よって，定款の定めがない場合でも，死亡社員の相続人の協力が得られれ
ば持分払戻請求権の出資により，払戻しせずに事業継続することが可能になる。
しかし，これは社員としての地位を相続によって承継した場合とは異なり，相続
人は新たに社員として加入することになるので，総社員の同意によって定款変更
をするという別途の加入の手続きを行わなければならないと解される（会社法
604条2項，同637条）[84]。

第3節　合同会社における1人のみの社員の死亡

　これまでで確認したように，合同会社の社員が死亡すると，定款に別段の定め
がない限り，死亡した社員は法定退社することになり（会社法607条1項3号），
当該合同会社に他の社員が存在すれば，死亡した社員の退社による持分を払戻し
を行って，残った社員で合同会社の運営を引き続き行うことができる。しかし，
合同会社の1人のみの社員が死亡した場合には，法定解散事由に該当して当該合

83　大判大正6年4月30日民録23輯765頁。合名会社の社員の持分に関する事案で，他の社員
の承諾のない持分の譲渡は会社に対抗できず，会社は譲渡人を持分権利者のままとみなすこと
ができ，さらに，その譲渡人が死亡した場合はその相続人を持分払戻請求権を有する者とみな
すことができるとした。
84　大隅＝今井・前掲注(63)93頁。

同会社は解散することになってしまう。本節では，合同会社の法定解散事由と解散後の清算手続のほか，会社の継続ができなくなってしまう問題について検討する。

第1款　法定解散事由

　平成17年改正前商法では，社員が1名になったことが会社の解散原因とされていた（平成17年改正前商法94条4号）。これは会社の社団性を理由とし，複数の社員の存在は会社の成立要件とされているにとどまらず会社の存続要件とされており，一人会社の存在は認められていなかったからである[85]。

　現在の会社法においては，平成2年改正商法において株式会社につき一人会社が認められたのと同様に，合名会社や合同会社の社員が1人であっても，社員の加入や持分の一部譲渡により潜在的に社員が複数になりうることから直ちに社団性に反するものではないという理由により，社員1人の合名会社と合同会社が認められている[86]。そのため，平成17年改正前商法では，「社員ガ一人ト為リタルコト」とされていた解散事由が，会社法641条4号では「社員が欠けたこと」と変更され，社員が1人でもいれば解散事由には当たらないことになった。

　会社法においては，合同会社の社員が死亡した場合，定款に相続人が持分を承継できる旨の別段の定めがない限り，死亡社員は法定退社することになり（会社法607条1項3号），当該死亡社員の相続人は持分を承継できず，死亡した社員の退社による持分の払戻請求権（会社法611条）を承継するにすぎない。したがって，社員が1人しかいない合同会社の社員が死亡した場合には，定款に別段の定めがない限り，社員が欠けることになるので，法定解散事由に該当して当該合同会社は解散することとなる。

第2款　清算持分会社の清算人

　合同会社において1人のみの社員が死亡して定款に別段の定めがない場合，会社法641条4項の「社員が欠けたこと」にあたり，当該合同会社は解散すること

85　上柳ほか編・前掲注(25)368頁〔平出慶道〕。
86　相澤編・前掲注(2)173頁。合資会社は無限責任社員と有限責任社員がそれぞれ存在する会社形態のため，最低2人の社員が必要となる。

になるが，解散した持分会社は清算をしなければならない（会社法644条1号）。清算をする持分会社は，清算の目的の範囲内において，清算が結了するまでは存続するものとみなされる（会社法645条）。持分清算会社には，1人又は2人以上の清算人を置かなければならず（会社法646条），社員の業務執行権・代表権は消滅し，清算人が代わって清算持分会社の清算事務の執行機関となり（会社法650条1項），清算持分会社を代表することになる（会社法655条1項）。

　清算持分会社の清算人の選任方法については，定款で定める者，又は，社員の過半数の同意で定める者が清算人になった場合を除き，業務執行社員が清算人になると規定されている（会社法647条1項）。これは従来会社の業務を執行してきた者が会社解散後の後始末をするのが，一般的には当然といえるからである[87]。持分会社の業務執行社員の中で特に代表社員が定められていた場合でも，すべての業務執行社員が清算人となるが，この場合は代表社員が代表清算人となる（会社法655条4項）。

　そして，会社法647条1項の規定により清算人になる者がいないときは，裁判所は利害関係人の申立てにより清算人を選任するとされているが（会社法647条2項），合同会社の一人社員が死亡した場合のように会社法641条4号が掲げる「社員が欠けたこと」によって解散した清算持分会社については，清算の公正を期するため，裁判所は利害関係人もしくは法務大臣の申立てにより又は職権で，清算人を選任することになるとされている（会社法647条3項）[88]。清算人選任の申立権者である利害関係人には，社員自身のほかに，社員の債権者も清算が公正に行われることにつき利益を有するので含まれると解されているので[89]，死亡社員の相続人も当然に含まれるものと解される。裁判所が清算人を選任する場合，裁判所は，清算人の中から清算持分会社を代表する清算人を定めることができるが（会社法655条5項），社員が任意に特定の代表清算人を定めることはできない[90]。

　清算人の就任について，業務執行社員がそのまま清算人に就任する場合は，改めてその就任の承諾は要しないと解される。一方，定款又は社員の過半数の同意

87　大隅＝今井・前掲注(63)122頁。
88　神田編・前掲注(37)166頁〔畠田公明〕。
89　上柳ほか編・前掲注(25)492頁〔米沢明〕。
90　上柳ほか編・前掲注(25)520頁〔米沢明〕。

により清算人に定められた者や，裁判所により清算人に選任された者は，清算人に選任されたことにより当然に就任する義務を負うわけではないので，就任を承諾することによって清算人に就任するものと解される[91]。そして，裁判所の選任による清算人は清算持分会社との契約によって清算人になるわけでないので本来委任関係はないが，会社法は，清算持分会社と清算人との関係は委任に関する規定に従うものとしている（会社法651条1項）。裁判所に選任された清算人に対して清算持分会社が支払う報酬については，裁判所がこれを定めることができる（会社法657条）。

　清算人はその職務として，現務の結了，債権の取立て及び債務の弁済，残余財産の分配を行うとされているが（会社法649条），これらは清算の全体の範囲を示すもので，清算の目的の範囲内であれば，清算人の職務はこれらの列挙された事項に限定されないと解されている[92]。なお，会社法666条により，清算持分会社における残余財産の分配の割合については，定款に定めがないときは，各社員の出資の価額に応じて定めることとされている。したがって，定款に定めがあるときはそれに従うものとして定款自治に委ねられている。

第3款　清算結了

　清算持分会社は，清算事務が終了したときは，遅滞なく清算に係る計算をして社員の承認を受けなければならない（会社法667条1項）。清算持分会社として清算事務を執行するのは清算人であり，ここでいう清算事務の終了とは，清算人の職務である，現務の結了，債権の取立て及び債務の弁済，残余財産の分配などを完了することをいう[93]。そして，もし社員が1か月以内にその計算について異議を述べなかったときには，社員は承認したものとみなされる（会社法667条2項）。この会社法667条は，清算人となっていない社員を保護するため，清算に関する社員の監視権を具体的に表現したものであると解されている[94]。

91　神田編・前掲注(37)168頁〔畠田公明〕。なお，実務上は，事前に清算人就任の承諾を得てから選任するのが普通であろうし，事前に就任承諾を得ている場合は，選任後に改めて承諾を得る必要はないと解される。

92　神田編・前掲注(37)172頁〔畠田公明〕。

93　神田編・前掲注(37)225頁〔川島いづみ〕。

94　上柳ほか編・前掲注(25)528頁〔米沢明〕。

　清算事務が終了し，清算に係る計算につき社員の承認を受けたときは，清算は結了する。清算持分会社は，清算の目的の範囲内において清算が結了するまで存続するので（会社法645条），清算の結了により清算持分会社の法人格は消滅することになる[95]。清算が結了したときは，社員の承認の日から２週間以内に本店所在地において清算結了の登記をしなければならない（会社法929条３号）。清算結了の登記の申請書には，清算に係る計算の社員の承認があったことを証する書面を添付しなければならないとされている（商業登記法102条）[96]。なお，清算結了の登記は清算結了の事実を公示するものにすぎず，登記によって法人格が消滅するような効力はないので，清算結了の登記をしても清算事務が終了していなければ会社は消滅せず，清算が結了するまで会社の法人格はなお存続することになる。清算に係る計算について社員の承認を得ておらず，承認の擬制が働かない場合も同様とされる[97]。

　社員が１人だけの合同会社において当該社員が死亡した場合，定款に別段の定めがなければ死亡社員の相続人は持分を承継することができず，死亡社員は退社し，相続人は死亡社員の持分払戻請求権を相続するのみで，当該合同会社は社員が欠けている状態になる。前述のように，社員が欠けている場合には裁判所は清算人を選任して清算事務を進めることになるが，会社法667条は清算に係る計算につき社員の承認を受けなければならないとしている。しかし，社員が欠けたことにより解散した清算持分会社においては，清算に係る計算を承認すべき社員が存在しない。この場合，清算事務の終了後の社員の承認（会社法667条）の位置付けをどのように考えればよいのかが問題となる。この点について論じている文献は見当たらないが，私見では，社員が欠けて解散となった場合の清算手続において，清算人選任の手続については会社法で規定したものの，清算結了の際の社員の承認については社員が存在しない場合の特別の規定の設置を失念したものと思われ，いわゆる法の不備ではないかと考えられる。前述のように，清算結了をするためには社員の承認を受けるか，承認の擬制が働く必要があるが，社員がそ

95　神田編・前掲注(37)228頁〔川島いづみ〕。
96　松井信憲『商業登記ハンドブック〔第３版〕』725頁（商事法務，2015）によると，社員の承認が擬制される場合（会社法667条２項）については，１か月以内に社員から異議が述べられていない旨の代表清算人の証明書を添付するとされている。
97　神田編・前掲注(37)228頁〔川島いづみ〕。

もそも存在していないのであれば社員の承認は当然受けられず，擬制も働かないので，永遠に清算が結了しないことになる。もちろん，清算結了の登記の申請もできない。そこで，この問題を法解釈により解決できないか，以下検討してみる。

まず，会社法667条の趣旨は清算人でない社員の保護を図り，清算に関する社員の監視権を確保したものである。そこで，保護を図る必要のある社員がそもそも不在のため，会社法667条が要求している社員の承認を不要と解することは可能であろうか。この点，確かに社員自体は存在しないが，退社した死亡社員の持分払戻請求権を承継した相続人が存在することになる。そのため，社員ではないが利害関係を有する立場にある相続人の権利を保護すべき要請はあるため，承認そのものを不要とする見解は取りにくいと考える。

では，社員の承認の代わりに，当該死亡社員の相続人の承認を得ることで代替できると解することは可能であろうか。清算持分会社の社員の死亡による相続人の持分承継を定めた会社法675条においては，この規定により社員の持分を承継した相続人は社員又は社員に準じた地位を有し，社員と同様の権利を有すると解されている[98]。会社法675条は，解散して清算持分会社になった後に社員が死亡した場合の規定と解されるが，この場合と，社員が死亡したことにより会社法641条4項の「社員が欠けたこと」にあたり解散して清算持分会社になった場合とで，死亡社員の相続人の地位の扱いを区別する必要はないのではないかとも考えられる。そこで，この会社法675条の趣旨を準用し，死亡社員の持分を承継した相続人は，社員又は社員に準じた地位に基づき清算に係る計算の承認をすることが可能という解釈も成り立ちうるかとも考えられる。しかし，死亡社員に相続人が存在すればよいが，相続放棄やその他の事情により相続人が存在しない場合には，承認をするべき者が存在せずに清算結了ができないことには変わりないので，完全な解決にはならない。

次に，会社法667条2項では，社員が1か月以内に清算に係る計算について異議を述べなかったときは，社員は当該計算の承認をしたものとみなすという承認擬制を規定しているが，この規定を利用して，社員が存在しないため異議が述べられない場合も承認を擬制できると解することができないかを検討してみる。清

98　神田編・前掲注(37)263頁〔松元暢子〕。

算株式会社は，株主総会において決算報告が承認されると，清算人が職務執行に関し不正行為がない限り，清算人の任務懈怠責任は免除される（会社法507条4項）。清算持分会社においては会社法上このような規定はないが，社員の承認があった場合又は承認がなくても異議なく1か月経過した場合には，不正行為がない限り清算人の責任は解除されることになると解釈されている[99]。そこで，社員の承認があったときに清算株式会社の株主総会の承認決議に相当する効果を認めることには特段問題はないと思われる[100]。これに対して，1か月の経過による承認の擬制にこれと同様の効果を認める根拠については，責任免除の社員の意思に基礎を置くものではなく，異議を述べずに1か月を経過したことによる責任追及の法的禁止とみるべきであるという見解が主張されている[101]。

　社員の承認または承認擬制により，清算人の責任免除の効果が発生することから，清算人には会社法667条1項により社員の承認を受けるべき義務があるので，清算に係る計算について社員の承認を受けるために必要な通知等を行わず，単に1か月が経過したというだけでは，承認の擬制は働かないものと解されている[102]。となると，清算人の責任免除の効果との関係から，社員が存在しない清算持分会社において，清算人が社員に承認を受けるための必要な手続をとることができずに1か月が経過したという事実だけでは，社員の承認擬制を認めることは困難であろうと考える。

　なお，登記実務においては，株式会社の事例ではあるが，株主の所在不明等の理由によって，決算報告の承認に係る株主総会を開催することができない場合には，監査役又は一時監査役の職務を行うべき者が作成した証明書（株主総会を招集することができない事情を記載したもの）を添付すれば，清算結了の登記を受理して差し支えないという法務省担当者の見解が出されている[103]。これは清算事務が終了したにも関わらず，株主総会の決算報告の承認が得られないために清算

99　上柳ほか編・前掲注(25)529頁〔米沢明〕。

100　神田編・前掲注(37)228頁〔川島いづみ〕。

101　奥島孝康ほか編『別冊法学セミナー新基本法コンメンタール会社法3〔第2版〕』101頁〔菊地雄介〕（日本評論社，2015）。

102　神田編・前掲注(37)227頁〔川島いづみ〕。

103　宮田和一「【実務相談室】株主総会招集ができない場合の株式会社の清算結了登記」商事1217号53頁（1990），松井・前掲注(96)529頁。

結了登記ができない事例が多く，それに対処するために出された登記先例の一つではないかと考えられる[104]。この見解は，株主総会の決算報告の承認は清算結了自体の効力要件ではないと解したうえで，株主総会の招集ができずに決算結了の承認が得られない場合には，監査役の監査を受けて清算を結了しうるとしている。しかし，判例は，清算の結了により株式会社の法人格が消滅したといえるためには，清算事務が終了したというだけでは足りず，清算人が決算報告書を作成してこれを株主総会に提出しその承認を得ることを要する，と判示して株主総会の承認を要求しており[105]，学説も同様と解される[106]。ただし，この判例も学説も，株主が不存在の場合にまで妥当するものと解しているかどうかは慎重な検討が必要であろう。もし，株主不存在の場合にも株主総会の承認が必要というのであれば，不可能を強いていることになるので法の不備にあたるであろうし，また，株主不存在の場合には承認は不要というのであれば，承認がなくても清算結了となる旨の規定を設ける等の手当てをするべきであろう。

　筆者が過去の登記先例を調べた限りでは，株式会社（有限会社を含む）や持分会社における株主又は社員の不存在により承認が得られない場合の登記先例は他になかったものの，他の法人の登記先例においては，総会の構成員が不存在のために総会の承認が得られない場合には，清算結了の登記申請の際にいずれも監査役又は監事の証明書の添付を要求し，その証明により総会の承認なしに清算結了登記を認めているものがある[107]。前述の株式会社の株主が所在不明の場合の見解

104　清算結了登記が完了しないと，税務署への清算結了の異動届出書の提出その他の手続を行うこともできないため，清算結了登記を行いたいというニーズが存在する。

105　最高裁昭和59年2月24日刑集38巻4号1287号。

106　落合誠一編『会社法コンメンタール（12）定款の変更・事業の譲渡等・解散・清算（1）』297-298頁〔川島いづみ〕（商事法務，2009），上柳克郎ほか編『新版注釈会社法（13）株式会社の解散・清算，外国会社，罰則』315頁〔中西正明〕（有斐閣，1990），江頭・前掲注(21)1009頁。

107　昭和24年1月26日民事甲第139号民事局長通達では，地方農業会の会員が1人もいなくて総会開催が不可能な場合には，清算結了の登記の申請書に会員が1人もいない旨監事の証明書を添付すればよいとした。

　昭和26年10月26日民事甲第2057号民事局長通達も，漁業会の会員の全部が脱退して清算結了総会の開催が不可能な場合には，同様に監事の証明書を添付すればよいとしている。

　昭和48年3月23日民四第2377号民事局第四課依命回答では，保険契約の全部の移転によって解散し社員が不存在となった相互会社において，社員総会の代わりに清算人会で清算の結了を承認後，監査役が監査のうえでその正確性正当性を確認し，監査役の証明書を添付して清算

は，これらの登記先例と同じ考えに従っているものと思われる。しかし，監査役を置かない株式会社や合同会社の場合は誰の承認を受ければよいのかについては明らかでないので，今後の登記先例が出されるのを待ちたいところである。そして，登記実務として清算結了の登記ができるとしても，承認がないことで会社法上は清算結了により法人格が消滅したとはいえないとなると，解釈論によってもこの問題の解決は困難であると考える。しかしながら，すでに述べたようにこれは法の不備と考えられるので，社員が欠けている場合の清算結了の承認のあり方については法改正により解決すべき問題であろう。

第4款　会社の継続

　会社の継続とは，いったん解散した会社が解散前の状態に復帰し，会社としての同一性を維持しつつ，存立中の会社として継続することをいう。一度会社が解散した後に，事業の続行を希望する場合には会社の事業継続を認めても何ら弊害はなく，これを認めた方が便利であり，会社法の基本理念である企業の維持の要請からも望ましいため，会社法では会社の継続を認めている（会社法642条1項）[108]。

　平成17年改正前商法においては，合名会社の社員が1名になったことにより解散事由に該当して解散した場合であっても，新たに社員を加入させて会社を継続することが認められていた（平成17年改正前商法95条2項）[109]。社員の加入には定款の社員に関する記載事項の変更が必要で（平成17年改正前商法63条3号，同5号），定款変更には総社員の同意を要するが（平成17年改正前商法72条），1人だけとなった残存の社員が新たな社員の加入を決定し，新入社員がこれに同意すれば，定款変更の効力が生ずることになるとされていた[110]。なお，新たに加入させ

結了登記ができるとした。

108　神田編・前掲注(37)153頁〔出口正義〕。

109　昭和13年改正前の商法では，存立時期の満了その他定款所定の解散事由の発生により解散した場合のみ，同意する社員のみをもって会社継続することが認められていたにすぎなかったが，昭和13年の商法改正により，社員が1人になったことによる解散の場合にも会社継続することが認められるようになった。上柳ほか編・前掲注(25)370頁〔平出慶道〕。

110　服部榮三＝星川長七編『別冊法学セミナー基本法コンメンタール会社法〔第4版〕』73頁〔大和正史〕（日本評論社，1991）。

る社員を有限責任社員とすることで，合名会社を合資会社に組織変更して会社を継続することも認められていた（平成17年改正前商法113条２項）。

　しかし，現在の会社法642条１項では，持分会社を継続することができる解散事由については会社法641条１号から３号までとされており，同条４号の「社員が欠けたこと」に該当する場合は対象外とされていて会社継続ができないとされている。したがって，合同会社の一人社員が死亡して，定款に別段の定めがなければ死亡社員の相続人は持分を承継できず，死亡社員は退社してしまうので，社員が欠けることになり，会社法上は会社の継続が認められないことになる。そうすると，例えば死亡社員の相続人が従業員等の立場で合同会社の事業に関与していた場合に，当該相続人が合同会社の継続を希望したとしても，会社法上は会社継続することができず，清算をするしかなくなる（会社法644条１号）。また，社員が欠けていることにより，相続人が清算人を任意に選任することができず，裁判所の関与の下で清算人の選任手続をしなければならない（会社法647条３項）。

　よって，社員が１人のみの合同会社にとっては，会社法が定めるデフォルトルールに従って運営する限り，法定解散により会社継続もできないという非常に大きなリスクを抱えることになる。

第４節　会社法608条１項の定款の定め

　第１節第２款で述べたように，会社法608条が新設され，相続人が死亡した社員の持分を承継する旨を定款で定めることができることが明文化された。この定款の定めのある合同会社においては，死亡社員は法定退社せず，その持分を承継した相続人は死亡社員に代わって合同会社の社員となることができ，合同会社もそのまま事業を継続することが可能となる。本節では，相続人が持分を承継する旨の定款の定めについて，どのような定め方が可能なのか，また，この定款の定めをめぐる諸問題についても併せて検討する。

第１款　持分を承継する旨の定款の定め方

　会社法608条１項の相続による持分承継する旨の定款の定めの内容としては，様々なものが考えられるが，１．相続人が当然に承継する，２．相続人が希望する場合に持分を承継する，３．他の社員が同意した場合に承継する，といった定

款の定めが可能とされている[111]。そこで，それぞれの定款の定めの内容について，裁判例も踏まえながら検討する。

1．相続人が当然に死亡社員の持分を承継する定款の定め

相続人が当然に死亡社員の持分を承継するというケースでは，例えば，「当会社の社員が死亡した場合には，当該社員の相続人は当該社員の持分を当然に承継する」といった内容の定款の定めが考えられる。この定めでは，相続人の意思表示を要せずに，相続人が社員の持分を当然に承継することになり，もし相続人が承継を希望しない場合は，相続放棄（民法915条）をするほかないと解されている[112]。なお，このように相続人が当然に承継するという効力を認め，相続人に対する定款の定めの拘束力を肯定する立場が多数説と考えられるが，相続人に対する拘束力を否定する反対説も見られる[113]。この反対説は，当然承継を認めると，死亡した社員の一般的な遺産の相続は希望するが，職業上又は社会的地位の関係で社員になれないか，社員となることを欲しない，という相続人の利益を害するとしているが，これについては社員になった相続人に直ちに退社する権利を認めれば足りると解されている[114]。また，清算持分会社の社員の持分は当然に承継されるとされており，会社法608条1項では定款自治により自由に定められると考えられることからも，当然に承継されるとの定めは有効であると考える。

相続人が限定承認した場合（民法922条）については，平成17年改正前商法下での議論であるが，無限責任社員か有限責任社員かで異なると解されていた。まず，合名会社及び合資会社の無限責任社員の相続人が限定承認した場合は，相続人の義務が制限されることから無限責任社員としての地位とは相容れず，相続人は無限責任社員の地位を承継することはできないとされる[115]。一方，合資会社の

111　上柳ほか編・前掲注(25)313頁〔古瀬村邦夫〕。

112　松本・前掲注(26)553頁，大隅＝今井・前掲注(63)93頁，上柳ほか編・前掲注(25)313頁〔古瀬村邦夫〕，服部・前掲注(39)347頁，神田編・前掲注(34)240頁〔小出篤〕など。

113　片山義勝『会社法原論〔第6版〕』165頁（中央大学，1920）など。なお，反対説は，相続人に当然に社員となる義務を負担させることはできないとしたうえで，定款の規定自体を否定するものではなく，相続人の一方的意思表示があれば入社の効力を生じるとしている。小町谷・前掲注(29)444頁。

114　服部・前掲注(39)347頁。

115　松本・前掲注(26)554頁，大隅＝今井・前掲注(63)93頁，上柳ほか編・前掲注(25)313頁〔古瀬村邦夫〕など。

有限責任社員の相続人が限定承認した場合については，なお相続人は有限責任社員となり，相続人は出資義務につき相続財産の限度で責任を負うことになるという見解があったが[116]，会社法の下でも同様に解するものとされる[117]。では，合同会社の有限責任社員が限定承認した場合についてはどうであろうか。この点について論じている文献は見当たらなかったが，合同会社の社員の出資義務は既に履行済みとなっているので（会社法578条），合資会社の有限責任社員のように相続財産の限度で責任を負うことになる出資義務が存在せず，限定承認した相続人は合同会社の社員の持分をそのまま承継すると解することになると思われる。

持分会社の死亡社員の相続に関して単純承認（民法915条）をした相続人は，相続開始のときから当然に社員の地位を承継することとなる。いったん単純承認をした以上，社員の地位を退くには改めて退社するほかなく，直ちに退社しても退社員の責任（会社法612条）を負うものとされる[118]。しかし，会社法612条は，条文上合同会社を排除していないが，合同会社の社員は会社債権者に対して直接責任を負わず，社員として登記されることもないので，会社法612条の退社員の責任は合同会社には適用がないものと考えられる[119]。

なお，定款の規定をもって，例えば，社員が死亡した場合は相続人のうち長男が社員となる，というように相続人を特定の者に限定することは差し支えないと解される[120]。また，このような定款の定めがある場合において，会社の清算中に社員が死亡したときは，清算持分会社の持分承継の話となるが，相続人中のその特定の者である長男のみが死亡した社員の持分を相続し，その者のみが清算に関して社員の権利を行使すべきものとなると解されている[121]。

2．相続人が希望する場合に死亡社員の持分を承継する定款の定め

相続人が希望する場合に死亡社員の持分を承継させるというケースでは，例え

116　上柳ほか編・前掲注(25)652頁〔林竧〕。

117　江頭憲治郎＝門口正人編『会社法大系1 会社法制・会社概論・設立』371頁〔太田穣〕（青林書院，2008）。

118　松本・前掲注(26)553頁，上柳ほか編・前掲注(25)313頁〔古瀬村邦夫〕。

119　相澤ほか編・前掲注(62)590頁，神田編・前掲注(34)271頁〔松元暢子〕。

120　上柳ほか編・前掲注(25)313頁〔古瀬村邦夫〕。なお，家督相続の例として，大判昭和9年2月9日法学4号500頁。

121　上柳ほか編・前掲注(25)585頁〔蓮井良憲〕，服部＝星川編・前掲注(110)103頁〔新海兵衛〕。

ば，「当会社の社員が死亡した場合に，当該社員の相続人は当該社員の持分を承継することができる」といった内容の定款の定めが考えられる。この定めでは，相続人が希望した場合にのみ死亡社員の持分を承継することになる。相続人が加入の意思を表示すればそれによって加入の効果を生じ，他の社員の承諾は必要がない。

　大判昭和2年5月4日新聞2697号6頁では，「社員の死亡の場合は，その相続人において被相続人の権利を承継し社員たることを欲するときは，被相続人の権利を承継し他の社員はこれを拒むことを得ず」という定款の定めが置かれている合名会社において，その定款の定めの効力が争われた。争点としては，被相続人は死亡と同時に退社し，相続人が希望すれば被相続人の持分払戻請求権を出資して入社することを申し出たうえで，他の社員が承諾したときに相続人が社員となると解するのか，あるいは，相続人が他の社員に対して一方的な意思表示をすることで他の社員の同意なく被相続人の死亡時に社員となると解するのか，というものであった。判例は後者の見解をとり，相続人が他の社員に対して一方的な意思表示をすることによって，被相続人の死亡当時に遡って相続人が社員となると判示した。相続人の一方的な意思表示で入社を認めても，定款に規定がある以上，新社員の人的信用についても総社員の意思を無視したことにはならず，また，相続人の入社の効力を被相続人の死亡時に遡及させることは会社の内部関係事項であるから，定款で定めることが可能であるという理由からであり[122]，私見でも妥当であると解する。

　なお，このように相続人が希望する場合に承継を認める旨の定款の定めを置いていた場合，被相続人の死亡後，相続人が加入を申し出る前までの期間は社員の地位の帰趨が不確定となるため，例えば合同会社において定款の変更や解散等の総社員の同意を要する行為を有効になし得るのかが問題となる。そこで，このような定款の定めがある場合には，会社又は他の社員の法的安全性の観点から，相続人に対して相当の期間を定めて承継するか否かの催告をすることができるという見解がある[123]。しかし，民法915条1項が相続の承認又は放棄すべき期間を定め

122　奥島ほか編・前掲注(101)34頁〔今泉邦子〕。
123　菱田政宏「判解」我妻栄編集代表『会社判例百選』191頁（有斐閣，1964），奥島ほか編・前掲注(101)35頁〔今泉邦子〕。

ていることからこの見解には疑問を示す学説もある[124]。

　私見では，以下の通りと考える。まず，このような相続人が希望する場合に承継を認める旨の定款の定めの場合，相続人が社員の地位を承継するためには会社に対する意思表示が必要で，相続人が相続の単純承認をしただけでは持分の承継の効果は生じないと解する。つまり，相続人の単純承認は，被相続人の財産上の一切の権利義務が相続人に移転する効果を生ずるが，被相続人は死亡により退社することが前提であるため，相続人が単に単純承認をしたにとどまるときには，相続人は死亡社員の持分の払戻請求権を承継するだけであり，社員の地位を承継する効果を生じないと考えられる[125]。もし，単純承認により社員の地位も承継するとなると，例えば，相続人が被相続人の持分の払戻請求権を含めた遺産の相続を希望するが，持分会社の社員になることは希望していない場合には，相続人はいったん社員となった後に退社の手続きをしなければならないことになり妥当でない。したがって，社員の地位も承継するには，単純承認の上にさらに会社に対する承継の意思表示が必要となると解する。なお，単純承認により当然に社員の地位も承継するようにするためには，定款において社員が死亡した場合にその相続人が社員の地位を承継する義務を負担することを特に規定するか，解釈によりその趣旨を認め得る程度の規定があることが必要である[126]。一方，社員の地位の承継を希望しない場合は，被相続人の相続の放棄をしてしまう方法のほか，社員の地位を承継することを希望しない旨を会社に伝えるか，そもそも会社に何も意思表示をしないことが考えられる。

　そして，相続人が承継を希望するか否かの意思表示をしない場合には，会社側は，民法915条1項が定める相続の承認又は放棄すべき期間内においては，相続人に対して相当期間内に承継するか否かの催告をすることはできないものと考える。仮に，会社側が催告したとして相続人が任意に承継するか否かの回答をした場合は格別，回答がない場合をもって社員の地位を承継するとみなすといった対応は無効となるであろう。民法915条1項は，相続人が単純承認もしくは限定承認するか，又は放棄するかを決定するにつき相続財産の調査をなし熟慮するため

124　上柳ほか編・前掲注(25)313頁〔古瀬村邦夫〕。
125　小町谷・前掲注(29)445頁。
126　小町谷・前掲注(29)445頁。

の期間を定めたものであるので[127]，当該期間内は相続人は相続に関する判断につき何らの制限も課せられないと解される。一方，民法915条1項が定める期間経過後については，会社側は相続人に対して相当の期間を定めて承継するか否かの催告をすることができると解するべきであろう。相続人の熟慮期間経過後もいつまでも社員の地位の帰属が不明確であると会社又は他の社員の法的安全性を害すると考えられるからである。想定できるケースとしては，被相続人の相続を単純承認したが，社員の地位を承継するかどうかの相続人の意思表示がない場合等である。相当期間内に相続人からの社員の地位の承継を希望する旨の回答があれば当該相続人が社員となり，相当期間内に承継を希望しない旨の回答があった場合やそもそも何らの回答がなかった場合には，当該相続人は社員の地位を承継せず，持分の払戻請求権を相続することになると解するべきであろう。

　解釈上の争いを避けるために，実務的には，「当会社の社員が死亡した場合に，当該社員の相続人は当該社員の持分を承継することができる。この場合，相続人は当該社員の死亡から〇か月以内に当会社に対して持分を承継して入社する旨の申し出をしなければならない。申し出がないときは，当該社員は死亡の時に退社したものとみなす」というように意思表示の期限を定款の定めとして設けておき，期限までに意思表示がなければ退社する旨を明記しておくのも一つの方法ではないかと考える[128]。

　ちなみに，相続人が複数いてその一部の者のみが入社の意思を表示し，他の者が加入の意思表示をしない場合については，疑問はあるものの，相続により加入した者は相続分に応じて被相続人の社員の持分を承継し，加入の意思を表示しない者は持分の払戻請求権を取得すると解することになろう[129]。

3．他の社員が同意したときに相続人が死亡社員の持分を承継する定款の定め

　他の社員が同意したときに相続人が死亡社員の持分を承継するというケースでは，例えば，「当会社の社員が死亡した場合には，当該社員の相続人は，他の社員の同意を得て，死亡した当該社員の持分を承継することができる」といった内

127　谷口＝久喜編・前掲注(18)467頁〔谷口知平＝松川正毅〕。
128　酒井恒雄＝野入美和子「「そこから先」を知るための定款対談―合同会社編―第5回」登記情報668号105-106頁（2017）。
129　味村治『詳解商業登記　下〔新訂〕』143頁（きんざい，1996）。

容の定款の定めが考えられる。この定めでは，相続人が社員の地位承継の希望が
あることを前提に，他の社員全員の同意があれば当該相続人は死亡社員の持分を
承継することになる。もし，他の社員の同意が得られない場合には，会社法608
条1項の定款の定めにより死亡社員の持分を承継することができないので，死亡
社員の退社による持分の払戻請求権（会社法611条1項）を相続人は承継するこ
とになる。

　なお，この定款の定めがある合同会社において，当該合同会社の一人社員が死
亡したことにより他の社員が存在しない場合，相続人は他の社員の同意を得るこ
とができないため，この定款の定めの効力をいかに考えればよいかが問題とな
る。この点について論じている文献は見当たらなかったが，私見では以下の理由
から，相続人の承継を認めてよいと考える。持分会社の社員の死亡は法定退社事
由であり（会社法607条1項3号），社員が死亡すると退社するのが原則であるが，
これは持分会社の社員は社員の個性や社員相互の信頼関係を基礎としていて社員
の死亡により相続人が当然に社員となると他の社員の利害に影響があるからであ
るとされる[130]。そうであるとすれば，社員全員の合意により定款で死亡社員の相
続人がその持分を承継することができると考えられるので，それを明文化したも
のが会社法608条1項である[131]。定款自治の範囲内で，会社法608条1項の定款の
定めに，他の社員が同意した場合に相続人の持分承継を認めるという条件をつけ
ることは可能であるが，これは他の社員の利害への影響を考慮するための条件で
あるから，他の社員が存在しない場合にはそれを考慮する必要はないので，相続
人が社員の持分承継を希望した場合には無条件で承継することができると解する
のが妥当であろう。この点，他の社員の同意を得ることができないので相続人が
承継自体ができないと考えることもできなくはないだろうが，相続人の承継を認
める定款の定めを置いている趣旨から，他に同意を得るべき社員がいないことを
理由に承継を認めないのは妥当でないと考える。なお，実務的には，疑義が生じ
ないよう，社員が一人となった時点で，他の社員の同意の条件を排除する等の定
款変更をしておくべきであろう。

130　神田編・前掲注(34)238頁〔小出篤〕。

131　神田編・前掲注(34)239頁〔小出篤〕。

4．定款の規定時期と規定の明示

　死亡社員の相続人が社員の持分を承継する旨の定款の規定は，必ずしも原始定款に存することを要せず，当該社員の死亡前である限り，定款変更の方法によってもこれを定めることができるとされている[132]。

　また，平成17年改正前商法の下において，このような定款の規定は，必ずしも明示的なものであることを要せず，定款の全体の規定の解釈によってその趣旨を認めることができるのであれば黙示的なものでもよいという見解があった[133]。しかし，平成17年改正前商法の下では解釈により認められていたものの，会社法においては明文化され，会社法608条1項は，「その社員が死亡した場合……における当該社員の相続人その他の一般承継人が当該社員の持分を承継する旨を定款で定めることができる」と規定しており，具体的な定款の定めを要求しているものと解される。したがって，解釈に疑義が生じないよう，定款に死亡社員の相続人が社員の地位を承継する旨が具体的に定款に記載されていることが必要であると解し，黙示的なものが認められる範囲は狭く解するべきではないかと考える。

第2款　業務執行権・代表権の承継

　会社法608条1項の定款の定めにより相続人が社員になった場合でも，業務執行権や代表権も同じく相続人に承継されるかどうかについて，定款で業務執行権や代表権について定めているか否かに分けて検討する。

　持分会社の社員は，定款に別段の定めがある場合を除き，業務執行権を有する業務執行社員となり（会社法590条1項），業務執行社員は持分会社を代表する（会社法599条1項）。したがって，定款で業務執行権や代表権について特に定めていない場合，業務執行権及び代表権は社員の地位に当然付着する権限としての性格を有すると考えられ，社員の持分を相続した相続人は業務執行権及び代表権を当然に取得し[134]，合同会社においても同様と考えられる[135]。よって，合同会社の一人

132　小町谷・前掲注(29)441頁。
133　小町谷・前掲注(29)441頁。黙示的な規定の例としては，社員が生存しえない非常に長い期間を会社の存立時期と定めた場合などが挙げられる。しかし，そもそも存立期間を定めていない場合はどう解釈するのか，という疑問が残る。
134　服部・前掲注(39)351頁。
135　江頭＝門口編・前掲注(117)373，368頁〔太田穰〕。

社員が死亡した場合は，その相続人が業務執行社員となり代表社員となることになる。

　一方，定款の定めにより社員の中から業務執行社員や代表社員を特に定めている場合には，どのように考えるべきであろうか。平成17年改正前商法下での合名会社の無限責任社員の相続においては，特定の社員を業務執行社員や代表社員として定めている場合には，その地位は当該特定の社員の能力・信用を基礎として委託されたものであるため，社員の持分が相続人に承継された時でも，業務執行権や代表権といった権限は当該社員の死亡により当然に消滅し（平成17年改正前商法68条，民法653条），相続人には業務執行社員や代表社員の地位が承継されないとされていたが[136]，会社法の下においてもその見解が妥当するものと解する。なお，この見解に対しては，業務執行権や代表権といった権限が特定の社員に対する信頼に与えられているとすると，これらの権限のない社員には信頼が欠如しているために権限が与えられていないということにもなりかねず，信頼ではなく社員としての地位自体に権限が与えられていると考え，社員の地位の相続の場合にはその権限の有無も相続人に承継されるべきとの反対説もある[137]。しかし，定款で業務執行社員や代表社員を特に定めている場合というのは，総社員の同意により特定の社員に業務執行権や代表権といった権限を与えているということでもある。そのため，社員の地位に権限が付着したものではなく，特定の個人の能力や信用を基礎として総社員から委託されたものと考えるのが妥当であろう。そして，その委託が相続人にも及ぶとするような定款の別段の定め又は総社員の同意がない限り，相続人にそのまま業務執行社員又は代表社員の地位が承継されるとは考えにくい。もし，そのような定款の別段の定め又は総社員の同意がない場合に相続人を業務執行社員又は代表社員にしたいのであれば，相続人が社員の地位を承継した後で総社員の同意により定款変更を行い，新たに業務執行社員又は代表社員を定めればよいと考える[138]。これについては，合同会社の有限責任社員についても，同様のことが妥当すると考える。

　なお，社員の相続が生じたときに，業務執行社員又は代表社員の地位が承継さ

136　小町谷・前掲注(29)453頁，上柳ほか編・前掲注(25)314頁〔古瀬村邦夫〕。
137　國蔵胤臣「合名会社の社員を相続するといふこと」民商5巻726頁（1935）。
138　小町谷・前掲注(29)454頁。

れる旨の定款に定めを置くことができるかについては，総社員の同意により定款
で定めていることでもあり，定款自治の範囲内と考えられるので，問題はないで
あろう。

第3款　持分の承継に関する効力

1．相続人が社員となる時期

　会社法608条1項の定款の定めにより持分を承継する相続人が，いつから当該
持分会社の社員になるのかについて，会社法では，相続人が持分を承継した時に
社員になると定められている（会社法608条2項）。持分会社において，社員の氏
名又は名称及び住所は定款の記載事項であり（会社法576条1項4号），社員の加
入は当該社員に係る定款の変更が効力要件とされているが（会社法604条2項），
会社法608条1項の定款の定めにより相続人が持分を承継した場合は，社員に関
する定款の変更をしなくても相続人は社員となり，定款は変更したものとみなさ
れる（会社法608条3項）。すでに触れたとおり，相続に伴う一般承継による持分
移転は譲渡とは異なるので，相続人が定款の定めによって社員となることについ
て他の社員の承諾は原則不要である（会社法585条参照）[139]。

2．相続人の範囲について

　会社法608条1項では，社員が死亡した場合又は合併により消滅した場合にお
ける当該社員の「相続人その他の一般承継人」が当該社員の持分を承継する旨を
定款で定めることができるとしているが，この「相続人その他の一般承継人」の
対象や範囲については，会社法で特に規定がないため，以下問題となりそうなも
のについて検討する。

　まず，本条文が死亡と合併の場合を規定しているので，相続人その他の一般承
継人とは，一般的には法定相続人と合併存続会社のことを指すと思われる。では，
包括受遺者についてはこの「相続人その他の一般承継人」に含まれるかが問題に
なるが，包括受遺者は相続人と同一の権利義務を有するとされているので（民法
990条），法定相続人でない者であっても包括受遺者は「相続人その他一般承継人」
として死亡社員の持分を承継できると解される。一方，合同会社の社員の持分に

139　神田編・前掲注(34)239頁〔小出篤〕。

ついて特定遺贈を受けた受遺者については，包括受遺者と異なり民法上の規定か
らも相続人に含まれると解するのは難しいと思われるが，例えば，娘婿や孫など
の法定相続人以外の者に合同会社を承継させたいのであれば，生前中から持分の
譲渡等により承継させておくという手段をとっておく必要があろう。

　また，養子縁組により養子となった相続人も「相続人その他一般承継人」に含
まれるのかについては，他に社員がいる場合に，他の社員の関与なしに特定の社
員の意思で第三者を社員の持分を承継する相続人とすることができてしまう問題
はあるものの，養子を排除する特別の規定もなく，会社法608条１項の定款の定
めにはそのような者が加入するリスクがあるということを認識しておかなければ
ならないということであろう。

　あと，相続人が未成年だった場合，社員の地位を承継することは可能であるが，
合同会社の業務執行社員又は代表社員になるには法定代理人の許可を得る必要が
ある（民法６条１項）[140]。

3．持分の共有

　会社法608条１項の定款の定めにより複数の相続人が持分を承継した場合，当
該複数の相続人が持分を準共有するので，相続人は共同して１個の社員の権利を
行使し，義務を負うことになる[141]。そして，複数の相続人が持分を承継した場合
には，承継した持分についての権利行使者１人を定めなければ当該持分の権利行
使をすることができない（会社法608条５項）。これは，株式会社における株式の
共有者による権利行使に関する会社法106条と同様の趣旨である。権利行使者の
指定方法については，会社法106条と同様に，共有持分の過半数による多数決（民
法252条）によって指定がされると解されている[142]。

　平成17年改正前商法203条２項（現会社法106条）に関し，判例は，「権利行使

140　未成年者が持分会社の無限責任社員になることを許された場合については，会社法584条
により社員としての資格に基づき行為に関して行為能力者とみなされる。

141　神田編・前掲注(34)241頁〔小出篤〕。

142　最判平成９年１月28日判時1599号139頁・前掲注(22)参照，神田編・前掲注(34)241頁〔小
出篤〕。なお，久留島隆「会社持分の共同相続と権利行使者の選任・解任」法学研究47巻３号64
頁（1974）では，株式会社だけでなく持分会社においても，包括的な権限が付与される権利行
使者の選任行為は，共有物の処分に準ずる行為として，共同相続人全員一致の合意を要すると
している。

者の指定及び会社に対する通知を欠くときには，共有者全員が議決権を共同して行使する場合を除き，会社の側から議決権の行使を認めることは許されないのが相当である」と判示している[143]。しかし，会社法においては，会社側が自らのリスクにおいて，共有者の１人が権利行使をすることに同意できるという規定が新たに追加された（会社法106条ただし書き，同608条５項ただし書き）。この場合，共有者間で権利行使者として定められた者以外の者の権利行使を会社が認め，他の共有者に損害が生じた場合には，会社はその責任を負うこととなる[144]。

　なお，会社側の同意について，最判平成27年２月19日民集69巻１号25頁では，共有に属する株式について会社法106条本文の規定に基づく指定及び通知を欠いたまま当該株式についての権利が行使された場合において，当該権利の行使が民法の共有に関する規定に従っていなければ，株式会社が同条ただし書の同意をしても，当該権利行使は適法とはならず，共有に属する株式についての議決権の行使は，特段の事情のない限り，株式の管理に関する行為として民法252条本文により各共有者の持分の価格の過半数で決せられる，と判示した。合同会社に関する規定である会社法608条５項は，会社法106条と同様の構造で規定されているが，合同会社においても，会社が権利行使に同意していたとしても権利行使を適法に行うためには，社員の持分の価格の過半数で決定されている必要があるといえよう。

　なお，会社法608条５項は相続が原因で持分を共有する場合の規定であるが，相続以外の原因で共有する場合の規定については，会社法上設けられていない。持分を共有状態にするには権利行使の方法や出資の履行方法については，会社と社員との間で合意したうえで，持分共有の定款変更が行われるはずなので，特に法律上の規定を設ける必要がないとされるからである[145]。

４．遺産の分割

　合同会社の社員の持分を複数の相続人が承継し，相続人間での遺産分割協議（民法907条）により当該持分が特定の１人の相続人に帰属したときには，遺産の分割は相続開始の時に遡って効力を生じるので（民法909条本文），相続開始の時

143　最判平成11年12月14日判時1699号156頁。
144　相澤ほか編・前掲注(62)492頁。
145　相澤＝郡谷・前掲注(32)20頁。

点から当該相続人が単独相続をして社員となる。しかし，第三者の権利を害することはできないので（民法909条ただし書），例えば，共同相続人が選任した権利行使者が権利を行使したことの結果として生じた会社の法律関係のように，相続開始後遺産分割前までに生じた第三者の権利又は法律関係は遺産分割の遡及効によって影響を受けないと解される[146]。

　なお，遺産分割協議により，合同会社の社員の1個の持分を分割して，分割された部分につき共同相続人それぞれが承継して単独の社員となることができるかが問題となる。この点，持分の一部譲渡が認められているので（会社法585条1項），社員の持分自体は分割可能であり，相続人は各自その割合に応じて持分を有する単独の社員となることができると解する[147]。しかし，遺産分割協議のほかに，持分の一部譲渡の場合と同様に他の社員の全員の承諾が必要であろう。

5．登記実務について

　登記先例では，持分会社の社員が死亡した場合に，共同相続人中の1人が社員となる旨の遺産分割協議が成立したときであっても，その者のみの相続による加入の登記は受理することができないとされていた[148]。相続人が複数いる場合，相続人は相続分に応じて死亡社員の地位を承継するが，この死亡社員の地位は権利義務を包括したものであり，いったん共同相続人間で持分の共有関係が生じているところ，相続開始から遺産分割前までに代表者を定めて他の共同相続人が社員の権利を行使した場合に，その法律関係を遡及的に消滅することは相当でない。また，持分譲渡の登記をする前に生じた会社債務を従前の責任の範囲で弁済責任を負うという平成17年改正前商法93条3項（現会社法586条）との関係で，遺産分割協議により特定の相続人のみが承継するとしてもその協議の効力は遡及しないと解されていた[149]。したがって，遺産分割協議に基づいて共同相続人中の1人のみが承継し社員として加入する登記は行えず，いったん共同相続人全員の加入の登記をしたうえで，相続人間における持分譲渡の登記をすることになるとさ

146　服部・前掲注(39)353頁。

147　小町谷・前掲注(29)455頁。服部・前掲注(39)353頁。

148　合資会社の無限責任社員の死亡による承継に関して，昭和34年1月14日民甲第2723号民事局長回答。合資会社の有限責任社員に関して，昭和38年5月14日民事甲第1357号民事局長回答など。

149　小町谷・前掲注(29)456頁，味村・前掲注(129)143頁。

れる[150]。

　この登記先例は，会社法の下でも合名会社及び合資会社についてはなお妥当するものと考えられる[151]。合名会社及び合資会社の無限責任社員は会社法586条の責任を負うことはもとより，合資会社の有限責任社員においても有限責任社員が出資義務を履行していなかった場合に，相続人全員が連帯して出資義務を履行する必要があるためである[152]。

　合同会社については，設立時または入社時に出資全部の履行が要求されていて（会社法578条，同法604条3項），合同会社の社員は会社債権者に対する直接の責任を負わないのと，業務執行社員及び代表社員以外の社員は登記事項ではないので，その点合資会社の有限責任社員とは異なり，遺産分割協議によって社員となった相続人のみの入社を認めても差し支えないと解される[153]。なお，合同会社以外の持分会社において，社員が死亡した場合に特定の相続人のみが入社できるようにするためには，定款であらかじめ「他の社員の承諾を得て」あるいは，相続人を「当該相続人間で決定した1名に限る」というような条件を付せばよいとされ，この場合は共同相続人全員の加入の登記をする必要はないとされている[154]。

第3章　おわりに―法定解散問題への対応策―

　会社法の立案担当者によれば，合同会社制度については以下のように整理しているとのことである。

　「合同会社については，株式会社のように，会社をめぐる利害関係者の利益を保護するための法規制を積極的に講じないこととし，当事者間で最適な利害状

150　松井・前掲注(96)638頁。なお，共同相続人が誰かを判断するため，加入の事実を証する書面として，死亡した社員の出生から死亡までの戸籍一式を登記申請の際に添付することを要する。兄弟姉妹が共同相続人になる場合は，相続人となる兄弟姉妹を戸籍上確定させるために，さらに死亡した社員の両親それぞれの出生から死亡までの戸籍一式を要する。

151　松井・前掲注(96)639頁。

152　江頭編・前掲注(11)93頁。

153　江頭編・前掲注(11)93頁，松井・前掲注(96)639頁。

154　櫻庭倫「平成26年商業・法人登記実務における諸問題」民事月報70巻5号49頁（2015）。

況を自由に設定することを可能とすることにより，その事業の実施の円滑化を図るという会社類型として整理している。したがって，合同会社においては，法規制が緩やかであるため，法的知識や交渉能力が低い者が安易に社員や債権者となればその利益を害されるおそれもあり，会社に関与しようとする者がそのような危険性を避けようとすると，会社は十分な出資を集めたり，取引先の信用を得たりすることができないという事態が生ずる可能性もあるが，そのような事態は，民事の一般原則に従い，会社，社員，債権者その他の者の自己責任により賄われるべき問題である」[155]。

このように，合同会社制度は法的知識や交渉能力の低い者を積極的に保護する制度ではないとのことであるが，設立コストの安さや設立手続きの簡易さから，合同会社の設立件数は年々増加しており，法的知識等の高い者だけが利用している制度とは決していえないと考える。平成17年改正前商法の下でのように，株式会社を設立するほどではないが安価にそして手軽に法人を設立したいというニーズによって利用されてきた有限会社と同じように，新規に有限会社を設立できなくなった現在では合同会社がそのニーズに応えようとしているのであろう。しかも，有限会社は登録免許税は合同会社と同じであるものの，公証人の定款認証手続きが必要とされていたので（有限会社法5条2項），その分，合同会社の方がさらにコストも手間もかからないということになる[156]。そのような簡易さや手軽さから，合同会社制度創設当時には，事実，中小企業やベンチャー企業での利用が想定されていたし，現在においても個人事業の法人成りの際の法人格として多く選択されている。

そのような立ち位置にある合同会社について，法的知識等が乏しい者を保護しないとするのは明らかに無責任ではないかと考える。むろん，合同会社という法人を運営していくのであるから，社員としては少なくともその法務面では弁護士や司法書士，税務面では税理士といった専門家からの最低限のサポートを受けることは必要だとは思うが，法律の規定を知らなかったが故に，しかも合同会社の定款に特別の規定を設けなかったがために，自らの死亡後に相続人が会社の解散

155　相澤＝郡谷・前掲注（32）13頁。
156　合同会社は定款認証が不要なため，逆に第三者による定款のチェックを受ける機会がなくなっているともいえる。

を迫られてしまうのは些か酷なのではないだろうか。そのような制度を利用した社員本人に不利益があるのは致し方ないとしても，死亡社員の相続人は自ら合同会社を選択して社員になったわけではなく，相続という偶然の事情によって合同会社に関与することになったのにもかかわらず，自己責任を負わされてしまうのは行き過ぎではないだろうか。

　そこで，本章では合同会社の社員の死亡による会社解散を回避するための対応策を解釈・立法論の面と実務面から，以下それぞれ検討することとする。

第1節　解釈・立法論からの対応策

1．他に社員がいない場合における死亡社員の持分承継

　繰り返しになるが，社員が1人だけの合同会社においては，当該社員が死亡すると，定款に別段の定めがなければ死亡社員の相続人は持分を承継せずに死亡社員は退社し（会社法607条1項3号），これにより社員が欠けることになって会社法641条4号の解散事由に該当し，清算持分会社となる（会社法644条1号）。

　ここで，前章第3節第3款で述べたように，会社法667条等の清算持分会社にも社員がいることを前提とする条文の存在と，清算持分会社の社員の死亡による相続人の持分承継を定めた会社法675条の趣旨を準用して，一人社員の死亡の場合は，定款の定めがなくても社員の持分が相続人に承継されると解釈することはできないだろうか。また，解釈だけでは難しいとしても立法的な手当てがなされてもよいのではないだろうか。

　社員が1人だけの合同会社において当該社員が死亡した場合，解散事由に該当して清算持分会社となるので，社員の死亡と同時に解散になることになるが，このケースと，一人社員のみの合同会社において総社員の同意（会社法614条3号）により解散したがその直後に社員が死亡してしまったケースでは，社員の地位にあった者の死亡という点では，実質的には変わるところはないと考えられる。しかし，前者のケースは死亡社員の相続人は会社法608条1項の定款の定めがない限り持分を相続できないが，後者のケースでは，死亡社員の相続人は会社法608条1項の定款の定めがなくても持分を相続することになる。そこで，前者のケースでも後者のケース同様の取り扱いができれば，死亡社員の相続人は清算持分会社の持分を承継することになり，このあとの2.で述べる会社継続についても認

められれば，相続人の希望に応じて合同会社の事業を継続することも可能になる。もし，相続人が合同会社の事業継続を望まないのであれば，そのまま清算人の下で清算手続を継続すればよいだけである。このような取り扱いができれば，相続人は自ら選択できることになりメリットになるであろう。

　また，すでに述べた清算結了の際に求められる社員の承認についても，清算持分会社に死亡社員の相続人が社員として存在するならば，解決する問題も多いと思われる。

２．社員が欠けた場合における持分会社の継続

　これも前章第３節第４款で述べたように，会社法642条１項では，持分会社を継続することができる解散事由については会社法641条４号の「社員が欠けたこと」は対象外とされている。そこで，合同会社の一人社員が死亡して社員が欠けた場合についても会社継続ができる対象に追加して，死亡した社員の相続人が希望すれば，会社を継続することを可能とするべきではないだろうか。

　定款に別段の定めがなければ，合同会社の一人社員が死亡することにより，死亡社員の相続人は持分を承継できず，死亡社員は退社して社員が欠けることになり合同会社は解散する。そうすると，死亡社員の相続人が合同会社の事業継続を希望したとしても，会社法上は継続することができず清算をするしかない（会社法644条１号），というのが最大の問題点なのではないかと考える。また，社員が欠けていることにより清算人も相続人が任意に選任することができず，裁判所の関与の下で清算人を選任してもらわなければならない（会社法647条３項）。これでは，事業継続の可能性のある合同会社について，相続人の意に反して清算を強制することにもつながり，社会的・経済的損失も計り知れないことになる。

　仮に，清算手続きにより残余財産の分配を受けた相続人全員が，その財産を現物出資して新たに合同会社を設立すれば，既存の合同会社と数字上は同様の資産規模を持つ合同会社の設立をすることは可能ではあろう。しかし，いったん清算手続きに入った清算持分会社は債権債務を整理したうえで残余財産の分配を受けることになるので（会社法664条），取引先との契約関係も再度締結しなおすことにならざるをえない。また，新規に設立した合同会社の法人格は既存のものと全く異なるため，営業の許認可関係も新規に取得をしなおす必要があり，既存の合同会社と全く同じように再復活させることは難しい。そのため，死亡社員の相続

人が希望する場合は，合同会社の継続を認める意義はあると考えられる。

　なお，会社の継続により，会社は遡及的に解散しなかったことになるのではないから，会社の継続は解散後継続までの間になされた行為の効力には影響はない。学説では，会社の継続により清算人はその権限を失い，解散前の業務執行社員はその職務権限を回復することになるとされているが[157]，合同会社の一人社員は当然その者が業務執行社員（兼代表社員）であるため，当該社員が死亡した場合の会社継続による死者の職務権限の回復はありえず，相続人が新たに業務執行社員に就任すると考えることになろう。

第2節　実務面からの対応策

　第1章で述べたとおり，一般人が合同会社を設立する際に，一番参考にしていると思われる法務省が公開している合同会社の定款の記載例は，絶対的記載事項と最小限の任意的記載事項からなる全8条の条文による定款構成となっている。したがって，一人社員の合同会社の設立を希望する者がこの定款の記載例をそのまま利用した場合には，当然，会社法608条1項が規定する死亡社員の持分を承継する旨の定款の定めはされないことになる。

　そこで，法務省は，公開している合同会社の定款の記載例において，会社法608条1項の定款の定めについて言及することが望ましいのではないかと考える[158]。確かに，法務省の定款の記載例には「一例です。会社の実情に合わせて作成してください」との注意書きがあるものの，一例であるならば相対的記載事項として記載をしないよりも記載しておいた方が問題の少ない定款の定めについては，初めから定款に記載しておいてもよいかと思われる。例えば，同じく法務省が公開している取締役会設置の株式会社の定款の記載例[159]では，定款の相対的記載事項と考えられる「中間配当」の規定（会社法454条5項）や，監査役の監査

157　上柳ほか編・前掲注(25)370頁〔平出慶道〕，神田編・前掲注(37)153頁〔出口正義〕。

158　2019年2月1日時点では，会社法608条1項の定款の定めは含められていなかったが，2019年12月1日に確認したところ，記載例が改訂されており，ver.3.0の第7条として，608条1項の定款の定めが含められていた。

159　法務省・法務局ホームページ「商業・法人登記の申請書様式」1-1　株式会社設立登記申請書（取締役会設置会社の発起設立）記載例。http://houmukyoku.moj.go.jp/homu/content/001252641.pdf（2019．1.31最終閲覧）。

の範囲を会計に関するものに限定する旨の規定（会社法389条1項）などが記載されていることから，同じく定款の相対的記載事項である会社法608条1項の定めを記載例に記載しておくことは，さほど難しい話ではないかと思われる。

仮に合同会社の解散か否かに関わる定款の規定であるから定款条項としての記載は慎重にしなければならないということであれば，そのような重要な論点についてだからこそ，「社員が死亡した場合に相続人が当該社員の持分を承継する旨の定款の定めがないと，死亡社員の相続人は当該社員の持分を承継することができず，社員が1名のみしかいない場合は法定退社することにより合同会社は解散することになる」といった注意書きを置き，設立者の注意を喚起するような形にしてもよいであろう。

いずれにしても，合同会社を設立して社員になろうとする者が，自分の死亡後に会社存続の希望の有無を選択できるような形にしておくと同時に，相続人にも会社の存続を選択できるようにするのが望ましいと考える。会社法608条1項の定款の定めは，社員が自らが死亡した場合に合同会社の存続を希望していれば当然定款に記載しておくべきであるし，死後の存続を不要と考えているのであれば，当該定款の定めの記載は不要である。ただし，会社法608条1項の定款の定めがない場合，既述のとおり合同会社の一人社員は死亡により法定退社して合同会社は解散することになるが，相続人が当該合同会社の清算手続きを行う場合には裁判所への申立てにより清算人を選任しなければならない（会社法647条3項）。とすると，相続人の負担軽減という観点からは，会社法608条1項の定款の定めにより持分を承継させたうえで，相続人に任意に解散・清算手続きを行ってもらえる形をとり，相続人にもその旨説明しておくというのが社員死亡後の混乱を回避する妥当な解決策であろう。

第3節　結びに代えて

本稿では，合同会社の社員が死亡したときの社員の退社について，そして社員が1人のみだった場合の法定解散と会社継続ができない問題について述べたうえで，死亡社員の持分を相続人が承継する旨の定款の定めについて検討し，この定款の定めがない問題についての対応策について若干の私見を述べてきた。

合同会社については，研究が進んでいないせいもあり文献も非常に乏しく，ま

た，合同会社の制度に関わるような重要な裁判例もまだ見当たらない。そのため，合同会社において生じる法解釈上の問題点については，同じ持分会社としての合名会社や合資会社についての判例や学説に頼るほかないが，これらの多くは戦前期に由来しているものであり，かつての議論が現在まで承継されず断絶を生じているとの危惧があるとの指摘もあるが[160]，実際に本稿を書いている筆者も同様の懸念を持った。しかし，最近は研究者や実務家による合同会社のモデル定款に関する文献も発表されており[161]，徐々にではあるが合同会社の研究が進もうとしている動きはある。

　これから設立される合同会社については，設立社員の意思が反映されるようなモデル定款に基づいて設立すればよいし，すでに設立されている合同会社についても，社員の意思により必要に応じて定款変更を行って法定解散問題に対応すればよいであろう。しかし，既存の合同会社でこのような合同会社の法定解散問題の情報に接することのない者にとっては，定款変更を行うきっかけもないことになるので，やはり解釈や立法論による救済も検討していかなければならないと考える。会社が解散し，会社継続も認められないとすると，事業は停止して雇用も失われ，取引先その他の利害関係人に不利益となり，社会的損失が非常に大きくなる恐れがあり，残された相続人にとっても想定外の負担がかかるからである。

　これから合同会社の設立件数が増えるにつれて，人の死は必ず訪れるものであることから，社員の死亡による合同会社の解散問題はより深刻になるものと予想される。法の不備への手当てや今後の判例の蓄積を待つとともに，早めに合同会社制度の議論が進むことを願いたい。

（付記）

　修士論文提出時点（2019年２月１日）に，法務省が公開していた定款の記載例には会社法608条１項に基づく定めは含まれていなかったが，令和元年８月26日

160　大杉謙一「持分会社・民法組合の法律問題」岩原紳作ほか編『会社・金融・法〔上巻〕』53頁（商事法務，2013）。

161　モデル定款を紹介している近年の文献としては，森本滋編『合同会社の法と実務』（商事法務，2019），加藤政也編『合同会社の法務・登記・税務』（新日本法規，2018），江頭憲治郎編『合同会社のモデル定款』（商事法務，2016），神﨑満治郎『合同会社の設立・運営のすべて』（中央経済社，2014），などが挙げられる。

改訂<http://houmukyoku.moj.go.jp/homu/COMMERCE_11-1.html#3-1> の記載例
（ver.3.0）<http://houmukyoku.moj.go.jp/homu/content/001252889.pdf> では全13
条となり，かつ，608条1項に基づく定めが第7条として含められていた。

【参考文献】（順不同）

1．教科書・体系書・概説書

- 片山義勝『會社法原論〔第6版〕』（中央大学，1920）
- 岡野敬次郎『會社法』（岡野奨学会，1929）
- 松本烝治『日本會社法論』（厳松堂書店，1935）
- 田中耕太郎『改訂会社法概論 上』（岩波書店，1955）
- 上柳克郎＝鴻常夫＝竹内昭夫編『新版注釈会社法（1）会社総則，合名会社，合資会社』（有斐閣，1985）
- 上柳克郎＝鴻常夫＝竹内昭夫編『新版注釈会社法（13）株式会社の解散・清算，外国会社，罰則』（有斐閣，1990）
- 大隅健一郎＝今井宏『会社法論（上巻）〔第3版〕』（有斐閣，1991）
- 服部榮三＝星川長七編『別冊法学セミナー基本法コンメンタール会社法（第4版）』（日本評論社，1991）
- 大野正道『企業承継法の研究』（信山社，1994）
- 味村治『詳解商業登記 下〔新訂〕』（きんざい，1996）
- 経済産業省産業組織課編『日本版LLC—新しい日本のかたち』（きんざい，2004）
- 内田貴『民法IV親族・相続〔補訂版〕』（東京大学出版会，2004）
- 相澤哲＝葉玉匡美＝郡谷大輔編『論点解説 新・会社法』（商事法務，2006）
- 青山修『持分会社の登記実務』（民事法研究会，2007）
- 江頭憲治郎＝門口正人編『会社法大系1 会社法制・会社概論・設立』（青林書院，2008）
- 相澤哲編『一問一答 新・会社法〔改訂版〕』（商事法務，2009）
- 落合誠一編『会社法コンメンタール（12）定款の変更・事業の譲渡等・解散・清算〔1〕』（商事法務，2009）
- 江頭憲治郎＝中村直人編『論点体系 会社法4 株式会社IV 持分会社』（第一法規，2012）
- 谷口知平＝久喜忠彦編『新版注釈民法（27）相続（2）〔補訂版〕』（有斐閣，2013）
- 森信茂樹編『合同会社（LLC）とパススルー税制』（きんざい，2013）

・葭田英人『持分会社・特例有限会社の制度・組織変更と税務』（中央経済社，2013）
・神﨑満治郎『合同会社の設立・運営のすべて』（中央経済社，2014）
・太田達也『合同会社の法務・税務と活用事例』（税務研究会，2014）
・神田秀樹編『会社法コンメンタール（14）持分会社〔1〕』（商事法務，2014）
・奥島孝康＝落合誠一＝浜田道代編『別冊法学セミナー新基本法コンメンタール 会社法3〔第2版〕』（日本評論社，2015）
・弥永真生『リーガルマインド会社法〔第14版〕』（有斐閣，2015）
・松井信憲『商業登記ハンドブック〔第3版〕』（商事法務，2015）
・田中亘『会社法』（東京大学出版会，2016）
・江頭憲治郎編『合同会社のモデル定款』（商事法務，2016）
・江頭憲治郎『株式会社法〔第7版〕』（有斐閣，2017）
・伊藤靖史＝大杉謙一＝田中亘＝松井秀征『会社法〔第4版〕』（有斐閣，2018）
・神田秀樹編『会社法コンメンタール（15）持分会社〔2〕』（商事法務，2018）
・加藤政也編『合同会社の法務・登記・税務』（新日本法規，2018）
・森本滋編『合同会社の法と実務』（商事法務，2019）

2．論文・雑誌

・國歳胤臣「合名会社の社員を相続するといふこと」民商5巻708頁（1935）
・小町谷操三「合名会社の社員の死亡と相続人の地位」松本先生古稀記念『會社法の諸問題』439頁（有斐閣，1951）
・久留島隆「会社持分の共同相続と権利行使者の選任・解任」法学研究47巻3号54頁（1974）
・服部榮三「合名会社の社員の地位の相続」中川善之助先生追悼現代家族法大系編集委員会編『現代家族法大系4（相続Ⅰ）相続の基礎』343頁（有斐閣，1985）
・宮田和一「【実務相談室】株主総会招集ができない場合の株式会社の清算結了登記」商事1217号52頁（1990）
・宍戸善一「合名会社・合資会社・日本版LLC」ジュリスト1267号28頁（2004）
・川島いづみ「人的会社に関する改正と新たな会社類型の創設」判例タイムズ1158号2頁（2004）
・宍戸善一「持分会社」ジュリスト1295号110頁（2005）
・江頭憲治郎「『会社法制の現代化に関する要綱案』の解説〔Ⅷ・完〕」商事法務1729号6頁（2005）
・相澤哲＝郡谷大輔「新会社法の解説（1）会社法制の現代化に伴う実質改正の概要と基本的な考え方」商事法務1737号16頁（2005）
・相澤哲＝岩崎友彦「新会社法の解説（2）会社法総則・株式会社の設立」商事法務1738号12頁（2005）

・郡谷大輔「持分会社」税経通信60巻14号（2005）

・相澤哲＝郡谷大輔「新会社法の解説（12）持分会社」商事法務1748号20頁（2005）

・大杉謙一「合同会社」法学教室304号84頁（2006）

・関口智弘＝西垣建剛「合同会社や有限責任事業組合の実務上の利用例と問題点」法律時報80巻11号18頁（2008）

・宍戸善一「合同会社形態創設の意義と利用」『新・法律学の争点シリーズ5　会社法の争点』189頁（有斐閣，2009）

・江頭憲治郎ほか「【座談会】合同会社等の実態と課題〔上〕」商事法務1944号6頁（2011）

・江頭憲治郎ほか「【座談会】合同会社等の実態と課題〔下〕」商事法務1945号27頁（2011）

・江頭憲治郎「合同会社制度のメリット―締出し防止策の側面」松嶋英機＝伊藤眞＝福田剛久編『門口正人判事退官記念　新しい時代の民事司法』（商事法務，2011）

・東京法務局「合同会社の設立登記の手続とよくある質問」資料版商事法務344号（2012）

・大峯隆「登記申請からみた合同会社の利用状況」資料版商事法務344号（2012）

・新家寛＝桑田智昭「合同会社の活用に際しての留意点」資料版商事法務344号（2012）

・仲谷栄一郎＝田中良「合同会社の定款―実例の検討―」資料版商事法務350号（2013）

・大杉謙一「持分会社・民法組合の法律問題」岩原紳作ほか編『会社・金融・法〔上巻〕』53頁（商事法務，2013）

・宍戸善一「合弁合同会社」小出篤ほか編『前田重行先生古稀記念　企業法・金融法の新潮流』（商事法務，2013）

・棚橋元「新しい企業形態」江頭憲治郎編『株式会社法大系』613頁（有斐閣，2013）

・酒井健太郎「合同・合名・合資会社による相続対策の留意事項」税経通信69巻11号96頁（2014）

・櫻庭倫「平成26年商業・法人登記実務における諸問題」民事月報70巻5号49頁（2015）

・中村信男「合同会社制度と法制上の問題点」法律のひろば69巻8号55頁（2016）

・酒井恒雄＝野入美和子「「そこから先」を知るための定款対談―合同会社編―第5回」登記情報668号105-106頁（2017）

・宮崎拓也「商業・法人登記制度をめぐる最近の動向」商事2187号38頁（2019）

現代における寡婦（夫）控除制度の存在意義

久岡　靖恵

はじめに

1．問題の所在

　平成25年の民法改正により非嫡出子の相続分が嫡出子と同等になったことを受けて，所得税における寡婦（夫）控除の見直しにも注目が集まっている。平成26年1月には日本弁護士連合会から「『寡婦控除』規定の改正を求める意見書」が提出され，厚生労働省は配偶者と死別・離婚した寡婦（寡夫）への経済的支援の一部を未婚のひとり親も受けられるよう政令等を改正し，平成30年6月から順次施行している。平成31年度の税制改正では，未婚のひとり親にも寡婦（夫）控除を適用するかが一つの焦点となった。

　寡婦（夫）控除とは，所得税法における所得控除の一つであり，配偶者と死別または離婚した者が受けられる所得税法上の優遇措置であるが，法律婚を前提としているため未婚のひとり親には適用されない。経済的負担能力である担税力に即して税負担を配分すべきとされる所得税において，死別・離別のひとり親が寡婦（夫）控除の対象となるのに対し，未婚のひとり親のみが控除を受けられないことは非合理な差別であると，これまでも指摘されてきた。

　しかしながら，寡婦（夫）控除が抱えるその他の問題点についてはあまり議論になっていないように思われる。例えば，寡婦（夫）控除では寡婦と寡夫すなわち男女の性別の違いによって取扱いが異なるが，同所得の男女に対し控除金額に差を設けることに合理性はないと考える。

　また，扶養親族を有しない死別の寡婦も適用対象となるが，これにより離別の寡婦や男性の寡夫だけでなく，婚姻歴のない独身者との間でも不均衡が生じている。女性の寡婦の場合，扶養親族を有していれば，どれほど高所得であろうと控除の対象となることも問題であると言える。

　以上のように寡婦（夫）控除は，①婚姻歴，②女性と男性，③死別と離婚の違いによって取り扱いが異なるが，これらの差異が担税力に影響を及ぼしていないのであれば，寡婦（夫）控除は租税公平主義に多くの点で反していると言わざるをえない。

　さらに，寡婦（夫）控除は所得控除方式を採用しているが，累進税率の下では高所得であるほど控除の恩恵が増す一方，課税最低限以下の者には効果が及ばないという逆進性が存在することも問題点として指摘できる。

　本稿では，現代における寡婦（夫）控除のあり方を見直し，より公平で現状に即した制度を考察することを目的とする。

2．本稿の構成

　まず第1章では，現在の寡婦（夫）控除の規定を確認した上で，所得控除の意義，現代における寡婦（夫）控除の意義・目的を明らかにする。寡婦（夫）控除は所得控除の中でも障害者控除，勤労学生控除とともに特別人的控除に位置づけられる。所得控除とは，本来所得の消費にあたる納税者の個人的支出のうち，担税力を減殺する個人的事情に配慮して控除を認めるものと説明される。中でも特別人的控除は生活上追加的費用が必要であることへの配慮あるいは所得獲得に対して不利な条件にある者の救済のために設けられているとされており，戦争未亡人救済のために創設された寡婦（夫）控除の福祉的な性格は，現在も変わらないと考えられる。寡婦（夫）控除では担税力減殺要因の指標として，配偶者の不存在以外に扶養要件と所得要件を設けているが，扶養要件は生活上必要な追加的費用の判断要素であり，所得要件は担税力の低さの判断要素であると言え，これら双方を満たした者を救済することに寡婦（夫）控除の存在意義があると考える。

　次に第2章では，寡婦（夫）控除の立法・改正の経緯を踏まえながら沿革を概観する。寡婦（夫）控除は戦後間もない時期に，扶養親族を抱えた担税力の低い戦争未亡人を救済する目的で創設された。創設当初は，扶養親族を有する寡婦のみが適用対象となっていたが，その後対象が拡大され，現在の要件では，扶養親族を有しない死別の寡婦や男性の寡夫も適用対象となっている。

　第3章では，平成31年度の税制改正において一つの焦点となっている未婚ひとり親世帯への適用について，これまでの議論の経緯を確認し，適用の是非を検討

する。現在，ひとり親世帯の貧困が問題となっているが，未婚ひとり親世帯の経済状況は死別・離婚世帯と比較しても厳しい状況にある。追加的費用を必要とする担税力の低い者の救済という点では，未婚のひとり親と死別・離別のひとり親とを区別する合理性はなく，同様に救済されるべきである。

第4章では，裁判例を分析し，税制以外の制度も参考にしながら，寡婦（夫）控除の適用要件における男女間格差の非合理性を指摘する。経済的に厳しい状況に置かれている父子家庭の増加に対応し，児童扶養手当は平成22年改正，遺族基礎年金は平成24年改正で男女間格差が是正された。寡婦（夫）控除は，昭和56年改正で男性の寡夫にも適用が拡大されたが，その時に設けられた男女間格差が今も残ったままになっている。専業主婦世帯が63％であった当時と現在とでは世帯割合が逆転し，平成29年には共働き世帯が65％となるなど，社会情勢は大きく変化した。担税力の減殺要因への配慮という点でみれば，男女で要件に差異を設ける合理性はなく，寡婦（夫）控除は現代にそぐわないものになっている。

第5章では，寡婦（夫）控除の適用範囲の妥当性を検討する。現在，扶養親族を有しない死別の寡婦，子以外の扶養親族を有する寡婦，成人した子を有する寡婦（夫）は，寡婦（夫）控除の適用対象となっている。特別人的控除は追加的費用への配慮にその意義があるが，これらの者については寡婦（夫）特有の追加的費用が存在しないことから，適用対象外とすべきである。また高所得寡婦についても，寡婦（夫）控除の福祉的性格や近年各所得控除に次々と所得制限が付されている趨勢に鑑みると，適用を見直すべきであると考える。

最後に第6章では，寡婦（夫）控除の今後のあり方について考察する。寡婦（夫）控除の福祉的性格を考えると，社会保障制度との整合性が再検討されるべきではあるが，ひとり親世帯への保障がまだとても十分とは言えない現状においては，寡婦（夫）控除の存在意義は十分にあると考える。また，所得税の累進税率の下では，高所得者ほど所得控除による税負担軽減の効果が大きく，課税最低限以下の者には何の恩恵もない。給付付き税額控除によれば，税額控除額が税額を上回る場合には差額が還付されるため，所得の多寡にかかわらず一定額の負担軽減となり，納税者にも効果が実感しやすいと言える。

３．結論

　寡婦控除は，昭和26年に戦争未亡人を救済する目的で創設された。その後，時代の要請に応じる形で適用対象を拡大してきたが，そのためにかえって歪で複雑な現在の形となっている。現代における寡婦（夫）控除の存在意義は，担税力の低いひとり親世帯の救済にあると考えられることから，性別の違い・婚姻の有無・離婚と死別によって異なる適用要件を統一し，未成年の子を有する所得一定限度以下のひとり親のみを，男女を問わず寡婦（夫）控除の適用対象とすべきであると考える。また，寡婦（夫）控除の名称を「ひとり親控除」に改め，所得控除から給付付き税額控除に変更することが望ましいと思われる。

第１章　寡婦（夫）控除の意義と概要

第１節　現行規定の確認

　寡婦（夫）控除は所得控除の１つであり，配偶者と死別または離婚した者に適用される。

　所得税法81条は，寡婦（寡夫）控除について，「居住者が寡婦又は寡夫である場合には，その者のその年分の総所得金額，退職所得金額又は山林所得金額から二十七万円を控除する。」と規定している。

　ここでいう寡婦とは，夫と死別または離婚した者で扶養親族を有する者および，夫と死別等した扶養親族を有しない者のうち合計所得金額が500万円以下の者であり，所得税法２条１項30号では次のように規定されている。

　「イ　夫と死別し，若しくは夫と離婚した後婚姻をしていない者又は夫の生死の明らかでない者で政令で定めるもののうち，扶養親族その他その者と生計を一にする親族で政令で定めるものを有するもの」

　「ロ　イに掲げる者のほか，夫と死別した後婚姻をしていない者又は夫の生死の明らかでない者で政令で定めるもののうち，第七十条（純損失の繰越控除）及び第七十一条（雑損失の繰越控除）の規定を適用しないで計算した場合における第二十二条（課税標準）に規定する総所得金額，退職所得金額及び山林所得金額の合計額（以下この条において「合計所得金額」という。）が五百万円以下であるもの」

　一方，寡夫の要件は所得税法２条１項31号で以下のように規定され，寡婦の要件と比較すると制限されたものとなっている。

「妻と死別し，若しくは妻と離婚した後婚姻をしていない者又は妻の生死の明らかでない者で政令で定めるもののうち，その者と生計を一にする親族で政令で定めるものを有し，合計所得金額が五百万円以下であるものをいう。」

　寡婦および寡夫の定義における「その者と生計を一にする親族で政令で定めるもの」とは，「その者と生計を一にする子（他の者の同一生計配偶者又は扶養親族とされている者を除く。）でその年分の総所得金額，退職所得金額及び山林所得金額の合計額が基礎控除の額に相当する金額以下のもの」（所得税法施行令11条および11条の２）である。

　また，寡婦控除の特例として母子家庭へ８万円の加算措置が設けられており，租税特別措置法41条の17で次のように規定されている。

「居住者が，所得税法第二条第一項第三十号イに掲げる者（同項第三十四号に規定する扶養親族である子を有するものに限る。）に該当し，同項第三十号の合計所得金額が五百万円以下である場合には，同法第八十一条第二項に規定する寡婦控除の額は，同条第一項の規定にかかわらず，同項に規定する金額に八万円を加算した額とする。」

第２節　所得控除の意義

１．所得控除の意義

　実定法上において人的控除を定義した規定は存在しないが，講学上，所得控除とは本来所得の消費にあたる納税者の個人的支出のうち，担税力を減殺する個人的事情に配慮して控除を認めるものと説明される[1]。

　所得控除の中でも人的控除は，「所得のうち本人およびその家族の最低限度の生活（……）を維持するのに必要な部分は担税力をもたない，という理由に基づくものであって，憲法25条の生存権の保障の租税法における現われ」[2]であるとされる。憲法25条で保障された「健康で文化的な最低限度の生活を営む権利」を背景とした，最低生活費非課税の原則に基づく控除である。

1　水野忠恒『大系租税法〔第２版〕』（中央経済社，2018）325頁。
2　金子宏『租税法〔第22版〕』（弘文堂，2017）200頁。

　最低生活費非課税の原則については，「最低生活費は，所得稼得の前提となる根源的ないわば『人間に値する生存のための必要経費』であり，納税者が支出するかどうかを任意に決められるものではなく，したがって，人的担税力を減殺するものとして，所得課税上取り扱うことが，憲法上要請されるのである。これを最低生活費非課税の原則あるいは最低生活費控除の原則といい，この原則を具体化する所得控除を人的控除（納税者の人的事情を考慮するための所得控除）という。」[3]と説明される。

　人的控除を他の所得控除と比べると，特定の支出や損失の事実とは無関係に，納税者や家族のおかれている状況に応じて法定された一定額が控除されるという特徴があり[4]，基礎控除，配偶者控除および扶養控除が比較的一般的な人的事情を考慮するものであることから「基礎的人的控除」と呼ばれるのに対し，寡婦（夫）控除は障害者控除，勤労学生控除とともに，比較的特別な事情を考慮するための控除として「特別人的控除」と呼ばれる[5]。特別人的控除は「通常の者に比較して追加的費用が必要であるという考慮に基づく制度」[6]であり，社会的に不利な条件にある者の救済のために設けられているとされている[7]。必要不可欠な追加的費用が存在することによって押し上げられた最低生活費を手当するものであると言える。

２．所得控除における所得制限の導入

　担税力を減殺する個人的支出への配慮として設けられている所得控除は，支出に重点が置かれ，所得制限が設けられているものはごく僅かであったが，近年の改正で所得制限が次々と付されている。平成29年度税制改正では配偶者控除に所得制限が設けられ[8]，合計所得金額1,000万円超の場合には配偶者控除が適用され

3　谷口勢津夫『税法基本講義〔第5版〕』（弘文堂，2016）354頁。
4　佐藤英明「人的控除の検討―制度改正の選択肢」租税研究820号（2018）44頁。
5　谷口勢津夫「個人所得課税の基本概念―人的控除」税研25巻1号（2009）86頁。
6　金子宏「総説―所得税における所得控除の研究」日税研論集52号（2003）9頁。税制調査会「税制の抜本的見直しについての答申」（1986）40頁によれば，「特別な事情に基づく追加的費用のしん酌を通じて担税力に応じた負担を求めるため」に設けられているとされている。
7　水野・前掲注(1)338頁。
8　なお，配偶者特別控除については昭和62年改正において創設された際から所得制限が存在する。

ないこととなった。基礎控除についても平成30年度改正で所得制限が設けられ[9]，合計所得金額2,500万円超の場合は適用がなくなる。

　扶養控除の年少扶養親族への適用廃止も実質的には所得制限と同様の効果を持つ。民主党政権時代の平成22年に児童手当に代わって子ども手当が創設された際に，従来の児童手当における所得制限は撤廃され，同時に所得税法においても年少扶養親族への扶養控除の適用が廃止された。しかしその後政権が交代し，平成24年に子ども手当から再び児童手当へと変更され，所得制限も再度設けられた。その一方で年少扶養親族の扶養控除については廃止されたままであり，実質的には扶養控除の年少扶養親族への適用において所得制限が設けられたことになる。「社会手当の増額と人的控除の廃止の間には，必然的な結合関係はない」[10]とされてはいるが，結果的には，旧児童手当＋扶養控除の時代と比べ，所得制限にかかる高所得者の負担が増加することとなった[11]。

　寡婦（夫）控除については，創設当初は所得制限がなかったが，昭和47年の扶養親族を有しない死別の寡婦への適用拡大に際して初めて所得制限が設けられ，その後昭和56年の寡夫控除創設時，平成元年の租税特別措置としての特定の寡婦8万円加算創設時にも所得制限が設けられている。

　所得控除における所得制限は，担税力の減殺を調整する必要性や所得再分配機能の観点から，高所得者にまで税負担の軽減効果を及ぼす必要はないとの考えに基づいており，その所得再分配機能は通常の所得控除方式よりも高く[12]，経済的弱者への救済の性格が強くなると言える。

　最も基本的な所得控除である基礎控除にまで所得制限が設けられたことは，税制における所得再分配機能の強化であると言える。このような現在の趨勢に鑑みれば，福祉的な性格を持つ寡婦（夫）控除にも一律に所得制限を設けるべきと考える。

9　平成32年分以後より施行される。

10　藤谷武史「人的控除のあり方」税研30巻3号（2014）56頁。

11　兼平裕子「人的控除の現状と今後の役割」税研33巻4号（2017）59頁。

12　土屋栄悦「人的控除の控除額及び控除方式のあり方」税研33巻5号（2018）91頁。

第3節　寡婦（夫）控除の意義

1．特別人的控除における追加的費用

　金子教授は，「特別人的控除は，そのいずれをとってみても，その適用を受ける者にとっては，もっともな理由がある。たとえば，障害者控除について見ると，障害者は，身体的・精神的障害を有するため，健康な者に比較して同じ所得を得るのに余計な経費を必要とし，また生活費も余計にかかる。したがって，所得税の計算上その事実を考慮に入れることには合理的な理由がある。」[13]と，その存在意義を認めている。

　特別人的控除は追加的費用への配慮にその意義があり，特別人的控除が適用される者は，その他の者に比して追加的にかかる費用が存在するとしている。障害者であれば，これらが具体的に何を指しているかは想像に難くない。身体上の障害を補うため補装具や医療機器，医療費，ヘルパーの利用，タクシーの利用など様々なものが考えられる。

　では，寡婦（夫）であることにより発生する追加的費用にはどういったものが考えられるだろうか。幼い子どもがいれば，仕事をする上で子どもを保育所なりベビーシッターに預ける必要があり，それらの費用がかかると考えられる。これだけであれば，共働き世帯も同様であると言えるが，子どもが幼い間は頻繁に病気にかかり，保育所に預けられないこともある。そういった場合は病児保育を利用するか，親が仕事を休むかということになるだろうが，共働き世帯では両親でそのリスクを分担できるのに対し，ひとり親世帯ではひとりで対応しなければならず，外部サービスを利用することによる追加的費用が発生する。また，保護者会やPTAなどの子ども関連の行事は平日に行われることが現在はまだ多く，それらへの参加も同様である。逆に親側の都合により，子どもの世話ができない状況も考えられる。病気や入院，残業や出張などがあった場合，ふたり親世帯では，もう一方の親が対応できるのに対し，ひとり親世帯では費用の発生する外部サービスに頼らざるを得ない。ひとり親は，本来であれば夫婦2人で支える経済的基盤と生活基盤をひとりで支えなければならないのである[14]。

13　金子・前掲注(6) 9頁。
14　衣笠葉子「ひとり親家庭の所得保障」村中孝史ほか編『労働者像の多様化と労働法・社会

　子どもを預けて働く上での追加的費用については容易に想像できるところであるが，子以外の扶養親族を有することや，すでに成人した子どもを扶養すること，扶養親族を有しない死別の寡婦であることによって当然にかかる費用というものが存在するかは検討の余地がある。詳しくは第 5 章にて検討するが，追加的費用が存在しないのであればこれらの者を寡婦（夫）控除の対象とすることの必然性はないと言える。

２．扶養要件と所得要件

　寡婦（夫）控除では担税力減殺要因の指標として，配偶者の不存在以外に扶養要件と所得要件が設けられている。扶養要件は生活上必要な追加的費用の判断要素であり，通常の者に比較して追加的費用が必要であることへの配慮という特別人的控除の目的に適ったものと言える。一方，所得要件は担税力の低さの判断要素であると言え，低所得者対策としての意味合いをもつ。

　金子教授は特別人的控除の問題点として，「①それを必要としていない者にも恩恵が及ぶことが少なくないこと（……），②その適用対象者が納税者の一部に限られること，③控除の金額が必ずしも大きくないため，税負担の軽減額が十分でないこと，④所得税制度を複雑にしていること等」[15]を挙げている。扶養要件のみを満たし，所得要件を満たさない場合は，控除を必要としない高額所得者にもその恩恵が及ぶことになり，①に該当する。反対に所得要件のみを満たし，扶養要件を満たさない場合には，すでに累進税率といった他の所得税の仕組みの中で手当されているのであるから，寡婦（夫）控除の対象とする必然性がないと言える。そして扶養要件と所得要件が複雑に絡み合い，後述するように要件が11種類にも分類されていることは，まさに④の所得税制度を複雑にしていると言える。

　寡婦（夫）控除は扶養親族を抱えた戦争未亡人を救済する目的で創設された福祉的な性格を持つものであり，追加的費用を必要とする担税力の低い経済的弱者を救済するという目的は現在も変わらないと考えれば，扶養要件および所得要件の双方を満たした者を救済することにこそ寡婦（夫）控除の存在意義があると考える。

保障法』（有斐閣，2015）154 頁。
15　金子・前掲注(6) 9 頁。

第4節　現行の寡婦（夫）控除による適用範囲

図表1は現行の要件による所得控除金額をまとめたものである。

＜図表1＞ 寡婦（夫）控除規定の要件別所得控除金額[16]

配偶者	扶養親族	女性		男性	
		合計所得金額		合計所得金額	
		500万円以下	500万円超	500万円以下	500万円超
死別	生計一の子あり	① 35万円	④ 27万円	⑩ 27万円	×
	子以外の扶養あり	② 27万円	⑤ 27万円	×	×
	扶養なし	③ 27万円	×	×	×
離婚	生計一の子あり	⑥ 35万円	⑧ 27万円	⑪ 27万円	×
	子以外の扶養あり	⑦ 27万円	⑨ 27万円	×	×
	扶養なし	×	×	×	×
未婚	生計一の子あり	×	×	×	×
	子以外の扶養あり	×	×	×	×
	扶養なし	×	×	×	×

現在の寡婦（夫）控除の要件では，控除を受けられる者を以下の11種類に分類することができる。

① 夫と死別した者で，生計一である子を有し，合計所得金額500万円以下である者

② 夫と死別した者で，子以外の扶養親族を有し，合計所得金額500万円以下である者

③ 夫と死別した者で，扶養親族を有さず，合計所得金額500万円以下である者

④ 夫と死別した者で，生計一である子を有し，合計所得金額500万円超である者

⑤ 夫と死別した者で，子以外の扶養親族を有し，合計所得金額500万円超である者

16　筆者作成。以降の図表についても同様。

⑥　夫と離婚した者で，生計一である子を有し，合計所得金額500万円以下である者

⑦　夫と離婚した者で，子以外の扶養親族を有し，合計所得金額500万円以下である者

⑧　夫と離婚した者で，生計一である子を有し，合計所得金額500万円超である者

⑨　夫と離婚した者で，子以外の扶養親族を有し，合計所得金額500万円超である者

⑩　妻と死別した者で，生計一である子を有し，合計所得金額500万円以下である者

⑪　妻と離婚した者で，生計一である子を有し，合計所得金額500万円以下である者

男性の場合は2つの類型に限られるが，女性の場合は適用対象が9類型に細分化されており，さらに条件によっては控除金額に加算があるなど，非常に全体像が掴みにくいものとなっている。

　所得要件と扶養要件の双方を満たした者の救済に寡婦（夫）控除の意義があるとの視点に立てば，④，⑤，⑧，⑨については所得要件を満たさず，③については扶養要件を満たしていないことから除外すべきであると考える。また，詳しく

＜図表2＞ 寡婦（夫）控除規定の要件別所得控除金額（あるべき範囲）

配偶者	扶養親族	女性		男性	
		合計所得金額		合計所得金額	
		500万円以下	500万円超	500万円以下	500万円超
死別	生計一の子あり	① 35万円	④ 27万円	⑩ 27万円	×
	子以外の扶養あり	② 27万円	⑤ 27万円	×	×
	扶養なし	③ 27万円	×	×	×
離婚	生計一の子あり	⑥ 35万円	⑧ 27万円	⑪ 27万円	×
	子以外の扶養あり	⑦ 27万円	⑨ 27万円	×	×
	扶養なし	×	×	×	×
未婚	生計一の子あり	×	×	×	×
	子以外の扶養あり	×	×	×	×
	扶養なし	×	×	×	×

は第5章で後述するが，子以外の扶養親族を有することによる追加的費用は寡婦に限定されるものではないため，扶養対象は生計一の子に限定すべきと考え，②，⑤，⑦，⑨も除外すべきである。

よって，扶養要件と所得要件の双方を満たす①，⑥，⑩，⑪に限定し，未婚ひとり親も適用対象に加えた図表2の範囲があるべき寡婦（夫）控除の適用範囲であると考え，以下それぞれの要件の合理性について詳しく論じていく。

第2章　寡婦（夫）控除の沿革

第1節　寡婦（夫）控除の沿革

図表3は寡婦（夫）控除[17]の沿革をまとめたものである。

＜図表3＞ 寡婦（夫）控除の沿革

改正年度（年）	改正内容	控除方式	控除額
1951（昭和26）	寡婦控除創設 （扶養親族を有し、かつ老年者でない者）	所得控除	15,000円
	臨時特例法で税額控除に変更	税額控除	4,000円
1952（昭和27）	遺族年金を受ける者は6,000円	税額控除	4,000円
1955（昭和30）	控除額引き上げ （遺族年金を受ける者は7,000円）	税額控除	5,000円
1959（昭和34）	遺族年金受給者の割増税額控除廃止	税額控除	5,000円
1962（昭和37）	控除額引き上げ	税額控除	6,000円
1965（昭和40）	扶養親族を有する者に加えて 基礎控除以下の子を有する者も対象に	税額控除	6,000円
1967（昭和42）	所得控除に変更 申告要件廃止	所得控除	70,000円
1968（昭和43）	控除額引き上げ	所得控除	80,000円
1969（昭和44）	控除額引き上げ	所得控除	90,000円
1970（昭和45）	控除額引き上げ	所得控除	100,000円
1971（昭和46）	控除額引き上げ	所得控除	120,000円
1972（昭和47）	扶養親族のない死別寡婦への適用範囲拡大 （所得金額150万円以下に限る）	所得控除	120,000円

17　厳密に言えば，寡夫控除は昭和56年に創設されたものであり，それ以前は寡婦控除のみであったが，本稿では便宜的に寡婦（夫）控除とまとめている。

1973（昭和48）	控除額引き上げ	所得控除	130,000円
1974（昭和49）	控除額引き上げ 死別寡婦の所得限度額300万円以下に変更	所得控除	160,000円
1975（昭和50）	控除額引き上げ	所得控除	200,000円
1977（昭和52）	控除額引き上げ	所得控除	230,000円
1981（昭和56）	寡夫控除創設 （所得金額300万円以下で生計一の子を有する者）	所得控除	230,000円
1984（昭和59）	控除額引き上げ	所得控除	250,000円
1988（昭和63）	控除額引き上げ	所得控除	270,000円
1989（平成元）	租税特別措置として特定の寡婦8万円加算 （所得金額300万円以下で扶養親族である子を有する者）	所得控除	270,000円
1990（平成2）	所得限度額500万円以下に変更	所得控除	270,000円
2004（平成16）	老年者控除の廃止に伴い老年者の除外要件削除	所得控除	270,000円

　寡婦（夫）控除は，昭和26年に戦争未亡人を救済する目的で創設され，その後，時代の要請に応じる形で適用対象を拡大し続けてきた。以下，寡婦（夫）控除の創設および重要な改正について，その経緯を詳しく見ていく。

第2節　寡婦控除制度の創設[18]（昭和26年）

　戦争によって夫を失ったいわゆる戦争未亡人が家に残された子ども，老人などの係累を抱えながら一家の大黒柱として所得を稼得するには特別の労度を要し，また特別の経費も要することが予想されることから[19]，担税力の低い扶養親族を抱えた戦争未亡人を救済する目的で，昭和26年の戦後間もない時期に寡婦控除は創設された。昭和26年には老年者控除と勤労学生控除も同時に創設されている。いずれも社会政策的な点が考慮され，比較的担税力の低い者に対し特別の控除を行うという考えによるものであった[20]。

　創設当初の寡婦控除における寡婦の要件は現在とは異なり，夫と死別または離婚した後婚姻をしていない者で，扶養親族を有し，かつ老年者でないものと規定されている。老年者除外要件については，当時は老年者控除によって65歳以上の

18　寡婦控除創設の経緯については，石田和之「地方税制温故知新（第31回）寡婦（寡夫）控除制度の範囲の拡大とその考え方」税68巻12号（2013）222-258頁に詳しい。
19　武田昌輔編『コンメンタール所得税法』（第一法規加除式）4847頁。
20　衆議院予算委員会（昭和26年1月30日）内での平田敬一郎大蔵省主税局長の発言。

217

すべての者に控除が認められていたことから，重ねて寡婦控除を認めることはしないものとされた[21]。

　創設当初は所得控除方式であったが，同年の臨時特例法で税額控除方式に変更となった。この変更には2つの理由があると説明されている[22]。1つ目は税額控除の方が制度の趣旨に即するというものである。所得控除の場合は所得が高いほど減税効果が大きく，所得が低い場合は減税額が少ない。寡婦控除は担税力の低い者に対する一種特別の救済的な控除であり，そのような控除の性質からすると，税額で同じ金額を軽減した方がより妥当であるとされたのである。もう1つは技術的な理由である。同年の扶養控除の改正により，扶養親族3人までは2万円，3人を超える場合は1万5千円とした関係上，所得控除にすると非常に複雑な簡易税額表になってしまう恐れがあったため，税額控除としたのである。

第3節　基礎控除額以下の所得を有する子への適用拡大（昭和40年）

　昭和40年には扶養親族を有す者に加えて基礎控除額以下の所得の子を有す場合も対象となった。それまで寡婦控除の対象となる寡婦は，扶養親族を有していることが要件とされていたため，子どものアルバイトの所得が5万円を超えると所得税法上扶養親族に該当せず，その生活費のほとんどすべてを母親である寡婦が賄っている場合でも，適用対象外となっていた。そのため，昭和40年改正により子どもの所得限度額を引き上げ，寡婦と生計を一にする子が扶養親族に該当しなくても，その所得が基礎控除相当額以下であれば，寡婦控除の適用が認められることとなった。

　現在は，扶養親族の所得限度額が基礎控除額と同額の38万円であるため，基礎控除額以下の所得を有する子はそのまま扶養親族になり得る。しかし当時は扶養親族の所得限度額が5万円であり，基礎控除額の12万円よりも低かったため，このような改正が必要となった[23]。

21　泉美之松「昭和26年における国税の改正」税経通信6巻2号（1951）144頁。

22　衆議院大蔵委員会（昭和26年10月27日）および衆議院大蔵委員会（昭和27年2月15日）内での平田敬一郎大蔵省主税局長の発言。

23　所得税法2条1項30号で規定される寡婦の定義に「扶養親族その他その者と生計を一にする親族で政令で定めるものを有するもの」という表現がある。この中の「政令で定めるもの」とは，「その者と生計を一にする子（中略）でその年分の総所得金額，退職所得金額及び山林所

第4節　税額控除から所得控除への変更（昭和42年）

　昭和42年には税額控除方式から所得控除方式に改められた。寡婦控除その他の特別人的控除[24]は，本来，基本的な人的控除[25]を補い，追加的費用について課税上斟酌するものである。しかし税額控除の形をとっていることで，①同じ人的控除でありながら税制の中で所得控除と税額控除との二本立てとなっていることは一般に理解されにくい，②基本的な人的控除と控除方式が異なることで，その課税上の斟酌の程度が理解されにくい，③特別人的控除は普通の人よりも経費がかさむことを考慮して設けられたものであるのにもかかわらず，その経費が物価その他の関係で多くなっても所得控除とバランスをとりつつ引き上げることが行いにくい，といった批判があった[26]。

　また，日本の所得控除・税額控除は世界中で行われている控除のほとんどが行われており，非常に複雑であったため，税制の簡素合理化の見地からも，特別人的控除については基本的な人的控除と同様に所得控除方式に統一することとなり，外国税額控除と配当控除だけが税額控除に残された[27]。

第5節　扶養親族を有しない死別の寡婦への適用拡大（昭和47年）

　昭和47年には寡婦控除制度について全面的な見直しがなされ，死別の寡婦については，扶養親族がない場合でも適用が認められることとなった[28]。

　昭和46年度の一般減税に引き続き，昭和47年度は，経済成長から比較的取り残されやすい人々に対する施策の一環として，寡婦や老人に対する人的控除の引上

得金額の合計額が基礎控除の額に相当する金額以下のもの」と規定されている。現在の要件であれば，「扶養親族」の中に「その他その者と生計を一にする親族で政令で定めるものを有するもの」が含まれるため，「扶養親族」とすれば足りるが，昭和40年度改正によりこういった表現になっていると考えられる。

24　寡婦控除のほか，障害者控除，勤労学生控除および老年者控除を含む。

25　ここでは基礎控除，配偶者控除および扶養控除をいう。

26　大蔵財務協会『改正税法のすべて（昭和42年度）』（大蔵財務協会，1967）18-19頁，神谷修「所得税法の一部改正」税務弘報15巻8号（1967）27-28頁，中橋敬次郎「昭和42年度税制改正の概要」自治研究43巻7号（1967）16頁。

27　泉美之松ほか「42年度税法改正の焦点」税経通信22巻7号（1967）71-72頁。

28　初めから扶養親族を有しない場合および扶養親族等が成長，死亡等によりなくなった場合の双方が含まれる。

げを中心とした改正が行われた。従来の寡婦控除は，係累を抱えた寡婦が所得を稼得するには，一般の人よりも余分の支出を余儀なくされるといった面を考慮したものであったことから，原則として扶養親族を有する者に限定して適用されていたが，夫と死別した寡婦については，扶養親族がない場合であっても，寡婦控除が認められることとなった[29]。

この改正の背景は以下のとおりである。昭和47年当時は，戦争未亡人に対する救済としての寡婦控除が創設されてから20年が経ち，適用を受けていた寡婦について，子どもが成長して稼得するようになることで寡婦控除の適用対象から外れるケースが増加していた。寡婦控除を受けられなくなるということは，その子どもが扶養控除の対象からも外れることを意味し[30]，昭和46年においては，寡婦控除12万円，扶養控除15万円の計27万円に追加で課税される状況にあった。しかし，子どもが独り立ちしても，実態的には変わりがないため何とか従来のままの取扱いが続けられないか，という点が指摘され，控除範囲の見直しを求める強い要望があったのである[31]。

寡婦控除は追加的費用の斟酌であることから，その適用範囲については追加的費用を判断基準とする必要がある。この追加的費用について，当時の大蔵省主税局税制第一課長であった高橋元は，「追加的費用の控除ですから，客観的に見て，追加的費用のある方について拡充していくべきでしょう。寡婦の中には生別の方と死別の方がおありになりますが，死別の方については，親族の方との関係は継続するわけでしょう。典型的な場合には子供が大きくなって，扶養親族がなくなってしまうわけですが，そういったうちでもなお従前の関係が残ることによって，各種の負担があるわけでしょうから，それを追加的費用というふうに把握して，そういった方々については，控除を拡充適用する，ということにしたらどうか」[32]と説明している。

29　大蔵財務協会『改正税法のすべて（昭和47年度）』（大蔵財務協会，1972）25頁。

30　寡婦控除の適用対象となる子は，所得が基礎控除相当額である20万円（昭和46年当時）以下の者であり，扶養控除の適用対象者の所得限度額は15万円（昭和46年当時，給与所得の場合）であったことから，子どもが稼得するようになることで，同時に適用対象から外れることが多かった。

31　渡辺幸則「昭和47年度所得税法の改正」自治研究48巻7号（1972）93-94頁。

32　高橋元ほか「昭和47年度改正税法をめぐって」税経通信27巻8号（1972）20頁。

　扶養している子どももなく，親を扶養する必要もないが，夫と死別して一家を支えていく女性にはそれなりに生活上の負担があり，いわば位牌を守って暮していくことのつらさという面に着目しての議論がなされ，生別の場合や婚姻歴のない場合とは異なる負担があるという意見が考慮された改正であった[33]。

　また，夫と死別した扶養親族を有しない寡婦への適用は，合計所得金額150万円以下の者に限られた。これは，夫の遺産である資産から生ずる所得が相当あるような場合にまで考慮する必要はないという考え方により，給与収入で200万円程度までを考慮することが適当であるとして定められたものであり，この改正によって新たに15万人の寡婦が対象に含まれることになると見込まれた[34]。寡婦（夫）控除規定の中で所得制限が設けられたのはこの昭和47年度改正が初めてである。

第6節　寡夫控除の創設（昭和56年）

　その後各年度の税制改正で控除額の引き上げが繰り返され，昭和56年には寡夫控除が創設された。税制調査会の答申では，「最近における社会情勢の変化に対応して，財源面での制約も考慮しつつ，税負担の調整のための必要最小限の配慮をすることが適当であると考える。このような観点から，父子家庭のための措置として一定の要件の下に寡婦控除に準じた制度を創設する……ことが適当である」[35]と述べられている。妻と死別または離婚した者について寡婦と同様の所得控除を認めるべき，との従来からの国会での議論を踏まえ，寡婦に認められている措置を必要な範囲内で男性にも及ぼすといういわば税法の整備の観点から改正が行われた[36]。寡婦控除が配偶者を失った者への配慮であるのに対し，寡夫控除は父子家庭のための措置ということで，妻と死別または離婚した者が，基礎控除額以下の所得の子どもを有する場合にのみ所得控除が認められた。

　なお，①既に人的控除が相当の数にのぼっており，新たな控除を独立させることは税制を複雑にすること[37]，②寡婦と寡夫は同じく納税者自身の控除であり，

33　渡辺・前掲注（31）93-94頁。

34　坂本定司「所得税法の一部改正について」税経通信27巻8号（1972）39頁，長島和彦「所得税法の一部改正」税務弘報20巻7号（1972）20頁。

35　税制調査会「昭和56年度の税制改正に関する答申」（1981）5頁。

36　大蔵財務協会『改正税法のすべて（昭和56年度）』（大蔵財務協会，1981）22-25頁。

37　扶養控除や配偶者控除においても，老人扶養親族や老人控除対象配偶者は同一の控除内で

その類似性からみても同一の控除としておく方が理解しやすいこと等が考慮され，独立した「寡夫控除」の規定とせず，「寡婦（夫）控除」として規定された[38]。

　寡婦控除と同一の所得控除として寡夫控除は創設されたものの，その要件は寡婦とは異なるものだった。扶養親族を有する寡婦は，死別・離婚いずれの場合でも所得制限なしに寡婦控除の適用が受けられるのに対し，寡夫には合計所得金額300万円以下の所得制限が設けられ，扶養親族も生計を一にする基礎控除額以下の所得の子どもに限定された。死別の寡婦については，扶養親族を有しなくても所得が300万円以下の場合には適用があったが，死別の寡夫には認められなかった。

　寡夫の要件を寡婦よりも限定した理由については，①男女では社会的な稼得能力に差がある，②配偶者と死別・離別した場合でも男性の稼得能力に大きな変化は生じない，③男性は通常，配偶者と死別・離別する前から親を養っているため，生計一の子を有する場合に限る[39]，と説明されている。

第7節　租税特別措置として特定の寡婦8万円加算（平成元年）

　平成元年改正では，夫と死別または離婚した後婚姻をしていない者のうち，合計所得金額が300万円以下で，かつ扶養親族である子を有する者につき，寡婦控除に8万円を特別に加算する制度が設けられた。夫と死別または離婚し，女手一つで子を抱えながら家庭を支えている低所得の母子世帯に配慮し，その負担軽減を図る見地[40]から，租税特別措置法において特例制度が創設された（この特例を受ける寡婦のことを，「特定の寡婦」というものとする。）。特定の寡婦の要件は，男性の寡夫の要件と同様である[41]。

対処している。

38　泉美之松ほか「56年度税制改正をめぐって」税経通信36巻8号（1981）37頁。

39　泉・前掲注(38) 9頁〔高橋発言〕，吉牟田勲「高橋元主税局長に聞く昭和56年度税制改正」税務弘報29巻6号（1981）9頁〔高橋発言〕。

40　大蔵財務協会『改正税法のすべて（平成元年度)』（大蔵財務協会，1989）44頁。

41　厳密に言えば，寡夫の対象となるのは「基礎控除額以下の所得を有する生計一の子」を有する場合で，特定の寡婦の要件は「扶養親族である子」を有する場合だが，平成元年当時の基礎控除額は35万円であり，扶養控除の適用要件である所得限度額35万円と同額であったため，実態としては同様である。

第3章　未婚ひとり親世帯への適用

第1節　未婚ひとり親世帯と寡婦（夫）控除

　図表4で示すように，未婚のひとり親世帯は寡婦（夫）控除の適用対象外となっている。

<図表4> 寡婦（夫）控除規定の要件別所得控除金額（未婚世帯）

配偶者	扶養親族	女性		男性	
		合計所得金額		合計所得金額	
		500万円以下	500万円超	500万円以下	500万円超
死別	生計一の子あり	35万円	27万円	27万円	×
	子以外の扶養あり	27万円	27万円	×	×
	扶養なし	27万円	×	×	×
離婚	生計一の子あり	35万円	27万円	27万円	×
	子以外の扶養あり	27万円	27万円	×	×
	扶養なし	×	×	×	×
未婚	生計一の子あり	×	×	×	×
	子以外の扶養あり	×	×	×	×
	扶養なし	×	×	×	×

　寡婦（夫）控除は法律婚を前提としており，所得控除においては厳格な文理解釈が採用されていることから[42]，未婚のひとり親についてはそもそも寡婦（夫）控除の対象とは考えられていなかった。一方，所得税法2条1項30号および31号で規定される「夫（妻）と死別し，若しくは夫（妻）と離婚した後婚姻をしていない者」を文言通りに解釈すれば，以下の者は従来から寡婦（夫）控除の適用対象に含まれてきたと考えられる。

　①未婚のひとり親となった後に，その子どもの父（母）とは別の者と婚姻し，

42　酒井克彦「非婚の母に寡婦控除を！」税71巻10号（2016）110-111頁によれば，事実婚関係にあった者と事実上の離婚をした者には寡婦（夫）控除の適用を認めないとした国税不服審判所事例（平成19年2月26日採決）を例に，寡婦（夫）控除規定の適用には厳格な文理解釈が採用されていると説明されている。

　　その後死別または離婚した者

　②死別または離婚した後に，別の男性（女性）との間で婚姻を経ずに生まれた

　　子どもをひとりで育てている者

　酒井教授は，「非婚の母であった女性がその後結婚，離婚をすることで寡婦控除が認められるのであれば，結婚，離婚をしなかった女性との間には何ら担税力の差異はない」ことから，婚姻歴のない母に対しても寡婦控除を認めることが合理的であると指摘している[43]。

　寡婦（夫）控除は担税力の減殺要因である追加的費用への配慮にその意義があり，ひとりで子どもを育てるための追加的費用は，婚姻歴のあるひとり親世帯と同様に未婚のひとり親世帯でも生じる。ひとり親となったこととは関係のない婚姻関係であっても，法律婚を経さえすれば寡婦（夫）控除が認められるのであれば，婚姻歴のないひとり親のみを対象としないことに合理性はないと言える。

　ところで，子どものもう片方の親との婚姻を経ずにひとり親になった者のことを，「未婚ひとり親」または「非婚ひとり親」と言うことがある。「未婚ひとり親」という表現には「未だ結婚していない」という意味合いがあることから，より中立的な表現として「非婚ひとり親」が使われることがある[44]。しかし，「非婚ひとり親」という表現には，従来の寡婦（夫）控除でも適用となる上記①，②のケースのような場合をも含むと思われる。本章において検討するのは，寡婦（夫）控除が法律婚に重点を置いてきた故に，適用対象から外されてきた婚姻歴のないひとり親であることを強調するため，本稿では（引用する場合を除き）統一して「未婚ひとり親」の表現を用いている。

第2節　未婚ひとり親世帯の経済状況

　厚生労働省が5年に一度実施している全国ひとり親世帯等調査[45]によれば，母子世帯になった理由（別表1「母子世帯になった理由別　構成割合の推移」）は，死別8.0％，離婚79.5％，未婚8.7％であった。未婚の母となった者の割合は，平

43　酒井克彦「寡婦控除あるいは寡夫控除を巡る諸問題（下）」税務弘報59巻4号（2011）69頁。

44　西本佳織「『寡婦』控除規定から見る非婚母子世帯への差別」立命館法政論集6号（2008）201-232頁，酒井・前掲注（42）104-116頁など。

45　平成23年度分までは「全国母子世帯等調査」であった。以下のデータは，厚生労働省「平成28年度　全国ひとり親世帯等調査結果報告」に基づく（詳細は別表参照）。

成18年6.7%，平成23年7.8%，平成28年8.7%と増加傾向にある。

　児童扶養手当等を含む母子世帯の全収入を表す平均年間収入は死別世帯356万円，離婚世帯350万円，未婚世帯332万円であった（別表2「母子世帯の世帯の年間収入の構成割合」）。母子世帯の母の就労収入だけで見ると，死別世帯186万円，離婚世帯205万円，未婚世帯177万円となる（別表3「母子世帯の母の年間就労収入の構成割合」）。

　児童のいる世帯の平均収入が740万円（うち稼働所得は687万円）[46]であるのと比較すると，母子世帯はいずれも経済的に厳しい状況に置かれているが，中でも未婚の母子世帯の収入は最も低い。児童扶養手当の受給状況（別表4「母子世帯の母の児童扶養手当の受給状況」）を見ても，死別世帯31.6%，離婚世帯76.5%，未婚世帯80.6%と未婚の母子世帯が最も高く，生活保護の受給状況（別表5「母子世帯の母の生活保護の受給状況」）は，死別世帯9.0%，離婚世帯10.7%に対し，未婚世帯16.3%と，未婚の母子世帯が最も困窮している。

　死別世帯には遺族年金や相続財産，離婚世帯には養育費や慰謝料による収入が考えられるのに対し，未婚世帯の場合は，ひとり親本人の就労収入と児童扶養手当等の社会保障給付に収入が限定されることがその要因と思われる。

　寡婦控除制度の目的が担税力の低い者の保護にあるとすると，客観的に最も経済的に弱い立場にある者の多い未婚の母子世帯が，死別世帯・離別世帯に比べて担税力が強いという実態は認められず，「法律婚を経た母子」と「未婚の母子」とを区別する合理性は見いだし難い[47]。寡婦（夫）控除は戦争未亡人を救済するために創設された控除ではあるが，「その後，控除の趣旨は社会的要請という観点から今日的な状況に対応できるように変容を見せている」[48]ことを考えると，ひとり親世帯の貧困が問題となっている現代においては，未婚のひとり親も死別・離別のひとり親と同様に救済されるべきである。

46　厚生労働省「平成29年国民生活基礎調査の概況」（2016）11頁。
47　日本弁護士連合会「『寡婦控除』規定の改正を求める意見書」賃金と社会保障1605号（2014）27頁。
48　酒井・前掲注(42)113頁。

第3節　未婚ひとり親世帯への適用を巡るこれまでの議論

　寡婦控除創設時から現在に至るまで，未婚のひとり親については控除の適用対象外に置かれてきたが，未婚ひとり親への適用を巡る議論は，近年だけでなく，昭和56年の寡夫控除創設時においてもなされている[49]。未婚の母にも寡婦に準じた税制上の配慮ができないかという質問に対し，渡辺美智雄大蔵大臣は「結婚しないで子供ができたことを事実は事実なんだから認めろと言われましても，いろいろむずかしい問題がある。たとえば入籍していない人にいろんな，扶養家族とかなんかの関係を認めろという話と同じになっちゃって，実態調査をしなければならない。」と答弁している。

　確かに，未婚のひとり親へ寡婦（夫）控除を適用することになると，事実婚関係にある配偶者を有する者も適用対象となり，実態としてはふたり親世帯にも関わらず控除が受けられるという問題が生じる。しかし，これについては児童扶養手当を受給している者[50]に限定することで解決することができると考えられる。

　平成21年には3名の未婚の母が日本弁護士連合会（以下「日弁連」という。）に対して人権救済申立てを行い，日弁連は，「非婚の母」に寡婦控除をみなし適用するよう，申立人らが居住する東京都，沖縄県等の自治体と総務大臣宛てに要望書を提出した。また，日弁連は，公営住宅を所管する国土交通省および保育料を所管する厚生労働省の両省にも母子世帯の経済的苦境を救済するよう適切な措置をとることを要望した[51]。

　平成25年9月4日には，嫡出子と嫡出でない子との間で生ずる法定相続分に関する区別が憲法14条1項に違反し無効とする最高裁決定（民集67巻6号1320頁）が下され，平成25年12月の民法改正で非嫡出子の相続分が嫡出子と同等となった際にも，残された非嫡出子への差別として寡婦（夫）控除の問題が議論に上った[52]。

49　衆議院大蔵委員会（昭和56年3月20日）。
50　児童扶養手当法3条3項において，児童扶養手当法における婚姻には，婚姻の届出をしていないが，事実上婚姻関係と同様の事情にある場合を含むと規定されており，事実上の婚姻関係がある場合は児童扶養手当の支給対象外となっている。
51　公営住宅の賃料や保育料の算定においても所得が基準となるため，寡婦（夫）控除の適用の有無により利用料金が異なる。
52　衆議院法務委員会（平成25年11月19日）。

　全国の自治体では寡婦（夫）控除のみなし適用が広まりつつあったが，まだ一部にとどまっており，国の制度改正を求める声が広がっていることから[53]，平成26年1月には，未婚のひとり親も寡婦（夫）控除を適用できるよう所得税法を改正すべき旨の日弁連の意見書[54]が提出された。

　児童扶養手当法の一部を改正する法律案に対する附帯決議（平成28年4月28日参議院厚生労働委員会）では，「ひとり親家庭は婚姻歴の有無にかかわらず経済的に厳しい状況にあることから一部の地方公共団体が取り組んでいる未婚のひとり親に対する保育料軽減等の寡婦控除のみなし適用について，その実態の把握に努め，必要に応じて適切な措置を講ずること」とされた。これを受けて厚生労働省は，児童扶養手当法施行令，母子及び父子並びに寡婦福祉法施行令等を改正し，未婚のひとり親に対して，児童扶養手当・高等職業訓練促進給付金等の支給額算定や保育料の軽減において，平成30年6月以降順次，寡婦（夫）控除がみなし適用されている。

　また，厚生労働省は，平成31年度税制改正要望[55]に未婚のひとり親に対する税制上の支援措置を挙げ，未婚であっても死別・離婚の場合と同様に家事育児と就業を一人で担わなければならず，経済的に厳しい状況に置かれていることから，未婚のひとり親世帯の生活の安定と自立の促進を図るために，寡婦（夫）控除の対象に未婚のひとり親を加えることを求めた。

　しかし，平成31年度税制改正の大綱では，未婚のひとり親に対する住民税非課税要件の緩和が明記されるに留まった。自民・公明両党の平成30年度税制改正大綱では，未婚のひとり親に対する税制上の対応について，平成31年度の税制改正において検討し結論を出すことで合意したにも関わらず，「子どもの貧困に対応するため，婚姻によらないで生まれた子を持つひとり親に対する更なる税制上の対応の要否等について，平成32年度税制改正において検討し，結論を得る。」[56]と先延ばしになった。

53　前掲注(52)内で中根康浩委員は「お住まいの自治体によって財政力は当然違います。財政力の違いによって，こういった制度を享受できる方とそうでない方というものが生じてしまうということは不公平」と指摘している。

54　日本弁護士連合会・前掲注(47)26-29頁。

55　厚生労働省「平成31年度税制改正（租税特別措置）要望事項」(2018) 01-1-01-4頁。

56　自由民主党・公明党「平成31年度税制改正大綱」(2018) 121頁。

　未婚のひとり親への寡婦（夫）控除の適用が盛り込まれなかった理由について
は，自民党内での「未婚の出産の奨励につながり伝統的な日本の家族像が崩れか
ねない」[57]との反対意見によるものとされているが，税制は婚姻に中立であるべ
きであり，担税力に応じた課税を行う所得税法のあり方に反する考えであると言
わざるを得ない。

第４章　男女間格差を巡る問題

第１節　寡婦（夫）控除における男女間格差

　寡婦（夫）控除は図表５で示すように，男女の性別によって取扱いが異なる。
女性が控除の適用となるすべての場合において，男性は女性よりも不利な取扱い
を受けていることが見て取れる。

＜図表５＞ 寡婦（夫）控除規定の要件別所得控除金額（男女間格差）

配偶者	扶養親族	女性		男性	
		合計所得金額		合計所得金額	
		500万円以下	500万円超	500万円以下	500万円超
死別	生計一の子あり	35万円	27万円	27万円	×
	子以外の扶養あり	27万円	27万円	×	×
	扶養なし	27万円	×	×	×
離婚	生計一の子あり	35万円	27万円	27万円	×
	子以外の扶養あり	27万円	27万円	×	×
	扶養なし	×	×	×	×
未婚	生計一の子あり	×	×	×	×
	子以外の扶養あり	×	×	×	×
	扶養なし	×	×	×	×

　男性の場合は，配偶者と死別または離婚した者で，生計一の子を有し，かつ合
計所得金額が500万円以下である場合に限り，寡夫控除が適用される。すなわち
所得要件と扶養要件の双方を充足する必要がある。対して女性は，死別であれば

57　SankeiBiz「未婚親への寡婦控除 230万円所得制限案 自民党内には慎重論も（2018.11.29）」
https://www.sankeibiz.jp/macro/news/181129/mca1811292115021-n1.htm（2019.1.31最終閲覧）

所得要件を満たすのみで適用があり，扶養要件を満たせばさらに8万円の加算がある。離別であっても扶養要件を満たすのみで適用があり，所得要件を満たせばさらに8万円の加算がある。

　すなわち，男性は特定の寡婦の要件（女性であれば35万円の控除）を満たして初めて27万円の控除が受けられ，その他の寡婦の要件を満たしても控除は受けられない。

　この結果，現在の制度の下では所得が1億円の母子世帯には寡婦（夫）控除が適用されるにもかかわらず，所得が501万円の父子世帯には適用されないという極めて不公平な状況にある。別表6（「寡婦（夫）控除適用者数（源泉所得税）」）および別表7（「寡婦（夫）控除適用者数（申告所得税）」）は平成28年分の寡婦（夫）控除適用者数を示した表であるが，男性であれば控除が受けられない500万円超の所得（給与収入であれば約700万円超）を有する寡婦が一定数存在し，実際に控除の適用を受けていることは紛れもない事実である。同所得の寡婦と寡夫の間に租税負担能力の違いが存在するとは考えられず，公平負担の原則に反すると言わざるを得ない。

　しかし，寡婦（夫）控除の議論は前述した未婚の母への適用が中心となっており，寡夫控除創設後に男女間格差が議論となったことはほとんどなく[58]，平成12年の税制調査会答申において，「寡婦控除及び寡夫控除は，……女性の社会進出などを踏まえて，両控除の差異も含め，そのあり方を考えていくことが必要」[59]と述べられたことがあったものの，寡婦（夫）控除が議論となっている平成31年度税制改正の中で男女間格差が取り上げられることはなかった。

第2節　裁判例の検討

1．福岡地裁平成5年10月28日判決

　福岡地裁平成5年10月28日判決（税資199号650頁）は，染物小売業を営む青色申告者である原告が，平成3年分の所得税について寡夫控除の適用はないとした

58　酒井克彦「寡婦控除あるいは寡夫控除を巡る諸問題（上，中，下）」税務弘報59巻2号（2011）148-158頁，3号83-92頁，4号68-74頁，西本・前掲注(44)といった先行研究においても，男女差については肯定するものが多い。

59　税制調査会「わが国税制の現状と課題─21世紀に向けた国民の参加と選択」（2000）107頁。

更正処分等につき憲法14条違反を争ったものである。原告は，寡婦と寡夫の要件の差異は，合理的な理由がないのに，性別や社会的関係によって差別的取扱いをするものであるから，法の下の平等を定めた憲法14条１項に違反すると主張した。

裁判所は，「憲法14条１項の規定は，国民に対し絶対的な平等を保障したものでなく，合理的理由のない差別を禁止する趣旨であり，国民各自の事実上の差異に相応して法的取扱いを区別することは，その区別が合理性を有する限り，何ら右規定に違反するものではない。」と判示した。所得税法が所得控除の要件において，所得の性質の違い・性別・社会的関係等を理由として取扱いに区別を設けることは，その区別が著しく不合理で裁量権の範囲を逸脱しない限り，合理性を否定できず，寡婦控除と寡夫控除とで差異が設けられていることは，寡夫と寡婦との間の租税負担能力の違いその他の諸事情を考慮したものであるから，その区別が著しく不合理であるとは言えないとし，原告の請求を退けた。控訴審[60]でも原審の判断が維持された。

その後原告は上告審[61]において，寡夫控除は創設から12年余が経過し，男女雇用機会均等法が制定された今日においては，同額の所得を有する寡婦と寡夫の間に租税の負担能力に差異はないと主張した。しかし最高裁は，独自の見解に立って原判決を論難するものにすぎず，採用できないとし，原審の判断を正当とした。

２．福岡地裁平成６年12月26日判決

福岡地裁平成６年12月26日判決（税資206号850頁）は，上記「１」の事案と同一の原告が，同様の主張に基づいて，寡夫控除の適用をなしとした平成４年分の所得税更正処分等の取消しを求めた事案である。

裁判所は，「所得税法上，寡婦控除と寡夫控除では控除を受ける要件にはその主張のように差異が設けられているが，これは，寡夫の場合は寡婦と異なって，通常は既に職業を有しており，引き続き事業を継続したり，勤務するのが普通と認められ，また，高額の収入を得ている者も多い等両者の間に租税負担能力の違いが存するので，これらの諸事情を考慮した結果と解される。」とし，この区別

60　福岡高裁平成６年２月28日判決（税資200号809頁）。
61　最高裁平成６年９月13日判決（税資205号405頁）。

が著しく不合理であるとは言えず，憲法14条に反しないと判示した。控訴審[62]でも原審の判断が維持された。

その後原告は，上告審[63]において「男の場合を高額の収入者としているが，男女によって収入の高低を定義づけることはなり得ないし，両者間の租税負担能力に性別による能力の違いを固定化することもできない。」と主張したが，最高裁は，原判決の判断はいずれも正当として是認することができ，所得税法の規定が憲法14条1項に反しないことは，最高裁昭和60年3月27日大法廷判決（大島訴訟)[64]等の趣旨に徴して明らかであるとし，請求を退けた。

3. 裁判例の検討

上記「1」の裁判では，「性別や社会的関係等を理由として取扱いに区別を設けたとしても，立法府が裁量権の範囲を逸脱し，その区別が著しく不合理であることが明らかでない限り，その区別の合理性を否定することができず，憲法14条1項の規定に違反するとはいえない」と判示しているが，立法府の裁量権を認めた大島訴訟[65]では，伊藤正己裁判官が補足意見として次のように述べている。

「租税法は，特に強い合憲性の推定を受け，基本的には，その定立について立法府の広範な裁量にゆだねられており，裁判所は，立法府の判断を尊重することになるのであるが，そこには例外的な場合のあることを看過してはならない。租税法の分野にあっても，例えば性別のような憲法一四条一項後段所定の事由に基づいて差別が行われるときには，合憲性の推定は排除され，裁判所は厳格な基準によってその差別が合理的であるかどうかを審査すべきであり，平等原則に反すると判断されることが少なくないと考えられる。性別のような事由による差別の禁止は，民主制の下での本質的な要求であり，租税法もまたそれを無視することを許されないのである。」

寡婦（夫）控除はまさに性別による差別であり，平等原則に反すると思われるが，裁判所は立法府の裁量権をそのまま認める形で終わった。原告が主張するよ

62　福岡高裁平成7年6月13日判決（税資209号993頁）。
63　最高裁平成7年12月15日判決（税資214号765頁）。
64　民集39巻2号247頁。
65　前掲注(64)。

うに，「租税の負担能力は同額の所得であれば寡婦と寡夫の間に差異はない」と考えられ，裁判所はその違法性を厳格に審査すべきであったと考える。

　上記「2」の裁判では，「寡夫の場合は寡婦と異なって，通常は既に職業を有しており，引き続き事業を継続したり，勤務するのが普通と認められ，また，高額の収入を得ている者も多い等両者の間に租税負担能力の違いが存するので，これらの諸事情を考慮した結果と解される。」と判示している。

　昭和56年度改正で寡夫に適用が拡大された当時は，専業主婦世帯が64％であった（別表8「共働き等世帯数の推移」）。平成4年時点は，共働き世帯数と専業主婦世帯数がまだ同数程度であったが，平成29年には共働き世帯が65％と著しく増加している。

　また，女性が職業を持つことに対する意識も変わってきている。昭和59年（別表9-a「一般的に女性が職業を持つことに対する意識変化」）は，「子どもができたら職業をやめ，大きくなったら再び職業をもつ方がよい」が男性36.1％，女性45.3％と最多であったが，平成28年（別表9-b「女性が職業を持つことに対する意識の変化」）には男性24.3％，女性28.0％と減少している。一方で「子どもができてもずっと職業を続ける方がよい」は昭和59年には男性15.7％，女性20.1％と少数であったが，その後年々割合が上昇し，平成28年には男性52.9％，女性55.3％と男女ともに最多となっている。

　実際に女性の労働力率を見ても（別表10「女性の年齢階級別労働力率の推移」），昭和52年には極端なM字カーブを描いており，女性が結婚・出産によって一旦退職し，子どもが成長した後に働くという形態が一般的であった状況が読み取れるが，平成29年にはなだらかなカーブとなり，結婚・出産前と見られる25〜29歳の労働力率が82.1％であるのに対し，30〜34歳の労働力率は75.2％とほとんどカーブの落ち込みが見られない。

　裁判で争われた平成5〜6年当時と現在とでは様相が異なり，男性のみが通常職業を有し，引き続き働き続けるとする判示はもはや説得力をもたない。収入の多寡についても，高額の収入を得ているものを対象としないのであれば，それは男女を問わずに所得制限を設ければ足りることであり，男性で高額の収入を得ている者を除外する一方で，女性で高額の収入を得ている者へは適用を認めることについては説明ができないものと思われる。

　男性片働き世帯を前提にした制度が今も続いているが，原告も主張するように，男女の就業形態や収入の差はあくまでも相対的なものであり，租税負担能力に性別による能力の違いがあるとした判示には疑問が残る。

第3節　母子・父子世帯の現状

1．母子・父子世帯の経済状況

　平成27年の国勢調査によれば，平成27年10月1日現在の母子世帯数は754,000世帯，他の世帯員がいる世帯を含むと1,063,000世帯であった（別表11「母子・父子世帯数の推移」）。父子世帯は84,000世帯，他の世帯員がいる世帯を含むと182,000世帯である。

　また，平成28年の母子世帯の就業率は81.8％であり，父子家庭の85.4％と大差はない（別表12「母子・父子世帯の就業状況」）。母子世帯の母の就業率は高く，女性全体の労働力率と比較すると，全ての年齢階級において「母子世帯」および「母子世帯（他の世帯員がいる世帯を含む）」の母親の労働力率が高くなっており，女性の労働力率の特徴であるM字カーブは全く見られない（別表13-a，13-b「母子世帯の母及び女性全体の労働力率」）。

　就業形態を見ると（別表14「母子・父子世帯の就業形態」），正規職員の割合は母子世帯では40％前後で推移しているが，父子世帯においては減少傾向にあり，平成27年の父子世帯の父の正規職員割合は68.2％である。派遣やアルバイトで働くシングルファーザーも7.8％を占め，不就業も5.4％存在する（別表12「母子・父子世帯の就業状況」）。平成23年版の厚生労働白書[66]では「社会保障制度においても，男性が正規職員として安定的に就業しているという前提は，見直さざるを得なくなっている。」と指摘されている。

　平成28年度の全国ひとり親世帯等調査結果報告（別表15「母子・父子世帯の平均年間収入」）によれば，平成27年の母子世帯の母の平均年間就労収入は200万円であり，手当等を含む平均収入は243万円（世帯の平均収入は348万円）であった。父子世帯の父の平均年間就労収入は398万円，手当等を含む平均収入は420万円（世帯の平均収入は573万円）であり，母子世帯に比べれば相対的に収入が高い。

66　厚生労働省「平成23年版厚生労働白書」（2011）12頁。

　しかし，児童のいる世帯の平均収入が740万円（うち稼働所得は687万円）[67]であることと比較すると，母子世帯だけでなく，父子世帯もふたり親世帯より所得が低いこと明らかである。

　長期雇用者が優遇される現在の労働市場は結果として女性には不利な仕組みとなっており[68]，「母子世帯の母親が長時間就業しているにもかかわらず子供を育て上げるために必要な十分な賃金を得ることができない背景には，性別職域分離や男女賃金格差をはじめとする企業や労働市場のジェンダー構造があることは明白である。」[69]と指摘される。父子世帯についても，家事育児を妻に任せられないため，家事育児と両立できる職場に転職したり，残業時間を減らしたりせざるを得ないことが収入の減少につながる。ひとり親世帯の生活困難の背景には，女性が家事育児を担い，男性は仕事に専念するという性役割分業を始めとした社会のジェンダー構造が存在する[70]。

　なお，生活保護の受給率を見ると，平成28年の受給率は母子世帯が11.2％，父子家庭が9.3％であった（別表16「母子・父子世帯の公的制度利用状況」）。母子世帯は平成23年の14.4％から減少しているのに対し，父子家庭は8.0％から増加している。全世帯における受給率が1.69％[71]（平成29年2月時点）であることを考えると，母子・父子世帯ともに非常に高い水準にあり，ひとり親世帯が経済的に厳しい状況に置かれていることがわかる。

2．父子世帯の現状

　死別や離婚によってひとり親となった場合に，子どもを育てながら就業を継続することの困難さは男性も女性も変わらないと考える。

　平成28年度全国ひとり親世帯等調査結果報告[72]によれば，母子世帯になったこ

67　前掲注(46)11頁。

68　森戸英幸「社会保障における男女差別」森戸英幸・水町勇一郎編著『差別禁止法の新展開：ダイヴァーシティの実現を目指して』（日本評論社，2008）231頁。

69　藤原千沙「ひとり親世帯をめぐる社会階層とジェンダー」木本喜美子ほか編著『講座現代の社会政策（4）社会政策のなかのジェンダー』（明石書店，2010）142頁。

70　藤原・前掲注(69)143頁。

71　厚生労働省「生活保護制度の現状について」（2017）1頁。

72　厚生労働省「平成28年度全国ひとり親世帯等調査結果報告」（2016）27-28頁。

とを契機に転職をした者は45.5％であり，仕事を変えた最も大きな理由としては，「収入が良くない」が38.0％と最多であった。一方，父子世帯になったことを契機に転職をした者は24.7％となっており，仕事を変えた最も大きな理由として，「労働時間があわない」が22.9％と最も多くなっている。寡夫になったことによって，それまでの働き方ができなくなれば，経済的困窮に陥る可能性は高いと言える。

　収入の減少だけではない。母親が就業せずに育児に専念している家庭で急に母親がいなくなったとしたら，父子世帯には深刻な追加的費用が発生する。待機児童問題が解消しない都市部では，一般的に4月以外の保育所への入園は絶望的である。ベビーシッターを利用するのであれば，1か月につき44万円（1日11時間×2,000円×20日）の追加の費用が生じる。

　また，家事育児負担は女性に偏重している現状にあり（別表17「夫婦の家事・育児の分担割合」），「夫0割，妻10割」9.6％，「夫1割，妻9割」31.6％，「夫2割，妻8割」24.0％，「夫3割，妻7割」17.4％と，妻が7割以上負担している家庭が82.6％に上る。夫婦とも正規従業員の共働き世帯においては夫の分担率が多少増えるが，それでも妻が7割以上負担している家庭が70％以上を占める。ひとり親となった男性はこれらの家事育児負担を全て担うことになり，外部サービスを利用すればさらに追加的費用が必要となる。

　寡婦（夫）控除を含めた特別人的控除が追加的費用への配慮のために設けられている制度であることを考えると，多くの追加的費用が生じると予想される父子世帯への適用は妥当であると言える。

第4節　社会保障各法における男女間格差是正の経緯との比較

1．児童扶養手当法の改正

　児童扶養手当は，「児童が育成される家庭の生活の安定と自立の促進に寄与するため，当該児童について児童扶養手当を支給し，もつて児童の福祉の増進を図ることを目的とする」と児童扶養手当法1条で規定されているように，児童の健全育成を目的とした福祉制度である。しかし，昭和36年に児童扶養手当法が制定されて以降，平成22年に改正がされるまで，児童扶養手当は父子家庭の父には支給されて来なかった。これに対し，母子家庭の生活は大変で仕事にも就きにくい

が，父子家庭の生活はそれほど大変ではなく働き口も見つけやすいという集団の一般的な特性にのみ着目し，個々の家庭の状況を無視しているといった批判があった[73]。

近年，経済情勢や非正規雇用の増加等の雇用情勢の変化などを背景に，経済的に厳しい状況に置かれている父子家庭が見られるようになっている。平成21年には，民主党や社民党のマニフェストに児童扶養手当の父子家庭の父へ支給が盛り込まれ，父子家庭の全国団体の結成が行われた。地方自治体においても，全国市長会や全国町村会が父子家庭への児童扶養手当の支給を国に要望してきた。このような経緯を経て，父子家庭の中にも，母子家庭と同様に厳しい経済状況に置かれ，経済的支援を要する家庭があることが重要な課題として認識されるようになり，平成22年通常国会（第174回国会）に父子家庭にも児童扶養手当を支給する法案が提出され，平成22年5月に成立した[74]。

2．国民年金法の改正

国民年金の被保険者等が死亡した場合に支給される遺族基礎年金は，平成24年に改正されるまで，その支給対象が死亡配偶者によって生計を維持されていた子のいる妻または子に限られていた。「妻」のみを支給対象にしていたことから伺えるように，母子年金としての性格を有するものであった。

昭和60年度改正によって発足した遺族基礎年金は，高度経済成長期以降の専業主婦世帯をモデルとし，主たる生計維持者である夫亡き後の妻などの生活保障を目指してきた。しかし，世帯の多様化，女性の就労促進などにより，共働き世帯が多数を占めるようになってきた中で，社会実態に合わせた仕組みへの見直しを検討する必要があると指摘されてきた[75]。

遺族年金の父子家庭への支給拡大は社会保障・税一体改革における年金制度の改正議論の1つとして取り上げられ，社会保障審議会年金部会で遺族年金の男女差について検討がなされた。そして社会保障・税一体改革の中で父子家庭へ遺族基礎年金の支給を行うこととされ，「妻」を「配偶者」とする改正内容が盛り込

73　森戸・前掲注(68)239頁。
74　工藤春華「児童扶養手当の父子家庭への支給」ジュリスト1410号（2010）2-3頁。
75　菊池馨実「遺族年金制度の課題と展望」社会保障研究1巻2号（2016）362頁。

まれた年金機能強化法が平成24年8月に成立した。改正の目的は男女差の解消であるが，遺族基礎年金は子のいる配偶者のみを対象としていることから，子の養育に着目した給付であり，改正には子育て支援の意味も含まれていると言える[76]。

3．小括

　寡婦（夫）控除と同様に女性のみに支給が行われていた児童扶養手当と遺族基礎年金は，平成20年代に入ってからその格差が是正され，男女で全く同一の要件となった[77]。寡夫控除が創設されたのはその約30年前の昭和56年である。上記で見たように，昭和56年当時は男性片働き世帯が多数であり，男女雇用機会均等法[78]も成立していなかった。寡夫控除の創設が仮に同じく平成20年代に入ってからであれば，男女差は設けられなかったのではないかと推察される。しかし，比較的早い段階で改正が行われたことで，却って現在まで男女間格差のある制度が残され，一度改正が行われたことでその後ほとんど議論にもなっていないことは，非常に残念に思われる。

第5節　男女間格差の是正に向けて

　寡夫の要件を寡婦よりも限定した理由について，寡夫控除創設当時（昭和56年）の大蔵省主税局長である高橋元は，「夫と死別し，または離婚をした女の人と，妻と死別し，または離婚した男の人のそれぞれの社会的な稼得能力などの事情というものに，おのずから差があるという点に着目して，寡婦控除の場合よりも寡夫控除の方の要件を辛くしてある，ということであります。」[79]と説明している。

　確かに就業形態や収入で比較すると，父子世帯よりも母子世帯の方が経済的に厳しい状況にあるのは事実である（第3節参照）。それゆえに，実質的な担税力を課税上の指標としている所得税法においては，担税力の差に配意した所得控除が構築されていることは合理的な裁量の範囲であるといった主張[80]がなされるのであろう。しかし，女性の所得が男性に比べて少ないことが統計的に明らかであ

76　衣笠・前掲注(14)158-159頁，堀勝洋『年金保険法〔第4版〕』（法律文化社，2017）480頁。
77　なお，社会保障各法においても，寡婦年金や遺族厚生年金には未だ男女間格差が存在する。
78　男女雇用機会均等法は昭和60年に成立，昭和61年に施行された。
79　高橋元「昭和56年度の税制（国税）改正について」租税研究377号（1981）7頁。
80　酒井・前掲注(58)「寡婦控除あるいは寡夫控除を巡る諸問題（上）」156頁。

るとしても，それは相対的なものに過ぎず，所得の高い女性もいれば，所得の低い男性もいる。寡夫控除創設以前の女性にしか寡婦控除が認められていなかった時代であれば，こういった男女の経済格差は，まだ制度を肯定する根拠になり得たのかもしれない。しかし，今は寡夫控除の創設後もなお残された男女間格差を議論しているのである。男性にも寡夫控除が認められるようになったにも関わらず，なぜ男性にのみ厳しい条件が課せられているのか。特別人的控除はあくまでも追加的費用への配慮を前提とすべきである。その上で，高所得者に控除の恩恵を及ぼす必要がないのであれば，男女問わず所得制限を設ければ足りることであり，男女で要件に差異を設ける合理性はないと考える。

　寡婦（夫）控除における男女間格差は，女性の優遇に他ならない。同所得，同条件の男女間で要件が異なるということは，いわば「女性控除」が設けられているのと同義である。平成29年の調査[81]によれば，男性の平均給与が532万円であるのに対し，女性の平均給与は287万円と男性の54％に過ぎず，母子家庭・父子家庭間と同様に大きな所得格差が存在する[82]。男性の社会的な稼得能力が女性のそれよりも高いことを寡婦（夫）控除における男女間格差肯定の根拠とするのであれば，それはもはや寡婦（夫）に限ることなく，「女性控除」としなければ整合性がとれない。しかし，仮に所得控除の中に女性というだけで27万円の控除が受けられる「女性控除」が存在したとしたら，男女平等が叫ばれて久しい現代においては，間違いなく廃止とされているだろう。寡婦（夫）控除，中でも男性の寡夫については，適用者数が少ない[83]ことから今まで注目されて来なかったが，寡婦（夫）控除に存在する男女間格差は所得税の根幹を揺るがす大きな問題であることを認識し，一刻も早く是正すべきであると考える。

81　国税庁「平成29年分民間給与実態統計調査」（2018）6頁。

82　母子世帯の母の平均収入は243万円であり，父子世帯の父の平均収入420万円の58％である（30頁参照）。

83　平成24年〜平成28年の適用者数は10万人程度である（別表19「寡婦（夫）控除適用者数の推移」参照）。

第5章　適用範囲の妥当性

第1節　扶養親族を有しない死別の寡婦への適用

1．適用対象拡大の経緯

　図表6を見ると明らかなように，死別の場合に限り，扶養親族を有しない女性の寡婦が適用対象となっているが，そこに妥当性はあるのか，改正の経緯を踏まえながら検討する。

＜図表6＞ 寡婦（夫）控除規定の要件別所得控除金額（死別世帯）

配偶者	扶養親族	女性		男性	
		合計所得金額		合計所得金額	
		500万円以下	500万円超	500万円以下	500万円超
死別	生計一の子あり	35万円	27万円	27万円	×
	子以外の扶養あり	27万円	27万円	×	×
	扶養なし	27万円	×	×	×
離婚	生計一の子あり	35万円	27万円	27万円	×
	子以外の扶養あり	27万円	27万円	×	×
	扶養なし	×	×	×	×
未婚	生計一の子あり	×	×	×	×
	子以外の扶養あり	×	×	×	×
	扶養なし	×	×	×	×

　寡婦控除創設当初は扶養親族を有することが要件とされていたが，昭和47年度改正により，扶養親族を有しない死別の寡婦へも適用が拡大されることとなった。これは，子どもが独り立ちしたことで寡婦控除の適用対象から外れた戦争未亡人が，控除の継続を強く要望したことに応えるものであった（詳しくは第2章参照）。子どもが成長して稼得するようになっても，実態的には変わりがないということを要望の理由としていたが，これには疑問を感じざるを得ない。そもそも寡婦（夫）控除は，ひとりで家族の面倒を見ながら生計を維持することへの配慮なのであるから，子どもが稼得するようになって独り立ちし，面倒を見なければならない対象でなくなれば，配慮が必要なくなるのは明らかである。これを認

めてしまえば，子どもが稼得するようになったことで扶養控除の対象から外れた者にも扶養控除を認めることとしなければ整合性がとれない。

　この死別の寡婦への適用拡大の是非については，参議院大蔵委員会（昭和47年6月9日）の中で指摘がなされ，当時の大蔵省主税局長であった高木文雄は次のように答弁を行っている。「……今日までの寡婦控除の制度は，あくまでも追加的経費を考慮したところの控除制度というふうに考えられていたものでございます。ところが，今回改正をお願いしておりますのは，これを拡大するわけでありますが，これは単純な拡大ではなくて，かなり質的変化を伴うようなものであると考えております。……死別という事情があるということになりますというと，その御婦人にとりましては，御婦人を取り巻く家族関係のほかに，なくなられた夫を取り巻く家族関係というものとの，いわば社会的ないろいろおつき合いがあるとか，いろいろ精神的な負担であるとかいうような問題があるということから，……やや憶病な態度ではございましたが，死別ということに限定をして拡大をしたという経緯でございます。」

　この説明の中で，死別の寡婦への適用は，追加的費用への斟酌である寡婦控除の「質的変化」を伴うものであるとしているが，この改正はそれまでの所得控除のあり方とも現代のそれとも相容れないものであったと言える。追加的費用，すなわち経済的な負担への配慮であるはずの特別人的控除が，精神的な負担の議論へとすり替えられたのである。「精神的な負担」という客観的な評価が不可能なものを控除の根拠としたことは，担税力に即した課税を行う所得税のあり方と矛盾した改正であったと言わざるを得ない。

2．離別の寡婦，婚姻歴のない独身者との公平性

　寡婦控除と扶養控除が同時になくなることについては，離別の寡婦も同様であり，死別のみに限定されることではない。また，夫の親族との関係が継続することによる各種の負担を追加的費用として斟酌したと説明されるが，その追加的費用についても，死別・生別・婚姻歴のない場合とでどのように異なるかについて実態が把握されていたわけではない[84]。それにも関わらず死別に限定した理由と

84　衆議院大蔵委員会（昭和47年5月16日）内で高木文雄大蔵省主税局長は「実を申しますと，生別の場合と死別の場合と全く結婚歴のない方との間でどういうふうに追加的経費が違うかと

しては，「一挙に寡婦控除と扶養控除とが飛ぶということについて，……それは気の毒じゃないかという一種の同情論といいますか，気の毒だという議論が起こってきたわけですが，その議論の過程におきまして，やはり長年の間戦争等によって非常に不幸な目にあって子供さんを育ててこられた未亡人の立場というものがきわめて強く強調されたわけで……戦争未亡人というものを頭に置いての議論であった関係でございます[85]。」と説明されている。追加的費用への斟酌は建て前に過ぎず，あくまでも戦争未亡人に対する国家の福祉的な政策であったということであり，戦後70年以上が経った現在においては，もはやその存在意義は失われている。追加的費用が存在しないのであれば，婚姻歴の有無以外に扶養親族を有しない死別の寡婦と独身者とを区別するものはなく，扶養親族を有しない死別の寡婦に控除を認めることにより，婚姻歴のない独身者との公平性も損なわれている。

　死別の寡婦にのみ控除を認めるこの制度は，婚姻に対する税制の中立性の観点からも，死別は辛いもので気の毒であるが離婚はそうでもないという偏見を前提としていることからも，廃止すべきであると考える。

3．死別の高齢者寡婦への適用

　平成16年度改正での老年者控除廃止[86]に伴い，それまで寡婦（夫）控除に設けられていた老年者除外要件が削除され，65歳以上の寡婦（夫）にも寡婦（夫）控除が適用されることとなった。

　図表7は，平成16年前後の寡婦（夫）控除適用者数をまとめたものである。

いうことについて，実は詳細なる実態を把握しているわけではございません。そういう意味で，ただいま御指摘のような点からいいますと非常に問題があろうかと思いますが，三者の中では，やはり生別の方に比べ，あるいは結婚歴のない方に比べまして，結婚歴があり，かつ，死別の方の場合は追加的経費が多いのではないかという判断に立ったわけでありまして，それ以外の意味はないわけでございます。」と答弁している。

85　衆議院大蔵委員会（昭和47年5月10日）内での高木文雄大蔵省主税局長の発言。

86　平成16年当時の老年者控除は，65歳以上で総所得金額が1,000万円以下の者に対し50万円の所得控除を認めるものであった。税制調査会「わが国税制の現状と課題—21世紀に向けた国民の参加と選択」（2000）107頁において，少子・高齢化の進展により高齢者が増加し，高齢者の生活実態が多様となる中で，単に高齢であるということのみに着目した配慮をどの程度すべきか検討する必要があると指摘され，平成16年度税制改正で廃止された。平成17年分から適用。

＜図表７＞ 寡婦（夫）控除適用者数の推移（申告所得税）[87]

	2002年 （平成14年）	2003年 （平成15年）	2004年 （平成16年）	2005年 （平成17年）	2006年 （平成18年）	2007年 （平成19年）
特定の寡婦 （生計一の子／所得500万円以下）	15,833	22,043	18,226	19,838	21,641	17,496
死別の寡婦（扶養親族不問／所得500万円以下） 離別の寡婦（子以外の扶養親族／所得500万円以下）	40,049	49,970	44,386	205,473	204,621	213,261
高所得寡婦 （扶養親族あり／所得500万円超）	8,932	9,042	8,781	15,359	14,437	13,665
男性の寡夫 （生計一の子／所得500万円以下）	8,751	8,345	7,309	10,645	10,007	10,538
計	73,565	89,400	78,702	251,315	250,706	254,960

　図表７によれば，平成16年以前の適用者数は７～９万人であったのに対し，平成17年以降は25万人以上と大幅に増加しており，この増加分は老年者除外要件が削除されたことによって増加した65歳以上の高齢者寡婦（夫）であると推察される。

　老年者控除廃止以前は，高齢者には寡婦（夫）控除が適用されず，寡婦（夫）であろうとなかろうと一律に老年者控除が適用され，独身高齢者・配偶者を有する高齢者・高齢者寡婦（夫）は同額の控除であった。老年者控除は高齢者と現役世代との間の公平を図るために廃止されたが，それに伴って寡婦（夫）控除の老年者除外要件を削除したことで，それまで同額の控除を受けていた高齢者の中で高齢者寡婦（夫）のみが優遇されることとなった。ほかの高齢者との公平性の観点からすれば，寡婦（夫）控除から老年者の除外要件を削除する必要はなかったようにも思われる。しかし高齢者寡婦（夫）であっても，扶養親族を有するのであれば，追加的費用への配慮を目的とする寡婦（夫）控除の意義に適うものであるから，適用対象とすべきであると考えられる。そうするとやはり問題は，扶養親族を有しない死別の寡婦を適用対象としていることにある。

　図表７をもう一度見てみると，「死別の寡婦（扶養親族不問／所得500万円以下）

87　国税庁「申告所得税標本調査」（平成14年分～平成19年分）を基に筆者作成。なお，この調査は確定申告を行った者のみを対象としており，源泉徴収で完了する給与所得者は含まれない。給与所得者については，平成16年以前と平成17年以降の適用者数に顕著な差が見受けられなかった（給与所得を有する高齢者寡婦が少数であるためと推察される）ため，ここでは言及していない。

および離別の寡婦（子以外の扶養親族あり／所得500万円以下）」[88]に分類される適用者数の平成17年以降の増加が最も顕著であることから，扶養親族を有しない死別の寡婦は，老年者控除の廃止によって相当数増加していると思われる。老年者控除廃止以前であれば，扶養親族を有しない死別の寡婦への適用は64歳以下の者に限定されていたため，対象となる人数も比較的少なく，戦争未亡人をはじめ若くして夫と死別した者への同情もあり（無論，同情を所得控除の根拠とすべきでないことは前述したとおりであるが），問題視されにくかったと推察される。

　しかし，65歳以上の高齢者にも寡婦（夫）控除が適用される現行制度においては，女性の平均寿命が男性よりも長い[89]ことを考えると，既婚の高齢者女性は多くの場合に扶養親族を有しない死別の寡婦となり得る（別表18「女性の配偶関係別人口割合」参照[90]）。

　高齢の夫を失った高齢者寡婦に，上記で言うところの「亡くなった夫を取り巻く家族関係との社会的なおつき合い」から生じる追加的費用が存在するとは考えにくく，特別人的控除の意義に鑑みると，これらの者を寡婦（夫）控除の適用対象とすべき理由はないと考える[91]。

第2節　高所得寡婦への適用

　次に，合計所得金額500万円超の高所得寡婦に対する適用の妥当性を検討する。

88　図表7の分類は，国税庁「申告所得税標本調査」（本来の分類は別表7を参照）のデータを基に筆者が分類したものである。扶養親族を有しない死別の寡婦のみのデータ抽出を試みたが，国税庁に問い合わせたところ，別表7以上に詳しい統計は取っていないとのことであったため，図表7のような分類となっている。
89　厚生労働省「平成29年簡易生命表の概況」（2018）2頁によれば，男性の平均寿命は81.09年，女性の平均寿命は87.26年となっている。
90　別表18によれば，70歳を超えると2割以上，80歳を超えると5割以上が死別の寡婦に該当する現状がある。
91　菊池・前掲注(75)366頁において，「男女共同参画やワーク・ライフ・バランスの理念の下，将来的には男女を問わず仕事をもち家事・育児責任を負う社会が目指されるべきであるとすれば，主たる生計維持者である配偶者を失った生存配偶者の高齢期に至るまでの主たる生活手段を遺族年金に求め続けることは，必ずしも適切とは思われない。……解決策として，現在，女性（妻）に対してのみ行われている保障を廃止していく方向性が考えられる。」と述べられている。これは遺族年金の議論であるが，扶養親族を有しない死別の高齢者寡婦への寡婦控除適用にも同様のことが言えると思われる。

　図表8で示されるように，男性の寡夫には一律に所得制限が設けられているが，扶養親族を有する女性の寡婦であれば，どれほど高所得であろうと適用対象となる。

＜図表8＞　寡婦（夫）控除規定の要件別所得控除金額（高所得寡婦）

配偶者	扶養親族	女性		男性	
		合計所得金額		合計所得金額	
		500万円以下	500万円超	500万円以下	500万円超
死別	生計一の子あり	35万円	27万円	27万円	×
	子以外の扶養あり	27万円	27万円	×	×
	扶養なし	27万円	×	×	×
離婚	生計一の子あり	35万円	27万円	27万円	×
	子以外の扶養あり	27万円	27万円	×	×
	扶養なし	×	×	×	×
未婚	生計一の子あり	×	×	×	×
	子以外の扶養あり	×	×	×	×
	扶養なし	×	×	×	×

　平成24年から平成28年の寡婦（夫）控除適用者数（別表19「寡婦（夫）控除適用者数の推移」）の内，500万円超の者は25,000人〜35,000人であり，全体からすると2.0〜2.5％と少数ではあるが，所得の高い寡婦が一定数存在することは確かである。平成28年の適用者（別表7「寡婦（夫）控除適用者数（申告所得税）」）の中には1億円超の者も約500名存在していた。仮にこれら所得500万円超の高所得寡婦への寡婦控除の適用がなくなれば，30,000人×寡婦控除270,000円×税率20％[92]＝16億2千万円の税収増となり，決して小さな金額ではない。

　特別人的控除が追加的費用への配慮であることに鑑みると，追加的費用は所得の多寡にかかわらず同様に生じるのであるから，所得制限を設ける必要はないという考え方も可能ではある。確かに，創設当初の寡婦控除に所得要件は存在しなかった。しかし，昭和47年に扶養親族を有しない死別の寡婦へ適用を拡大した際には所得制限が設けられている。これは，夫の遺産である資産から生ずる所得が

92　合計所得金額500万円超であれば，税率20〜45％が適用されると考えられるが，ここでは簡便的に一律20％で計算した。

相当あるような場合にまで考慮する必要はないという考え方によるものであった。また，昭和56年の寡夫控除創設の際にも同様に所得制限が設けられたが，この時の300万円という水準は，男性の平均給与から算出されたものであり，平均を大幅に超える高所得者への配慮は必要ないとの考え方によるものであった[93]。この際に女性の寡婦への所得制限についても検討されるべきであったと思われるのだが，すでに適用となっている者に対して適用対象を縮小することは難しいためか，平均を大幅に超える高所得女性について議論になることはなかった。

　また，昭和26年に寡婦控除と同時に創設された老年者控除については，昭和42年度改正で寡婦控除と同様に税額控除から所得控除に変更となったが，この時点ですでに所得制限が設けられている。この理由としては，所得控除方式に変更することで，「所得が多くなる程受益の程度は多くなる」[94]こととなり，「老年者控除の適用を受ける者には他の寡婦控除や勤労学生控除にくらべて高額所得者が多く，これらの高額所得者についてこのような控除を認めるのは，国民感情からみても適当ではない」[95]ことから，合計所得金額が500万円以下の者に制限することになったと説明されている。戦争未亡人への救済措置という意味合いがまだ強かった昭和42年当時は，寡婦に対する同情もあり，また高所得寡婦の数自体も多くなかったことが伺われる。しかし，高額所得者に対しては控除の恩恵を与える必要がないと言うのであれば，所得控除方式に変更となった昭和42年度改正において老年者控除にのみ所得制限を設けるのではなく，寡婦控除・障害者控除についても同様に所得制限を設けるべきであったと考える。

　寡婦（夫）控除の社会福祉的な要素に鑑みても，一般に社会福祉給付においては所得制限が設けられているのであるから，本来であれば創設時に所得制限を設けるべきであったと思われる。

　昨今，所得控除の見直しが進み，基礎控除についても平成30年度改正で所得制

93　泉・前掲注(38) 9頁内で，高橋元大蔵省主税局長は「54年の民間企業実態調査によりますと，男の平均給与は331万円でございますから，いま申し上げたように所得制限の300万円を給与収入にしますと430万円になりますので，平均のサラリーマンは奥さんになくなられた場合には十分にこの水準でカバーできるんではないか，という考え方でいるわけでございます。」と説明している。

94　中橋敬次郎「昭和42年度税制改正の概要」自治研究43巻7号（1967）16頁。

95　大蔵財務協会・前掲注(26)19頁。

限が設けられたことは第１章で述べたとおりである。このような趨勢に鑑みれば，高所得寡婦が依然として寡婦（夫）控除を受け続けている状況は見直さざるを得ないと考える。

第３節　子以外の扶養親族を有する寡婦への適用

続いて，子以外の扶養親族を有する寡婦への適用の是非について考えてみたい。図表９を見るとわかるように，現行制度においては，女性の寡婦であれば子以外の扶養親族を有する場合も適用対象となる。

<図表９> 寡婦（夫）控除規定の要件別所得控除金額（子以外の扶養親族）

配偶者	扶養親族	女性		男性	
		合計所得金額		合計所得金額	
		500万円以下	500万円超	500万円以下	500万円超
死別	生計一の子あり	35万円	27万円	27万円	×
	子以外の扶養あり	27万円	27万円	×	×
	扶養なし	27万円	×	×	×
離婚	生計一の子あり	35万円	27万円	27万円	×
	子以外の扶養あり	27万円	27万円	×	×
	扶養なし	×	×	×	×
未婚	生計一の子あり	×	×	×	×
	子以外の扶養あり	×	×	×	×
	扶養なし	×	×	×	×

扶養親族とは，所得税法２条１項34号において，居住者の親族[96]（配偶者を除く），里親に委託された児童および養護受託者に委託された老人でその居住者と生計を一にする者のうち，合計所得金額が38万円以下である者と定められている。

それでは子以外の扶養親族とは，どういった者を念頭においた制度設計なのだろうか。

昭和56年に寡夫控除が創設された際，寡夫に該当するには，「生計一の子を有し，かつ合計所得金額が500万円以下」という寡婦よりも厳しい要件が付された。

96　所得税法で用いられる「親族」は，民法725条で規定される「親族」（①６親等内の血族，②配偶者，③３親等内の姻族）と同義である。

子以外の扶養親族を有す場合にも対象となる寡婦に対し，寡夫の扶養親族を生計一の子に限定した理由については，次のように説明されている。

「寡婦の場合には，扶養親族があるということで，つまり，しゅうと，しゅうとめ，それから子供，そういう者を養っていく女の人，こういう考え方なんですが，寡夫の場合には，通常，男の人は奥さんがいた生前から親をやしなっているわけです。したがって，子供を持っている場合に限るということにしてあります。」[97]

寡夫は妻の生前から自身の親を養っていることから，妻と死別しても追加的費用に変化はないが，寡婦は夫と死別すると，舅・姑を養わねばならず，追加的費用が発生することを控除の根拠としているようである。

昭和55年当時は高齢者世帯の50.1％と半数が三世代世帯（別表20「65歳以上の者のいる世帯数及び構成割合」）であり，結婚によって夫の両親と同居するのが一般的であったことを考えると，夫と死別した妻が舅・姑を扶養しなければならなくなるケースは多かったのかもしれない。しかし，平成28年には三世代世帯は大きく減少しており，高齢者世帯の11.0％に過ぎなくなっている。そもそも離別の場合，離婚後に舅・姑を扶養する可能性は低いと考えられ，これは死別であることを前提とした理由付けに過ぎない。

親の介護が問題となる比較的若い世代（60歳未満）の女性が配偶者を失った理由としては死別よりも離婚のケースが圧倒的に多く（別表18「女性の配偶関係別人口割合」参照），三世代同居がほとんど見られない現在においては，舅・姑の扶養を理由とすることに説得力はない。

また酒井教授は，子以外の扶養親族として，親の介護を例に挙げている。家族介護では女性がその72.2％[98]を担っており，女性の方が男性よりも介護の負担が重いことから，寡婦だけに子以外の扶養親族を有することによる寡婦控除の適用が認められていることの説明を試みている。

しかし，寡婦控除として認められるためには，寡婦すなわち配偶者を失った女

---

97 吉牟田勲「高橋元主税局長に聞く昭和56年度税制改正」税務弘報29巻6号（1981）9頁〔高橋発言〕。

98 厚生労働省「平成28年国民生活基礎調査の概況」（2017）30頁によれば，平成28年の同居の主な介護者は女性が66.0％となっている。記述にある72.2％は，酒井克彦「寡婦控除あるいは寡夫控除を巡る諸問題（中）」税務弘報59巻3号（2011）91頁における平成12年度の数値。

性に特有の理由でなければならない。確かに介護者には女性が多いが，その中には自分自身の親を介護するケースも多い。厚生労働省の平成28年国民生活基礎調査の概況によれば，主な介護者は，「子の配偶者」9.7％に対し，「子」21.8％となっている（別表21「要介護者等との続柄別主な介護者の構成割合」）。自分自身の親を介護しているのであれば，婚姻歴のない独身者と状況は変わらない。舅・姑を介護しているのでなければ寡婦特有であるとは言えないが，そういったケースは一部に過ぎない。そもそも介護については，同じ所得控除の中ですでに同居老親控除や障害者控除といった配慮がされているのであるから，さらに寡婦控除でまで手当をする必要はないと考える。

そして，酒井教授が「この規定の意味するところが必ずしも判然とせず，要介護の老人以外のケースを前提として考えると，はなはだ説明のつけ辛い面があるといわざるを得ない。」[99]と指摘するように，寡婦の有する扶養親族が舅・姑以外の者である場合はさらに合理性がなくなる。子以外の扶養親族を有する場合についてはすでに扶養控除で手当されており，子以外の扶養親族を有することに寡婦特有の追加的費用が存在しない以上，寡婦控除を認める合理性はないと考える。

第4節　成人した子を有する寡婦（夫）への適用

最後に，図表10で示される「生計一の子」の中に成人した子を含むべきかを検討する。

寡婦（夫）控除の要件では，基礎控除額以下の所得の生計一の子を有する場合に控除を受けられるが，この「生計一の子」には年齢制限がなく，成人した子[100]を有する場合でも適用対象となる。

平成29年国民生活基礎調査によれば，平成29年6月1日現在におけるひとり親と未婚の子のみの世帯[101]は364万5千世帯となっている（別表22「世帯構造別，世帯類型別世帯数及び平均世帯人員の年次推移」）。世帯類型別では，母子世帯[102]

99　酒井・前掲注(58)「寡婦控除あるいは寡夫控除を巡る諸問題（中）」91頁。
100　平成30年6月の民法改正（平成34年4月から施行）で成年年齢を18歳に引き下げることとなった。平成31年1月現在においては20歳以上の子を意味するが，本稿においては，実際の年齢というよりも，行為能力を有する自立すべき年齢という意味で用いている。
101　父親または母親と未婚の子のみで構成する世帯をいう。
102　平成29年国民生活基礎調査における母子世帯・父子世帯とは，死別・離別・その他の理由

<図表10> 寡婦（夫）控除規定の要件別所得控除金額（成人した生計一の子）

配偶者	扶養親族	女性		男性	
		合計所得金額		合計所得金額	
		500万円以下	500万円超	500万円以下	500万円超
死別	生計一の子あり	35万円	27万円	27万円	×
	子以外の扶養あり	27万円	27万円	×	×
	扶養なし	27万円	×	×	×
離婚	生計一の子あり	35万円	27万円	27万円	×
	子以外の扶養あり	27万円	27万円	×	×
	扶養なし	×	×	×	×
未婚	生計一の子あり	×	×	×	×
	子以外の扶養あり	×	×	×	×
	扶養なし	×	×	×	×

が76万7千世帯，父子世帯が9万7千世帯である。ここでの母子・父子世帯における子は20歳未満に限られることから，前述したひとり親と未婚の子のみの世帯から母子・父子世帯を除いた約280万世帯は，成人した未婚の子をもつひとり親であると言うことができる。これらの者も子どもの所得が基礎控除額以下であれば寡婦（夫）控除の対象となる。しかし，労働力となりうる成人した子の所得が低いからと，その親を適用対象とする必要はあるだろうか。

　成人した子について寡婦（夫）控除を認めるかという問題は扶養控除の問題でもある。扶養控除においても扶養対象に年齢制限はないが，成人の生活の責任主体は自己に帰属し，家族に扶養義務を課すべきではないと考える。少なくとも，働ける成人を扶養することに対する税制上の優遇措置は存在すべきでない。税制調査会の答申でも，「扶養控除のあり方として，年齢の如何に関わらず，単に対象者の所得が一定水準以下にとどまることを理由として一律の取扱いを行っていることについても考える必要がある。対象者に年齢制限を導入することを検討すべきである。」[103]と指摘されている。平成23年度税制大綱では，「成年者は基本的に独立して生計を立てるべき存在であること等を踏まえれば，成年者を担税力の

（未婚の場合を含む。）で，現に配偶者のいない65歳未満の者（配偶者が長期間生死不明の場合を含む。）と20歳未満のその子（養子を含む。）のみで構成している世帯をいう。

103　税制調査会「個人所得課税に関する論点整理」（2005）9頁。

面で配慮が必要な存在として一律に扶養控除の対象に位置付ける必要性は乏しい」[104]とし，扶養控除の対象者が見直されたが，未だ立法措置には至っていない。

　現在の制度の下では，働きたくても働けない者を扶養するための扶養控除であるはずが，働きたくないから働かない者をも包摂することとなり，その結果，引きこもりやニートといった存在を助長する制度となっている。平成22年の内閣府の調査では，若年者の引きこもりが69万6千人存在していると推計されている[105]。この調査では15～39歳のみを対象としているが，8050問題[106]が表面化していることから，40歳以上の引きこもりも相当程度存在すると考えられる[107]。勤労は自由意志によるものではなく，憲法27条で課せられた国民の義務なのである。働けない者には公的扶助の仕組み等が用意されているのであるから，働ける者は働かなくてはならない。勤労意欲を阻害するような税制上の措置は見直されるべきである。

　そもそも，寡婦（夫）控除が認められるためには，配偶者が存在しない者に特有の追加的費用の存在が必要である。ひとり親が小さな子どもを有する場合には，仕事をするために保育所に預ける必要があるなど，様々な追加的費用が発生することは第1章で述べた通りである。しかし，自立すべき年齢となった子どもを扶養することによって，ふたり親には生じず，ひとり親にのみ生じる追加的費用の存在は見出せない。よって，寡婦（夫）控除の要件における「生計一の子」は稼得能力のない未成年に限定すべきであると考える。

104　「平成23年度税制改正大綱」（2010）13頁。

105　内閣府「平成26年版子ども・若者白書」41頁の第1-4-16表。

106　ひきこもりが長期化することで親が高齢となり，病気や介護の問題が生じ，家族が孤立・困窮する問題をいう。当初は70代の親と40代の子のケースが多かったことから7040問題と呼ばれていたが，ひきこもりの長期化・高齢化によって，現在は80代の親と50代の子を意味する8050問題と呼ばれている。

107　2019年1月現在において，40歳以上のひきこもりを対象とした調査結果はない。政府は今年度初めて40歳以上も含めた実態調査を実施する予定である。

第6章　寡婦（夫）控除制度のあり方

第1節　寡婦（夫）控除を廃止すべきという議論に対して

1．特別人的控除に関する議論

　いったん創設された控除はその重要性が消滅しても廃止されず，自己増殖的に新しいものが追加されるという所得控除の特性ゆえに，税制の複雑化や課税ベースの浸蝕を招いているとの指摘もあり[108]，税制調査会では，基本的方向としては基礎控除等の一般的控除の引上げに重点をおき，特別人的控除については整理合理化を図ることが望ましいとの答申[109]を昭和39年に出して以降，継続して検討されている。平成14年の税制調査会の答申では，「寡婦（夫）控除等の特別な人的控除は，廃止を含め，制度をできるかぎり簡素化すべき」[110]とされた。

　金子教授も，特別人的控除について，その必要性と内容を精査して整理・合理化すべきであり，制度の簡素化のためにこれらの控除を廃止することも1つの選択肢である[111]と述べている。

2．社会保障制度と特別人的控除

　特別人的控除は，追加的費用によって減殺された担税力を補填する目的で創設されたものであり，その創設当初から社会保障制度との補完性が意識されていた。社会福祉の理念を所得控除制度に直接反映させることは適当ではなく，社会保障制度の発展とともに，社会保障と所得控除の整合性が再検討されるべきであり[112]，特別人的控除については社会保障制度によって代替または補完の方向性を指向すべきと指摘されてきた[113]。

108　田中康男「所得控除の今日的意義―人的控除のあり方を中心として」税務大学校論叢48号（2005）27頁。

109　税制調査会「今後におけるわが国の社会，経済の進展に即応する基本的な租税制度のあり方についての答申」（1964）10頁。

110　税制調査会「あるべき税制の構築に向けた基本方針」（2002）7頁。

111　金子宏「所得税制の構造改革―少子・高齢化社会と各種控除の見直し」ジュリスト1260号（2004）240-241頁。

112　吉村政穂「特別人的控除の今後のあり方」税研23巻3号（2007）30-33頁。

113　谷口・前掲注(5)111頁。

　確かに社会保障制度においても，寡婦（夫）控除に対応するものとして児童扶養手当，扶養控除に対応するものとして児童手当が存在する。しかし，子ども手当の創設と同時に年少扶養親族への適用が廃止された後，子ども手当から再び児童手当へと変更された際には年少扶養親族への適用が復活せず，扶養控除に実質的な所得制限が設けられたことは第1章で述べたとおりである。所得税と児童手当はその目的も異なれば財源も同じではなく，児童に関する扶養控除を児童手当と結合すべきではないとの指摘もあり[114]，特別人的控除の持つ役割を社会保障制度に完全に委ねることは難しいと考える。

3．ひとり親世帯への経済支援

　ひとり親に対する経済支援は社会保障制度のみでは不十分な状況にある。平成28年国民生活基礎調査によれば，平成27年の1世帯当たり平均所得金額（別表23「各種世帯の所得の種類別1世帯当たり平均所得金額」）は545万4千円であり[115]，児童のいる世帯に限ると707万6千円であった[116]。一方，母子世帯の平成27年の平均年間収入は，児童扶養手当等の社会保障給付金を含めても270万1千円に過ぎず，児童のいる世帯の38.2％と半分にも満たない。

　平成28年の生活意識の調査（別表24「各種世帯の生活意識」）では，「大変苦しい」，「やや苦しい」と答えた割合は，児童のいる世帯全体では62.0％であるのに対し，母子世帯は82.7％と突出している。預貯金額を見ても（別表25「母子世帯の預貯金額」），母子世帯の預貯金額は，50万円未満が39.7％を占め，半数以上が200万円未満となっている。

　ひとり親世帯の経済的困窮度は，相対的貧困率を見ても顕著である。ふたり親世帯と比較してひとり親世帯の貧困率は極めて高い状況にある（別表26「貧困率の年次推移」）。子どもがいる現役世帯の平成27年の貧困率は，大人が2人以上の世帯では10.7％であるのに対し，大人が1人の世帯では50.8％であり，ひとり親

114　野口浩「扶養控除のあり方」税法学579号（2018）244頁。
115　ここでいう所得とは，給与で言えば収入金額，事業所得で言えば収入から経費を差し引いた金額を差し引いたいわば純収入を指し，税法上の所得金額とは異なる。
116　平成29年国民生活基礎調査によれば，平成28年の1世帯当たり平均所得金額は560万2千円，児童のいる世帯は739万8千円と増加している。平成29年の調査には母子世帯に関する統計がなかったため，ここでは平成28年度調査に基づいて検討を行っている。

世帯の半数以上が貧困状態にあることがわかる。

　社会保障によってひとり親世帯への手当が十分になされるようになれば，寡婦（夫）控除もその役割を終え，社会保障制度にひとり親の救済を委ねることが可能になるかもしれない。しかし，社会保障制度だけではひとり親世帯への経済支援がまだとても十分とは言えない現時点においては，寡婦（夫）控除の存在意義は十分にあると考える。

第2節　寡婦（夫）控除はどうあるべきか

　これまでの検討を踏まえ，ここでもう一度寡婦（夫）控除のあるべき適用範囲を確認しておく（図表2を再掲）。

＜図表2＞寡婦（夫）控除規定の要件別所得控除金額（あるべき範囲）

配偶者	扶養親族	女性		男性	
		合計所得金額		合計所得金額	
		500万円以下	500万円超	500万円以下	500万円超
死別	生計一の子あり	① 35万円	④ 27万円	⑩ 27万円	×
	子以外の扶養あり	② 27万円	⑤ 27万円	×	×
	扶養なし	③ 27万円	×	×	×
離婚	生計一の子あり	⑥ 35万円	⑧ 27万円	⑪ 27万円	×
	子以外の扶養あり	⑦ 27万円	⑨ 27万円	×	×
	扶養なし	×	×	×	×
未婚	生計一の子あり	×	×	×	×
	子以外の扶養あり	×	×	×	×
	扶養なし	×	×	×	×

　未婚ひとり親世帯は，死別世帯・離別世帯に比べても経済的に厳しい状況にあり，婚姻歴の有無以外に死別世帯・離別世帯との差異はない。担税力に基づいた課税を行う所得税のあり方から考えると，それらを区別する合理性はないことから，未婚ひとり親も寡婦（夫）控除の対象とすべきである（第3章）。

　また，特別人的控除は追加的費用への配慮にその意義があることから，寡婦（夫）控除における追加的費用の判断要素である扶養要件を満たさない③（扶養親族を有しない死別の寡婦）は，除外すべきである（前章第1節）。②・⑤・⑦・

⑨（子以外の扶養親族を有する寡婦）についても，それらに寡婦（夫）特有の追加的費用の存在が見出せないことから除外すべきである（前章第3節）。

　近年，高所得者にまで税負担の軽減効果を及ぼす必要はないとの考えから，各所得控除に次々と所得制限が設けられていることに鑑みると，福祉的な性格を持つ寡婦（夫）控除においても，所得要件を満たさない④・⑤・⑧・⑨（高所得寡婦）は除外すべきである（前章第2節）。

　以上から，寡婦（夫）控除は，所得要件と扶養要件の双方を満たした①・⑥・⑩・⑪（所得500万円以下のひとり親）に未婚ひとり親を加えた図表2の範囲（さらに言えば生計一の子の中でも未成年の子に限定すべきことは前章第4節で述べた通りである。）を適用対象とすべきである。また控除金額については，租税負担能力に性別による能力の違いはなく，同所得の男女間で差を設ける合理性がないことから，男女とも同一の金額にすべきである（第4章）。

　図表2の網掛け部分の範囲は，現在の特定の寡婦または寡夫の要件に該当する者と一致する。こうしてみると，昭和56年の寡夫控除創設の際に適用対象が所得一定限度以下のひとり親に限定されたことは，本来救済されるべき者を明示し，寡婦（夫）控除の役割を改めて示したものだったとも考えられる。昭和56年度改正は，男女間格差を残すものとはなったが，それは結果に過ぎなかったのではなかろうか。本来は男女とも所得一定限度以下のひとり親に限定すべきところ，広がり過ぎた寡婦控除の適用対象者を制限することができなかったに過ぎないのではないかと推察している。その後の特定の寡婦への加算措置（平成元年）において，同様に所得一定限度以下のひとり親にのみに控除金額が加算されたことからも，救済されるべき者が明らかである。

　寡婦控除は，昭和26年に扶養親族を有する戦争未亡人を救済する目的で創設され，その後，時代の要請に応じる形で適用対象を拡大してきたが，そのためにかえって歪で複雑な現在の形となっている。特に昭和47年の扶養親族のない死別寡婦への適用範囲拡大は，租税法的根拠不在の改正であり，寡婦（夫）控除の意義を大きく歪めたと言える。

　平成28年の寡婦（夫）控除適用者数[117]（別表19「寡婦（夫）控除適用者数の推移」）

117　図表2における①〜⑪の分類別の適用者数を明らかにしたかったが，国税庁に確認したところ，統計上そのようなデータは存在しないとのことであったため，やむを得ず別表19のよう

は約146万人であったが，その中で本来適用対象となるべき所得一定限度以下の
ひとり親（図表2の①・⑥・⑩・⑪）に該当するのは，特定の寡婦である約71万
人（48.5％）と男性の寡夫である約11万人（7.5％）の計82万人であり，控除適用
者数全体の56％に過ぎない。残りの44％（約64万人）については，扶養親族を有
しない死別の寡婦，子以外の扶養親族を有する寡婦，高所得寡婦であり，これら
の者は寡婦（夫）控除の対象からは除外すべきと考えるが，現在の要件では，寡
婦（夫）控除適用者数の約半数がこれらの者で占められている状況にある。

　現代における寡婦（夫）控除の意義は，担税力の低いひとり親世帯の救済にあ
る。性別の違い・婚姻の有無・離婚と死別といった違いではなく，所得金額で担
税力を計るべきであり，公平で簡素な制度となるためにも，未成年の子を有する
所得一定限度以下のひとり親に適用要件を統一すべきである。さらに，寡婦・寡
夫という現代に馴染みがなく，婚姻を前提とした名称の使用はやめ，制度の趣旨
からも「ひとり親控除」に改めることが望ましいと考える。

第3節　控除方式のあり方

1．所得控除と税額控除

　所得税には，担税力を低下させる一定の事情が存在するときの負担を調整する
ものとして，所得から一定額を控除する所得控除と税額そのものを控除する税額
控除の2つの方法が設けられている。現行の寡婦（夫）控除は所得控除方式が採
用されているが，所得控除の場合，所得税の累進税率の下では，高所得者ほど税
負担軽減の効果が大きく，逆進性が生じるという問題がある[118]。寡婦（夫）控除
は生活上の追加的費用に配慮するものであるが，これらの生活費が所得の額に比
例して増加するとは考えにくく，累進税率によって高所得者の税負担は不要に軽
減されていると言える。

　寡婦（夫）控除は昭和26年に所得控除として創設されたものの，寡婦（夫）控
除を始めとする特別人的控除については，担税力の低い者に対する福祉的な性格
を持つことから，所得によらず同額の控除とすることがふさわしいとされ，同年
中に税額控除に変更となっている。その後，昭和42年度改正で所得控除に再度変

な分類となっている。

118　森信茂樹『日本の税制何が問題か』（岩波書店，2010）98頁。

更となったが，その理由は，人的控除が所得控除と税額控除に分かれているのは
わかりにくいという便宜上の問題によるものであった。寡婦（夫）控除の本質か
らすると，税額控除が妥当であると考えられ，また税額控除によれば，税率を引
き上げることなく所得税の累進機能を高める効果もあり，最近の社会状況の変化
からも税額控除制度のメリットが再認識されている[119]。

2．給付付き税額控除の導入

　所得控除の場合，所得控除を適用し得るだけの所得が生じていなければ，当然
のことながら所得控除に控除の効果はない。税額控除によっても，税額控除をし
得るだけの税額が生じていなければ，控除効果はない。いずれによっても課税最
低限以下の者には何の恩恵もなく，担税力の低い層には控除の効果が及ばないと
いう問題がある。給付付き税額控除は，税額控除額が税額を上回る場合には差額
が還付されるものであり，所得の多寡にかかわらず一定額の負担軽減となる。金
子教授は，「人的控除を所得控除から税額控除に切り換えて，所得控除による税
額の減少額が所得の増加につれて累進的に増加するという問題を解消すると同時
に，還付つき税額控除制度を採用して，控除額が税額を上回る場合には差額を還
付することとすべき」[120]と指摘しており，税制調査会でも議論[121]がなされている。
平成22年度税制改正大綱でも，「所得控除から手当へ」の考え方の下で，相対的
に低所得者に有利な制度である給付付き税額控除の導入が検討されている[122]。こ
れらの議論の背景には，今日の経済社会状況が欧米諸国と近づき，先進諸国で導
入されている給付付き税額控除の必要性が増したことや，所得再分配機能の低下
に見られるような税制・社会保障政策の行き詰まりといった事情があると指摘さ
れている[123]。

　給付付き税額控除の導入は，税務当局が給付の対象となるすべての納税者の情
報を得なければならず，税務手続きの設計も困難であり，還付に伴う負担も大幅

119　森信・前掲注(118)98-99頁。
120　金子・前掲注(2)205頁。
121　税制調査会「抜本的な税制改革に向けた基本的考え方」(2007) 15頁。
122　「平成22年度税制改正大綱」(2009) 14-16頁。
123　森信茂樹「先進国の標準税制としての給付付き税額控除」税研24巻6号 (2009) 25-26頁

に増加するなど，執行上の問題点も指摘される[124]。しかし，所得再分配機能の最も高い控除方式であり，納税者にも控除の効果が実感しやすく，「所得税制の枠を越えて，公的制度全体として望ましい所得再分配を追求することができる[125]」とされ，理論上は最も理想的な控除方式であると思われる。

　所得再分配機能を高め，寡婦（夫）控除の適用が最も必要とされる低所得者も恩恵を受けられるようにするため，現在の所得控除から給付付き税額控除に変更することが望ましいと考える[126]。

おわりに

　寡婦（夫）控除は平成31年度の税制改正で議論がなされている最中ということもあり，ホットな論点のようである。本稿作成終盤に接した高木夏子氏の論文[127]には共感できる主張が多く，示唆を受けた。厚生労働省は，平成31年度税制改正要望の中で未婚のひとり親に対する税制上の支援措置を挙げたが，自民・公明両党の意見の対立から最後まで調整が難航し，12月12日に予定されていた与党税制改正大綱のとりまとめが2日延期される事態となった[128]。

　子どもの貧困対策に力を入れている公明党が，未婚のひとり親が増加している現実を考慮し，子どもの教育格差の固定化を防止するためにも未婚のひとり親への支援を拡充すべきと主張するのに対し，保守系の議員を中心に見直しに慎重な自民党は，「結婚を選択しないカップルの増加を助長し，伝統的な家族観を揺る

124　中里実「給付付き税額控除の執行上の問題」税研24巻6号（2009）45-49頁。

125　藤谷武史「給付つき税額控除と『税制と社会保障制度の一体化』？」新世代法政策学研究3号（2009）307頁。

126　給付付き税額控除については，すでに注に挙げた文献のほか，八塩裕之「給付付き税額控除をどのように仕組むか」租税研究758号（2012）70-83頁，森信茂樹「給付付き税額控除の具体的設計」税経通信65巻4号（2010）33-41頁，吉村典久「給付付き税額控除と所得控除」税研24巻6号（2009）50-55頁などに詳しい。

127　高木夏子「寡婦控除及び寡夫控除について─今後の見直しに向けた諸課題」立法と調査406号（2018）35-47頁。

128　SankeiBiz「与党税制大綱決定を再延期14日に未婚の一人親対応で自公の調整つかず（2018.12.12）」https://www.sankeibiz.jp/macro/news/181212/mca1812121756014-n1.htm（2019.1.31最終閲覧）

がす懸念がある」ことを理由に反対した[129]。最終的には，未婚のひとり親に対する住民税非課税要件の緩和が明記されるに留まり，更なる税制上の対応については平成32年度税制改正での検討に先延ばしされた。

古くは昭和56年の寡夫控除創設時からなされてきた未婚のひとり親を巡る議論[130]に進展が見られたことは喜ばしいことではある。しかし，今回の議論からは担税力に即した課税を行うという所得税法の視点が抜け落ちているように思われる。未婚のひとり親に対しても寡婦（夫）控除を適用すべきなのは，未婚のひとり親も死別・離婚のひとり親も，婚姻歴以外の経済的な状況は変わらず（すなわち担税力が同等であり），等しく控除を行うことが水平的公平性に適うものであるからである。その点を公明党は主張すべきであったと思われ，また，自民党が主張する「家族のあり方」は担税力に何ら影響を与えるものではなく，さらに婚姻を優位に扱うことは「中立性」が要求される課税の原則にも反するものであり，首肯しかねる。

寡婦（夫）控除は戦争未亡人の救済を目的に創設され，そこに戦争未亡人に対する同情や憐憫があったことは事実かもしれないが，「かわいそう」であるから優遇したのではなく，配偶者を亡くし，1人で扶養親族を抱えて生活する上での追加的費用が存在したからこそ，所得控除として成立し得たのである。しかし，今回の改正における議論を始め，これまでの改正（扶養親族を有しない死別の寡婦への適用拡大や，女性よりも不利な条件による寡夫控除の創設など）においても，「いかにかわいそうか」といった，客観性・一貫性に乏しく，租税法的根拠不在の感情論で議論がなされてきた面があるように思えてならない。

本稿では所得税法の基本に立ち返り，特別人的控除の意義を一貫して「追加的費用への配慮」であることに求め，寡婦（夫）控除については，配偶者のいない者に特有の追加的費用が存在するかを基準に，現行制度における適用要件がその意義に適うものであるかを検討してきた。寡婦（夫）控除がその創設以降適用対象を拡大し続けてきたことによるためか，これまでの先行研究[131]においては，未

129　日本経済新聞 電子版「与党税制大綱14日決定 未婚のひとり親支援で合意（2018.12.13）」https://www.nikkei.com/article/DGXMZO38921240T11C18A2MM8000/（2019.1.31最終閲覧）
130　前掲注(49)。
131　酒井・前掲注(58)，石田・前掲注(18)，西本・前掲注(44)，渡部克哉「寡婦（寡夫）控除におけるジェンダー観」社会福祉学51巻1号（2010）18-28頁など。寡婦（夫）控除の問題を考える上で大変参考となった。

婚の母への適用拡大を始め，制度の矛盾を拡大方向に是正すべきとする主張が多かったように思われる。その中において，寡婦（夫）控除の適用対象を「未成年の子を有する所得一定限度以下のひとり親に限定すべき」としたことに本稿の意義があるのではないかと考えている。

　また，寡婦（夫）控除のあり方を検討する中で，所得控除全体のあり方についても思い巡らすことで，「所得控除に所得制限を導入することの是非」，「配偶者控除のあり方」といった問題意識も生じた。しかし，紙幅の関係で研究を深めることが叶わなかったため，これらについては今後の研究課題としたい。

別　表

＜別表１＞ 母子世帯になった理由別 構成割合の推移[132]

（単位：％）

調査年次	総数	死別	生別				不詳
			総数	離婚	未婚の母	その他	
昭和58	100.0	36.1	63.9	49.1	5.3	9.5	－
63	100.0	29.7	70.3	62.3	3.6	4.4	－
平成5	100.0	24.6	73.2	64.3	4.7	4.2	2.2
10	100.0	18.7	79.9	68.4	7.3	4.2	1.4
15	100.0	12.0	87.8	79.9	5.8	2.2	0.2
18	100.0	9.7	89.6	79.7	6.7	3.1	0.7
23	100.0	7.5	92.5	80.8	7.8	3.9	－
28	100.0	8.0	91.1	79.5	8.7	2.9	0.9

＜別表２＞ 母子世帯の世帯の年間収入の構成割合[133]

	総数	100万円未満	100〜200万円未満	200〜300万円未満	300〜400万円未満	400万円以上	平均年間収入（世帯の収入）
平成23年	(100.0%)	(10.8%)	(26.4%)	(26.9%)	(15.4%)	(20.5%)	291万円
平成28年							
総　数	1,179人 (100.0%)	73人 (6.2%)	205人 (17.4%)	309人 (26.2%)	229人 (19.4%)	363人 (30.8%)	348万円
死　別	93人 (100.0%)	8人 (8.6%)	19人 (20.4%)	17人 (18.3%)	18人 (19.4%)	31人 (33.3%)	356万円
生　別	1,078人 (100.0%)	64人 (5.9%)	185人 (17.2%)	289人 (26.8%)	211人 (19.6%)	329人 (30.5%)	348万円
離　婚	939人 (100.0%)	52人 (5.5%)	154人 (16.4%)	253人 (26.9%)	191人 (20.3%)	289人 (30.8%)	350万円
未　婚	100人 (100.0%)	5人 (5.0%)	22人 (22.0%)	29人 (29.0%)	16人 (16.0%)	28人 (28.0%)	332万円
その他	39人 (100.0%)	7人 (17.9%)	9人 (23.1%)	7人 (17.9%)	4人 (10.3%)	12人 (30.8%)	324万円
不　詳	8人 (100.0%)	1人 (12.5%)	1人 (12.5%)	3人 (37.5%)	- (-)	3人 (37.5%)	314万円

132　前掲注(72) 2 頁を基に著者作成。

133　前掲注(72) 36 頁を基に著者作成。

＜別表３＞ 母子世帯の母の年間就労収入の構成割合[134]

	総　数	100万円未満	100〜200万円未満	200〜300万円未満	300〜400万円未満	400万円以上	平均年間就労収入
平成23年	(100.0%)	(28.6%)	(35.4%)	(20.5%)	(8.7%)	(6.8%)	181万円
平成28年							
総　　数	1,464人 (100.0%)	327人 (22.3%)	524人 (35.8%)	321人 (21.9%)	157人 (10.7%)	135人 (9.2%)	200万円
死　　別	110人 (100.0%)	32人 (29.1%)	37人 (33.6%)	18人 (16.4%)	16人 (14.5%)	7人 (6.4%)	186万円
生　　別	1,344人 (100.0%)	293人 (21.8%)	482人 (35.9%)	301人 (22.4%)	141人 (10.5%)	127人 (9.4%)	202万円
離　　婚	1,170人 (100.0%)	245人 (20.9%)	417人 (35.6%)	269人 (23.0%)	125人 (10.7%)	114人 (9.7%)	205万円
未　　婚	133人 (100.0%)	36人 (27.1%)	51人 (38.3%)	24人 (18.0%)	12人 (9.0%)	10人 (7.5%)	177万円
その他	41人 (100.0%)	12人 (29.3%)	14人 (34.1%)	8人 (19.5%)	4人 (9.8%)	3人 (7.3%)	169万円
不　　詳	10人 (100.0%)	2人 (20.0%)	5人 (50.0%)	2人 (20.0%)	（ － ）	1人 (10.0%)	170万円

＜別表４＞ 母子世帯の母の児童扶養手当の受給状況[135]

	総数	受給している		受給していない
		全部支給	一部支給	
平成28年				
総　　数	2,012人 (100.0%)	1,469人 (73.0%)	624人	845人	543人 (27.0%)
死　　別	158人 (100.0%)	50人 (31.6%)	24人	26人	108人 (68.4%)
生　　別	1,838人 (100.0%)	1,409人 (76.7%)	595人	814人	429人 (23.3%)
離　　婚	1,607人 (100.0%)	1,230人 (76.5%)	505人	725人	377人 (23.5%)
未　　婚	175人 (100.0%)	141人 (80.6%)	71人	70人	34人 (19.4%)
その他	56人 (100.0%)	38人 (67.9%)	19人	19人	18人 (32.1%)
不　　詳	16人 (100.0%)	10人 (62.5%)	5人	5人	6人 (37.5%)

134　前掲注(72)36頁を基に著者作成。

135　前掲注(72)82頁を基に著者作成。

＜別表５＞ 母子世帯の母の生活保護の受給状況[136]

	総数	受給している	受給していない
平成23年			
総　　　数	（100.0%）	（14.4%）	（85.6%）
平成28年			
総　　　数	1,904人 （100.0%）	214人 （11.2%）	1,690人 （88.8%）
死　　　別	145人 （100.0%）	13人 （9.0%）	132人 （91.0%）
生　　　別	1,744人 （100.0%）	198人 （11.4%）	1,546人 （88.6%）
離　婚	1,516人 （100.0%）	162人 （10.7%）	1,354人 （89.3%）
未　婚	172人 （100.0%）	28人 （16.3%）	144人 （83.7%）
その他	56人 （100.0%）	8人 （14.3%）	48人 （85.7%）
不　　　詳	15人 （100.0%）	3人 （20.0%）	12人 （80.0%）

＜別表６＞ 寡婦（夫）控除適用者数（源泉所得税）[137]

（単位：人）

給与階級	2016年 （平成28年）			
	特定 寡婦数	寡婦数	寡夫数	計
100万円以下	29,826	43,779	1,422	75,027
200万円〃	163,090	113,782	3,921	280,793
300万円〃	206,410	82,365	16,045	304,820
400万円〃	153,860	55,796	21,913	231,569
500万円〃	74,746	21,912	28,169	124,827
600万円〃	36,411	14,826	13,771	65,008
700万円〃	14,488	9,120	8,483	32,091
800万円〃	－	8,329	－	8,329
900万円〃	－	4,197	－	4,197
1,000万円〃	－	1,327	－	1,327
1,500万円〃	－	2,530	－	2,530
2,000万円〃	－	987	－	987
計	678,831	358,950	93,724	1,131,505

136　前掲注(72)79頁を基に著者作成。

137　国税庁「平成28年分民間給与実態統計調査」（2017）154頁を基に筆者作成。

<別表7> 寡婦（夫）控除適用者数（申告所得税）[138]

（単位：人）

合計所得階級別	2016年 （平成28年）			
	特定 寡婦数	寡婦数	寡夫数	計
70万円以下		729	37	766
100万円 〃	707	17,516	188	18,411
150万円 〃	3,446	54,241	1,073	58,760
200万円 〃	5,171	50,226	2,248	57,645
250万円 〃	5,978	41,029	3,031	50,038
300万円 〃	4,413	30,762	2,409	37,584
400万円 〃	5,959	44,053	3,703	53,715
500万円 〃	3,943	28,865	2,425	35,233
600万円 〃	－	3,750	－	3,750
700万円 〃	－	2,543	－	2,543
800万円 〃	－	1,856	－	1,856
1,000万円 〃	－	2,425	－	2,425
1,200万円 〃	－	1,375	－	1,375
1,500万円 〃	－	1,363	－	1,363
2,000万円 〃	－	1,345	－	1,345
3,000万円 〃	－	987	－	987
5,000万円 〃	－	642	－	642
1億円 〃	－	372	－	372
2億円 〃	－	110	－	110
5億円 〃	－	13	－	13
10億円 〃	－	2	－	2
20億円 〃	－	0	－	0
50億円 〃	－	0	－	0
100億円 〃	－	0	－	0
100億円超	－	0	－	0
計	29,617	284,204	15,114	328,935

138 国税庁「平成28年分申告所得税標本調査」（2018）50頁を基に筆者作成。

＜別表8＞ 共働き等世帯数の推移[139]

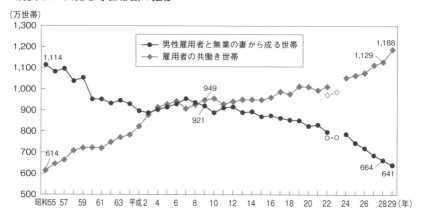

＜別表9-a＞ 一般的に女性が職業を持つことに対する意識変化[140]

【男性の意識】

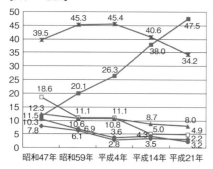

- ◆ 女性は職業をもたないほうがよい
- ◻ 結婚するまでは職業をもつほうがよい
- ▲ 子どもができるまでは職業をもつほうがよい

【女性の意識】

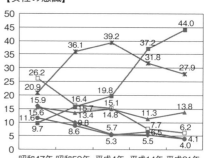

- ■ 子どもができてもずっと職業を続けるほうがよい（継続就業）
- ✳ 子どもができたら職業をやめ、大きくなったら再び職業をもつほうがよい（一時中断・再就職）
- ✕ わからない

139 内閣府「平成30年版男女共同参画白書」(2018) 117頁。
140 内閣府「共同参画（2010年12月号）」(2010) 22頁。

＜別表9-b＞ 女性が職業を持つことに対する意識の変化[141]

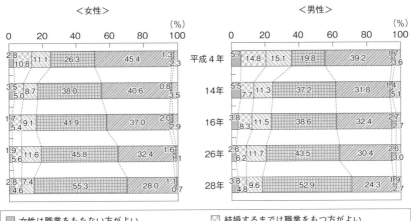

＜女性＞　　　　　　　　　　　　　　　　　　＜男性＞

凡例：
- ■ 女性は職業をもたない方がよい
- ▨ 結婚するまでは職業をもつ方がよい
- ◻ 子供ができるまでは，職業をもつ方がよい
- ▦ 子供ができても，ずっと職業を続ける方がよい
- ▨ 子供が大きくなったら再び職業をもつ方がよい
- ▩ その他
- ▨ わからない

＜別表10＞ 女性の年齢階級別労働力率の推移[142]

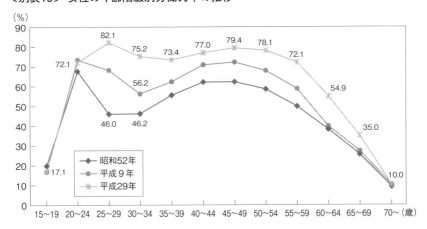

凡例：
- ◆ 昭和52年
- ● 平成9年
- ✳ 平成29年

141　前掲注（139）109頁。

142　前掲注（139）108頁。

＜別表11＞ 母子・父子世帯数の推移[143]

		平成12年	平成17年	平成22年	平成27年
母子世帯	母子のみ	626千世帯	749千世帯	756千世帯	754千世帯
	他の世帯員がいる世帯を含む	867千世帯	1,055千世帯	1,082千世帯	1,063千世帯
父子世帯	父子のみ	87千世帯	92千世帯	89千世帯	84千世帯
	他の世帯員がいる世帯を含む	193千世帯	213千世帯	204千世帯	182千世帯

＜別表12＞ 母子・父子世帯の就業状況[144]

		平成15年	平成18年	平成23年	平成28年
母子世帯	就業している	83.0%	84.5%	80.6%	81.8%
	不就業	16.7%	14.6%	15.0%	9.4%
	不詳	0.3%	0.9%	4.4%	8.8%
父子世帯	就業している	91.2%	97.5%	91.3%	85.4%
	不就業	8.2%	2.5%	5.3%	5.4%
	不詳	0.6%	0.0%	3.4%	9.1%

＜別表13-ａ＞ 母子世帯の母及び女性全体の労働力率（平成27年）[145]

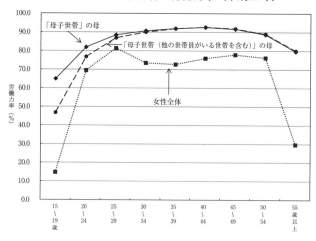

143　総務省統計局「平成27年国勢調査 世帯構造等基本集計結果」（2017）5頁を基に筆者作成。

144　前掲注(72)13頁以下および平成23年度，平成18年度，平成15年度の厚生労働省「全国母子世帯等調査結果報告」を基に筆者作成。

145　前掲注(143)14頁。

＜別表13- b ＞ 母子世帯の母及び女性全体の労働力率（平成27年）[146]

（単位：人）

労働力状態	総　数	15～19歳	20～24	25～29	30～34	35～39	40～44	45～49	50～54	55歳以上
母子世帯の母										
総数	754,724	550	12,232	44,905	96,116	160,883	222,129	147,195	55,123	15,591
労働力人口	641,929	289	8,402	35,364	80,268	138,093	193,989	127,535	46,270	11,719
うち就業者	602,969	215	7,190	32,178	74,671	130,075	183,802	120,496	43,440	10,902
非労働力人口	62,981	156	1,858	4,599	8,242	12,063	15,550	11,653	5,874	2,986
労働力率（％）	91.1	64.9	81.9	88.5	90.7	92.0	92.6	91.6	88.7	79.7
母子世帯の母 (他の世帯員がいる世帯を含む)										
総数	1,062,702	2,911	24,505	73,312	146,049	230,586	302,845	193,452	70,018	19,024
労働力人口	913,018	1,194	16,782	58,673	123,703	201,076	267,913	169,739	59,467	14,471
うち就業者	859,043	941	14,413	53,585	115,460	189,819	254,406	160,817	56,058	13,544
非労働力人口	93,946	1,356	5,081	8,836	13,717	17,703	21,213	15,066	7,364	3,610
労働力率（％）	90.7	46.8	76.8	86.9	90.0	91.9	92.7	91.8	89.0	80.0
女性全体										
労働力率（％）	50.0	14.7	69.5	81.4	73.5	72.7	76.0	77.9	76.2	29.7

＜別表14＞母子・父子世帯の就業形態[147]

		平成15年	平成18年	平成23年	平成28年
母子世帯	正規の職員・従業員	39.2%	42.5%	39.4%	44.2%
	派遣社員・パート・アルバイト	53.4%	48.7%	52.1%	48.4%
	自営業ほか	7.4%	8.7%	8.5%	7.3%
父子世帯	正規の職員・従業員	75.9%	72.2%	67.2%	68.2%
	派遣社員・パート・アルバイト	3.6%	6.2%	10.0%	7.8%
	自営業ほか	20.5%	21.7%	22.9%	23.9%

＜別表15＞母子・父子世帯の平均年間収入[148]

		平成14年	平成17年	平成22年	平成27年
母子世帯	就労収入	162万円	171万円	181万円	200万円
	手当等を含む収入	212万円	213万円	223万円	243万円
	他の世帯員を含めた収入			291万円	348万円
父子世帯	就労収入		398万円	360万円	398万円
	手当等を含む収入	390万円	421万円	380万円	420万円
	他の世帯員を含めた収入			455万円	573万円

146　前掲注(143)15頁を基に著者作成。

147　前掲注(72)13頁以下および前掲注(144)を基に筆者作成。

148　前掲注(72)35頁以下および前掲注(144)を基に筆者作成。

＜別表16＞母子・父子世帯の公的制度利用状況[149]

		平成23年	平成28年
母子世帯	生活保護を受給している	14.4%	11.2%
	公的年金を受給している	8.5%	7.5%
	児童扶養手当を受給している	73.2%	73.0%
父子世帯	生活保護を受給している	8.0%	9.3%
	公的年金を受給している	8.0%	7.0%
	児童扶養手当を受給している	45.9%	51.5%

＜別表17＞ 夫婦の家事・育児の分担割合[150]

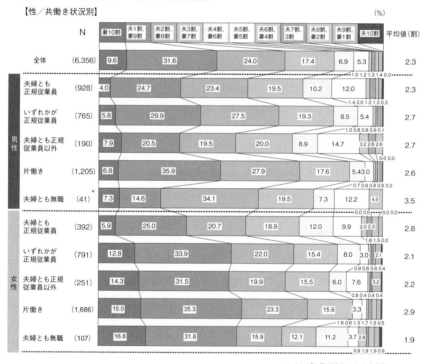

＊サンプル数が少ないため参考値

149　前掲注(72)75頁および前掲注(144)を基に筆者作成。
150　内閣府「平成21年度インターネット等による少子化施策の点検・評価のための利用者意向調査 最終報告書」(2010) 79頁の図表4-4-4。

＜別表18＞ 女性の配偶関係別人口割合（平成27年）[151]

（単位：人）

年齢	総数	未婚		有配偶		死別		離別	
15〜19	2,922,972	2,881,593	98.6%	14,859	0.5%	247	0.0%	1,186	0.0%
20〜24	2,921,735	2,572,112	88.0%	224,043	7.7%	1,022	0.0%	18,034	0.6%
25〜29	3,153,895	1,852,959	58.8%	1,096,784	34.8%	1,650	0.1%	69,247	2.2%
30〜34	3,606,131	1,211,351	33.6%	2,134,029	59.2%	4,535	0.1%	148,684	4.1%
35〜39	4,111,955	959,761	23.3%	2,806,343	68.2%	11,473	0.3%	244,466	5.9%
40〜44	4,818,200	913,188	19.0%	3,395,079	70.5%	28,605	0.6%	394,662	8.2%
45〜49	4,307,927	683,887	15.9%	3,078,307	71.5%	53,333	1.2%	421,279	9.8%
50〜54	3,961,985	467,837	11.8%	2,934,057	74.1%	97,949	2.5%	406,761	10.3%
55〜59	3,785,723	312,233	8.2%	2,890,742	76.4%	174,754	4.6%	361,763	9.6%
60〜64	4,303,891	264,934	6.2%	3,251,085	75.5%	352,866	8.2%	382,328	8.9%
65〜69	4,984,205	259,014	5.2%	3,569,090	71.6%	680,404	13.7%	409,556	8.2%
70〜74	4,113,371	175,233	4.3%	2,644,187	64.3%	966,504	23.5%	264,572	6.4%
75〜79	3,489,439	132,730	3.8%	1,816,164	52.0%	1,307,458	37.5%	166,084	4.8%
80〜84	2,967,094	113,000	3.8%	1,054,464	35.5%	1,622,682	54.7%	104,912	3.5%
85〜89	2,060,616	78,708	3.8%	395,821	19.2%	1,464,924	71.1%	61,467	3.0%
90〜94	1,015,785	31,169	3.1%	74,858	7.4%	844,281	83.1%	25,729	2.5%
95〜99	296,082	6,933	2.3%	8,168	2.8%	262,267	88.6%	5,680	1.9%
100歳以上	53,380	1,176	2.2%	922	1.7%	47,874	89.7%	798	1.5%
総数	56,874,386	12,917,818	22.7%	31,389,002	55.2%	7,922,828	13.9%	3,487,208	6.1%

151　国立社会保障・人口問題研究所「人口統計資料集（2018年版）」表6-22を基に筆者作成。

＜別表19＞ 寡婦（夫）控除適用者数の推移[152]

（単位：人）

			2012年 （平成24年）	2013年 （平成25年）	2014年 （平成26年）	2015年 （平成27年）	2016年 （平成28年）
① ⑥	特定の寡婦 （生計一の子あり／ 所得500万円以下）	申告所得税	26,519	27,812	27,460	29,716	29,617
		源泉所得税	622,898	629,552	634,782	704,961	678,831
		（源泉所得税の内非納税者）	(271,166)	(282,776)	(278,337)	(296,073)	(282,445)
		小計	649,417	657,364	662,242	734,677	708,448
			(47.4%)	(48.4%)	(47.9%)	(49.4%)	(48.5%)
⑩ ⑪	男性の寡夫 （生計一の子あり／ 所得500万円以下）	申告所得税	14,945	14,780	14,841	15,183	15,114
		源泉所得税	101,840	88,274	106,109	99,794	93,724
		（源泉所得税の内非納税者）	(16,070)	(13,206)	(17,265)	(17,365)	(13,405)
		小計	116,785	103,054	120,950	114,977	108,838
			(8.5%)	(7.6%)	(8.7%)	(7.7%)	(7.5%)
② ③ ⑦	死別の寡婦 （扶養親族不問／ 所得500万円以下） 離別の寡婦 （子以外の扶養親族あり／ 所得500万円以下）	申告所得税	258,534	257,983	257,440	265,921	267,421
		源泉所得税	317,238	309,429	313,712	335,834	341,580
		（源泉所得税の内非納税者）	(128,586)	(127,550)	(134,688)	(124,384)	(129,528)
		小計	575,772	567,412	571,152	601,755	609,001
			(42.1%)	(41.7%)	(41.3%)	(40.5%)	(41.7%)
④ ⑤ ⑧ ⑨	高所得寡婦 （扶養親族あり／ 所得500万円超）	申告所得税	15,793	15,503	15,853	16,811	16,783
		源泉所得税	11,107	15,856	12,678	19,343	17,370
		（源泉所得税の内非納税者）	(352)	(392)	0	0	(522)
		小計	26,900	31,359	28,531	36,154	34,153
			(2.0%)	(2.3%)	(2.1%)	(2.4%)	(2.3%)
合計			1,368,874	1,359,189	1,382,875	1,487,563	1,460,440
			(100%)	(100%)	(100%)	(100%)	(100%)

152　申告所得税については，国税庁「申告所得税標本調査結果」（平成24年～平成28年）のデータを用い，源泉所得税については，国税庁「民間給与実態統計調査結果」（平成24年～平成28年）のデータを用いて筆者が作成した。「民間給与実態統計調査結果」の対象となる給与所得者の中には一部確定申告を行っている者が含まれていると考えられ，そのデータは「申告所得税標本調査結果」と重複することとなるが，その数を把握することは難しく，また少数であると考えられることから，両者に含めたままとなっている。

＜別表20＞ 65歳以上の者のいる世帯数及び構成割合（世帯構造別）と全世帯に占める65歳以上の者がいる世帯の割合[153]

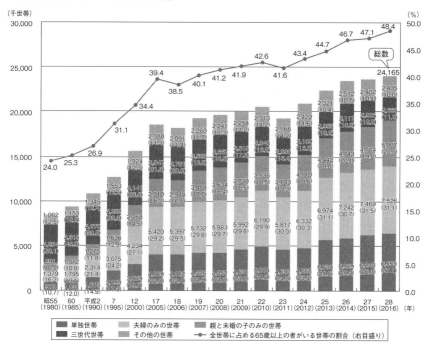

凡例：
- 単独世帯
- 三世代世帯
- 夫婦のみの世帯
- その他の世帯
- 親と未婚の子のみの世帯
- 全世帯に占める65歳以上の者がいる世帯の割合（右目盛り）

153　内閣府「平成30年版高齢社会白書」（2018）8頁の図1-1-8。

<別表21> 要介護者等との続柄別主な介護者の構成割合（平成28年）[154]

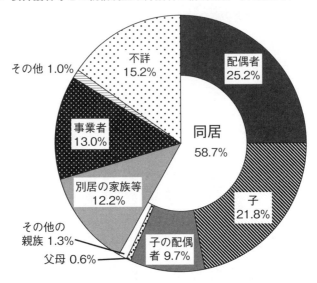

<別表22> 世帯構造別，世帯類型別世帯数及び平均世帯人員の年次推移[155]

（単位：千世帯）

| 年 次 | 総 数 | 世 帯 構 造 | | | | | | 世 帯 類 型 | | | | 平均世帯人員 |
		単独世帯	夫婦のみの世帯	夫婦と未婚の子のみの世帯	ひとり親と未婚の子のみの世帯	三世代世帯	その他の世帯	高齢者世帯	母子世帯	父子世帯	その他の世帯	
昭和61	37,544	6,826	5,401	15,525	1,908	5,757	2,127	2,362	600	115	34,468	3.22人
平成元	39,417	7,866	6,322	15,478	1,985	5,599	2,166	3,057	554	100	35,707	3.10人
4	41,210	8,974	7,071	15,247	1,998	5,390	2,529	3,688	480	86	36,957	2.99人
7	40,770	9,213	7,488	14,398	2,112	5,082	2,478	4,390	483	84	35,812	2.91人
10	44,496	10,627	8,781	14,951	2,364	5,125	2,648	5,614	502	78	38,302	2.81人
13	45,664	11,017	9,403	14,872	2,618	4,844	2,909	6,654	587	80	38,343	2.75人
16	46,323	10,817	10,161	15,125	2,774	4,512	2,934	7,874	627	90	37,732	2.72人
19	48,023	11,983	10,636	15,015	3,006	4,045	3,337	9,009	717	100	38,197	2.63人
22	48,638	12,386	10,994	14,922	3,180	3,835	3,320	10,207	708	77	37,646	2.59人
25	50,112	13,285	11,644	14,899	3,621	3,329	3,334	11,614	821	91	37,586	2.51人
26	50,431	13,662	11,748	14,546	3,576	3,464	3,435	12,214	732	101	37,384	2.49人
27	50,361	13,517	11,872	14,820	3,624	3,264	3,265	12,714	793	78	36,777	2.49人
28	49,945	13,434	11,850	14,744	3,640	2,947	3,330	13,271	712	91	35,871	2.47人
29	50,425	13,613	12,096	14,891	3,645	2,910	3,270	13,223	767	97	36,338	2.47人

154　前掲注(98)30頁の図35。

155　前掲注(46) 3 頁の表 1 を基に筆者作成。

＜別表23＞ 各種世帯の所得の種類別1世帯当たり平均所得金額[156]

（単位：万円）

世帯の種類	総所得	稼働所得	（再掲）雇用者所得	公的年金・恩給	財産所得	年金以外の社会保障給付金	（再掲）児童手当等	仕送り・企業年金・個人年金・その他の所得
平成27年								
全世帯	545.4	403.3	373.2	104.4	18.3	6.3	3.4	13.1
高齢者世帯	308.1	64.9	49.1	201.5	22.8	1.9	0.0	16.9
児童のいる世帯	707.6	646.7	609.5	27.2	9.6	17.4	14.1	6.7
母子世帯	270.1	213.9	209.3	7.6	0.5	42.5	31.7	5.7
平成24年								
全世帯	537.2	396.7	371.5	102.7	16.4	8.6	5.1	12.8
高齢者世帯	309.1	55.7	43.9	211.9	22.2	2.5	0.0	16.8
児童のいる世帯	673.2	603.0	574.1	29.1	11.5	23.2	19.6	6.3
母子世帯	243.4	179.0	168.3	7.6	1.7	49.3	35.1	5.8

＜別表24＞ 各種世帯の生活意識（平成28年）[157]

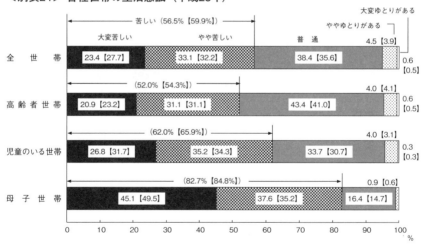

156　前掲注(98) 12頁の表7を基に筆者作成。

157　前掲注(98) 17頁の図18。【 】内は平成25年の数値。

＜別表25＞ 母子世帯の預貯金額[158]

	総　数	50万円未満	50~100万円未満	100~200万円未満	200~300万円未満	300~400万円未満	400~500万円未満	500~700万円未満	700~100万円未満	1000万円以上	不　詳
平成28年											
総　数	2,060人 (100.0%)	818人 (39.7%)	135人 (6.6%)	219人 (10.6%)	100人 (4.9%)	92人 (4.5%)	34人 (1.7%)	78人 (3.8%)	28人 (1.4%)	86人 (4.2%)	470人 (22.8%)
死　別	165人 (100.0%)	29人 (17.6%)	6人 (3.6%)	15人 (9.1%)	10人 (6.1%)	7人 (4.2%)	3人 (1.8%)	12人 (7.3%)	4人 (2.4%)	42人 (25.5%)	37人 (22.4%)
生　別	1,877人 (100.0%)	784人 (41.8%)	128人 (6.8%)	202人 (10.8%)	90人 (4.8%)	84人 (4.5%)	31人 (1.7%)	66人 (3.5%)	24人 (1.3%)	43人 (2.3%)	425人 (22.6%)
不　詳	18人 (100.0%)	5人 (27.8%)	1人 (5.6%)	2人 (11.1%)	0人 (0.0%)	1人 (5.6%)	0人 (0.0%)	0人 (0.0%)	0人 (0.0%)	1人 (5.6%)	8人 (44.4%)

＜別表26＞ 貧困率の年次推移[159]

（単位：％）

	昭和60	63	平成3	6	9	12	15	18	21	24	27
相対的貧困率	12.0	13.2	13.5	13.8	14.6	15.3	14.9	15.7	16.0	16.1	15.7
子どもの貧困率	10.9	12.9	12.8	12.2	13.4	14.4	13.7	14.2	15.7	16.3	13.9
子どもがいる現役世帯	10.3	11.9	11.6	11.3	12.2	13.0	12.5	12.2	14.6	15.1	12.9
大人が一人	54.5	51.4	50.1	53.5	63.1	58.2	58.7	54.3	50.8	54.6	50.8
大人が二人以上	9.6	11.1	10.7	10.2	10.8	11.5	10.5	10.2	12.7	12.4	10.7
中央線（a）	216万円	227万円	270万円	289万円	297万円	274万円	260万円	254万円	250万円	244万円	244万円
貧困線（a/2）	108万円	114万円	135万円	144万円	149万円	137万円	130万円	127万円	125万円	122万円	122万円

158　前掲注（72）47頁の表16－（7）を基に筆者作成。
159　前掲注（98）15頁を基に筆者作成。

参考文献

1．書籍
・赤石千衣子『ひとり親家庭』（岩波書店，2014）
・金子宏『租税法〔第22版〕』（弘文堂，2017）
・北野弘久『税法学原論〔第7版〕』（勁草書房，2016）
・小林美希『ルポ母子家庭』（筑摩書房，2015）
・佐藤英明『スタンダード所得税法〔第2版補正版〕』（弘文堂，2018）
・塩田咲子『日本の社会政策とジェンダー——男女平等の経済基盤』（日本評論社，2000）
・武田昌輔編『コンメンタール所得税法』（第一法規加除式）
・谷口勢津夫『税法基本講義〔第5版〕』（弘文堂，2016）
・中田照子ほか編著『日米のシングルファーザーたち』（ミネルヴァ書房，2001）
・堀勝洋『年金保険法〔第4版〕』（法律文化社，2017）
・水野忠恒『大系租税法〔第2版〕』（中央経済社，2018）
・森信茂樹『日本の税制何が問題か』（岩波書店，2010）

2．論文
・虻川高範「未婚の母にも『寡婦控除』の適用を」法学セミナー58巻12号122-123頁（2013）
・五十嵐哲ほか「平成元年度の税制改正（2）」時の法令1359号5-12頁（1989）
・石田和之「寡婦（寡夫）控除制度の範囲の拡大とその考え方」税68巻12号222-258頁（2013）
・石田和之「所得税の課税単位と人的控除」税71巻10号208-222頁（2016）
・泉美之松「昭和26年における国税の改正」税経通信6巻2号140-149頁（1951）
・泉美之松「昭和27年度税制改正の概要」ジュリスト4号32-35頁（1952）
・泉美之松「昭和40年度内国税法の改正」ジュリスト323号58-67頁（1965）
・泉美之松ほか「42年度税法改正の焦点」税経通信22巻7号70-73頁（1967）
・泉美之松ほか「56年度税制改正をめぐって」税経通信36巻8号8-39頁（1981）
・井堀利宏「社会保障財源における保険料と税の役割」税研23巻2号22-27頁（2007）
・植田卓＝佐藤英明「誌上税務審議『基礎的人的控除の簡素化』」税研16巻2号71-78頁，3号60-64頁（2000）
・江口隆裕「男女で異なる遺族補償年金の受給要件と平等原則」社会保障研究1巻2号465-472頁（2016）
・遠藤みち「税法とジェンダー」ジェンダー法学会編『講座ジェンダーと法（2）固定された性役割からの解放』（日本加除出版，2012）
・大石亜希子「社会保険・税制におけるジェンダー」木本喜美子ほか編著『講座現代の社会政策（4）社会政策のなかのジェンダー』（明石書店，2010）

- 岡村忠生「所得税改革と課税最低限」税経通信54巻12号17-27頁（1999）
- 奥谷健「所得税における基礎控除と担税力」税法学551号37-59頁（2004）
- 柿谷昭男「所得税の全文改正について」税経通信20巻7号26-27頁（1965）
- 笠木映里「遺族補償年金の支給要件と憲法14条」ジュリスト1496号103-106頁（2016）
- 加藤友佳「租税法における社会保障とジェンダー」租税研究769号207-229頁（2013）
- 金子宏「税制と公平負担の原則—所得税を中心として」ジュリスト506号20-25頁（1972）
- 金子宏「総説—所得税における所得控除の研究」日税研論集52号3-24頁（2003）
- 金子宏「所得税制の構造改革—少子・高齢化社会と各種控除の見直し」ジュリスト1260号235-241頁（2004）
- 金澄道子「相続分差別だけではない，婚外子と非婚の母を差別する『寡婦控除』」賃金と社会保障1605号4-10頁（2014）
- 兼平裕子「人的控除の現状と今後の役割」税研33巻4号56-62頁（2017）
- 神谷修「所得税法の一部改正」税務弘報15巻8号26-29頁（1967）
- 河谷はるみ「遺族補償年金の支給要件にみられる男女差についての一考察」九州看護福祉大学紀要17巻1号29-33頁（2016）
- 神野直彦「社会保障における所得税の役割」税研23巻2号34-39頁（2007）
- 菊池馨実「遺族年金の男女格差は解消を」週刊社会保障68巻2766号32-33頁（2014）
- 菊池馨実「遺族年金制度の課題と展望」社会保障研究1巻2号354-369頁（2016）
- 岸田貞夫「人的控除の整理とあり方」税経通信58巻1号38-43頁（2003）
- 衣笠葉子「ひとり親家庭の所得保障」村中孝史ほか編『労働者像の多様化と労働法・社会保障法』（有斐閣，2015）
- 工藤春華「児童扶養手当の父子家庭への支給」ジュリスト1410号2-3頁（2010）
- 栗原克文「給付付き税額控除制度の執行上の課題について」税大ジャーナル18号97-118頁（2012）
- 黒田有志弥「社会手当の意義と課題—児童手当制度及び児童扶養手当制度からの示唆」社会保障研究1巻2号370-381頁（2017）
- 小塚真啓「所得控除方式のあり方」税研31巻6号43-49頁（2016）
- 酒井克彦「租税負担能力に応じた課税の実現—所得控除の意義と最近の講論」税大ジャーナル13号23-42頁（2010）
- 酒井克彦「寡婦控除あるいは寡夫控除を巡る諸問題（上，中，下）」税務弘報59巻2号148-158頁，3号83-92頁，4号68-74頁（2011）
- 酒井克彦「非婚の母に寡婦控除を！」税71巻10号104-116頁（2016）
- 酒井克彦「家族形態の多様性と所得税制—配偶者控除など各種控除の議論」税大ジャーナル27号15-34頁（2017）
- 坂本定司「所得税法の一部改正について」税経通信27巻8号36-39頁（1972）

・佐々木くみ「遺族補償年金の受給要件と憲法14条1項」ジュリスト1492号16-17頁（2016）
・佐々木潤子「所得税法における課税最低限と最低生活費（1，2）」民商法雑誌117巻1号35-74頁，2号216-253頁（1997）
・佐々木潤子「基礎的人的控除のあり方―課税最低限を前提として」税法学563号203-214頁（2010）
・佐藤英明「アメリカ連邦所得税における稼得所得税額控除（EITC）について」総合税制研究11号56-75頁（2003）
・佐藤英明「配偶者控除および配偶者特別控除の検討」日税研論集52号133-159頁（2003）
・佐藤英明「所得控除と税額控除」ジュリスト1402号58-59頁（2010）
・佐藤英明「所得税人的控除をめぐるいくつかの問題」税務事例研究121号25-49頁（2011）
・佐藤英明「人的控除の検討―制度改正の選択肢」租税研究820号40-67頁（2018）
・塩崎潤「昭和42年度税制改正の展望」ジュリスト379号31-35頁（1967）
・品川芳宣「社会保険料と租税の徴収の一元化」税研23巻2号40-45頁（2007）
・下夷美幸「母子世帯と養育費」ジェンダー法学会編『講座ジェンダーと法（2）固定された性役割からの解放』（日本加除出版，2012）
・下川和男「公務災害により死亡した女性地方公務員の夫が遺族補償年金を受給する場合に年齢要件が存することが憲法一四条違反とされた判決」賃金と社会保障1609号42-48頁（2014）
・高木夏子「寡婦控除及び寡夫控除について―今後の見直しに向けた諸課題」立法と調査406号35-47頁（2018）
・高橋元ほか「昭和47年度改正税法をめぐって」税経通信27巻8号16-21頁（1972）
・高橋元「昭和56年度の税制（国税）改正について」租税研究377号3-12頁（1981）
・高橋祐介「貧困と税法（1，2）―最低生活費保障の観点から」民商法雑誌142巻2号139-181頁，3号259-313頁（2010）
・高橋祐介「生活保障と生命保険課税」租税研究752号160-171頁（2012）
・髙山純子「生別したシングルファーザーの語りにみる子育てをめぐるジェンダー規範」人間文化創成科学論叢巻19号265-273頁（2017）
・田中治「所得課税における人的控除制度のあり方」税60巻6号4-17頁（2005）
・田中治「個人所得課税における所得控除と税額控除：その仕組みをめぐる問題」同志社法學62巻5号1415-1444頁（2011）
・田中康男「所得控除の今日的意義―人的控除のあり方を中心として」税務大学校論叢48号1-111頁（2005）
・谷方馨「未婚のひとり親にも寡婦（寡夫）控除の適用を」税研34巻3号76-78頁（2018）

・谷口勢津夫「基礎的人的控除の今後のあり方」税研23巻3号22-29頁（2007）
・谷口勢津夫「個人所得課税の基本概念—人的控除」税研25巻1号86-119頁（2009）
・谷口勢津夫「日本の所得税における最低生活費非課税の正当化と具体化」松本和彦編『日独公法学の挑戦』（日本評論社，2014）
・知原信良「人的控除の役割とそのあり方」税研31巻6号50-56頁（2016）
・土屋栄悦「人的控除の控除額及び控除方式のあり方」税研33巻5号89-92頁（2018）
・中里実「所得控除制度の経済学的意義」日税研論集52号91-132頁（2003）
・中里実「給付付き税額控除の執行上の問題」税研24巻6号45-49頁（2009）
・長島和彦「所得税法の一部改正」税務弘報20巻7号18-21頁（1972）
・中橋敬次郎「昭和42年度税制改正の概要」自治研究43巻7号16頁（1967）
・夏井高人「遺族補償年金について男性配偶者のみ受給年齢制限を設けることの合憲性」判例地方自治377号100-104頁（2014）
・鳴島安雄「所得税の財源調達機能と所得再分配機能のあり方についての一考察」税務大学校論叢61号2-136頁（2009）
・西和江「遺族年金における男女格差についての一考察」労働法律旬報1759・1760号89-97頁（2012）
・西本佳織「『寡婦』控除規定から見る非婚母子世帯への差別」立命館法政論集6号201-232頁（2008）
・日本弁護士連合会「『寡婦控除』規定の改正を求める意見書」賃金と社会保障1605号26-29頁（2014）
・日本弁護士連合会「寡婦控除における非婚母子に対する人権救済申立事件調査報告書」賃金と社会保障1605号13-25頁（2014）
・野口浩「扶養控除のあり方」税法学579号233-253頁（2018）
・橋本守次「所得計算関係の改正」税務弘報13巻6号46-47頁（1965）
・肥後治樹「租税法における『配偶者』について」筑波ロー・ジャーナル6号153-187頁（2009）
・福田幸弘「社会保障と所得税」税法学100号89-94頁（1959）
・藤谷武史「給付つき税額控除と『税制と社会保障制度の一体化』？」新世代法政策学研究3号303-332頁（2009）
・藤谷武史「人的控除のあり方」税研30巻3号54-60頁（2014）
・藤谷武史「家族と税制—政府税調『論点整理』を手がかりに」ジュリスト1493号39-44頁（2016）
・藤原千沙「ひとり親世帯をめぐる社会階層とジェンダー」木本喜美子ほか編著『講座現代の社会政策（4）社会政策のなかのジェンダー』（明石書店，2010）
・水野忠恒「所得控除と憲法問題」日税研論集52号25-89頁（2003）
・宮腰奏子「父子家庭へ児童扶養手当を支給」時の法令1863号38-48頁（2010）
・宮島洋「社会保障と租税政策」税研23巻2号16-21頁（2007）

・森戸英幸「社会保障における男女差別」森戸英幸・水町勇一郎編著『差別禁止法の新展開—ダイヴァーシティの実現を目指して』（日本評論社，2008）
・森信茂樹「税と社会保障—税額控除制度の活用について」租税研究632号14-18頁（2002）
・森信茂樹「格差問題と税制—給付付税額控除の検討を」租税研究685号100-111頁（2006）
・森信茂樹「『税と社会保障の一体改革』と給付付き児童税額控除の提言」租税研究703号5-14頁（2008）
・森信茂樹「先進国の標準税制としての給付付き税額控除」税研24巻6号22-31頁（2009）
・森信茂樹「給付付き税額控除の具体的設計」税経通信65巻4号33-41頁（2010）
・八塩裕之「給付付き税額控除をどのように仕組むか」租税研究758号70-83頁（2012）
・八塩裕之「所得税・住民税改革—所得控除縮小と給付付き税額控除導入で役割分担の明確化を」租税研究795号64-73頁（2016）
・吉牟田勲「高橋元主税局長に聞く—昭和56年度税制改正」税務弘報29巻6号6-11頁（1981）
・吉村典久「応能負担原則の歴史的展開」法学研究63巻12号353-371頁（1990）
・吉村典久「所得控除と応能負担原則」金子宏編『所得課税の研究』（有斐閣，1991）
・吉村典久「所得控除の意義について」税研23巻3号16-21頁（2007）
・吉村典久「給付付き税額控除と所得控除」税研24巻6号50-55頁（2009）
・吉村政穂「特別人的控除の今後のあり方」税研23巻3号30-35頁（2007）
・吉村政穂「給付付き税額控除導入に伴う執行上の問題—給付のタイミングを中心に」ジュリスト1397号37-43頁（2010）
・渡部克哉「寡婦（寡夫）控除におけるジェンダー観」社会福祉学51巻1号18-28頁（2010）
・渡邊絹子「遺族年金における男女の差」週刊社会保障66巻2669号44-49頁（2012）
・渡邊幸則「昭和47年度所得税法の改正」自治研究48巻7号90-96頁（1972）

3．その他

・「平成22年度税制改正大綱」（2009）
・「平成23年度税制改正大綱」（2010）
・大蔵財務協会「改正税法のすべて（昭和42年度）」（1967）
・大蔵財務協会「改正税法のすべて（昭和47年度）」（1972）
・大蔵財務協会「改正税法のすべて（昭和56年度）」（1981）
・大蔵財務協会「改正税法のすべて（平成元年度）」（1989）
・厚生労働省「（平成15,18，23年度）全国母子世帯等調査結果報告」
・厚生労働省「平成23年版厚生労働白書」（2011）
・厚生労働省「平成28年度全国ひとり親世帯等調査結果報告」（2016）

・厚生労働省「平成28年国民生活基礎調査の概況」(2017)
・厚生労働省「生活保護制度の現状について」(2017)
・厚生労働省「平成28年度母子家庭の母及び父子家庭の父の自立支援施策の実施状況」(2017)
・厚生労働省「平成29年版厚生労働白書」(2017)
・厚生労働省「平成29年簡易生命表の概況」(2018)
・厚生労働省「ひとり親家庭の自立支援の推進」(2018)
・厚生労働省「ひとり親家庭等の支援について」(2018)
・厚生労働省「児童扶養手当法施行規則等の一部を改正する省令の施行について」(2018)
・厚生労働省「平成29年国民生活基礎調査の概況」(2018)
・厚生労働省「平成30年度ひとり親家庭等自立支援関係予算の概要」(2018)
・厚生労働省「平成31年度税制改正（租税特別措置）要望事項」(2018)
・国税庁「（平成8年分〜平成29年分）民間給与実態統計調査」
・国税庁「（平成8年分〜平成28年分）申告所得税標本調査」
・国税庁「（平成元年分〜平成28年分）統計年報」
・国立社会保障・人口問題研究所「人口統計資料集（2018年版)」
・自由民主党・公明党「平成31年度税制改正大綱」(2018)
・税制調査会「今後におけるわが国の社会，経済の進展に即応する基本的な租税制度のあり方についての答申」(1964)
・税制調査会「昭和47年度の税制改正に関する答申」(1971)
・税制調査会「昭和56年度の税制改正に関する答申」(1981)
・税制調査会「わが国税制の現状と課題—21世紀に向けた国民の参加と選択」(2000)
・税制調査会「あるべき税制の構築に向けた基本方針」(2002)
・税制調査会「個人所得課税に関する論点整理」(2005)
・税制調査会「抜本的な税制改革に向けた基本的考え方」(2007)
・総務省統計局「平成27年国勢調査世帯構造等基本集計結果」(2017)
・内閣府「若者の意識に関する調査（ひきこもりに関する実態調査)」(2010)
・内閣府「平成21年度インターネット等による少子化施策の点検・評価のための利用者意向調査」(2010)
・内閣府「共同参画（2010年12月号)」(2010)
・内閣府「平成26年版子ども・若者白書」(2014)
・内閣府「平成29年版高齢社会白書」(2017)
・内閣府「平成30年版高齢社会白書」(2018)
・内閣府「平成30年版男女共同参画白書」(2018)
・日本税理士会連合会税制審議会「所得税における所得控除と税額控除のあり方について」(2010)

2020年4月1日　発行

企業法研究の序曲Ⅷ
〈企業法学論集第8号〉

©編　者　筑波大学大学院
　　　　　ビジネス科学研究科
　　　　　企業法学専攻

発行者　脇坂　康弘

〒113-0033　東京都文京区本郷3-38-1
TEL.03(3813)3966
FAX.03(3818)2774
https://www.doyukan.co.jp/

発行所　株式会社同友館

落丁・乱丁本はお取り替えいたします。　　　一誠堂株式会社／松村製本所
ISBN 978-4-496-05454-9　　　　　　　　　Printed in Japan